die 36 wichtigsten Fälle zum Erbrecht

Hemmer/Wüst

Juni 2007

Hemmer/Wüst Verlagsgesellschaft

Hemmer/Wüst, die 36 wichtigsten Fälle zum Erbrecht,

ISBN 978-3-89634-744-2

2. Auflage, Juni 2007

gedruckt auf chlorfrei gebleichtem Papier
von Schleunungdruck GmbH, Marktheidenfeld

Vorwort

Die vorliegende Fallsammlung ist für **Studenten in den ersten Semestern** gedacht. Gerade in dieser Phase ist es wichtig, bei der Auswahl der Lernmaterialien den richtigen Weg einzuschlagen. **Auch in den späteren Semestern und im Referendariat** sollte man in den grundsätzlichen Problemfeldern sicher sein. Die essentials sollte jeder kennen.

Die Gefahr zu Beginn des Studiums liegt darin, den Stoff zu abstrakt zu erarbeiten. Nur ein **problemorientiertes Lernen**, d.h. ein Lernen am konkreten Fall, führt zum Erfolg. Das gilt für die kleinen Scheine / die Zwischenprüfung genauso wie für das Examen. In juristischen Klausuren wird nicht ein möglichst breites Wissen abgeprüft. In juristischen Klausuren steht der Umgang mit konkreten Problemen im Vordergrund. Nur wer gelernt hat, sich die Probleme des Falles aus dem Sachverhalt zu erschließen, schreibt die gute Klausur. Es geht darum, Probleme zu erkennen und zu lösen. Abstraktes anwendungsunspezifisches Wissen, sog. „Träges Wissen", täuscht Sicherheit vor, schadet aber letztlich.

Bei der Anwendung dieser Lernmethode sind wir Marktführer. Profitieren Sie von der fast 30-jährigen Erfahrung des Juristischen Repetitoriums hemmer im Umgang mit Examensklausuren. Diese Erfahrung fließt in sämtliche Skripten des Verlages ein. Das Repetitorium beschäftigt und beschäftigte **ausschließlich Spitzenjuristen**, teilweise Landesbeste ihres eigenen Examenstermins. Die so erreichte Qualität in Unterricht und Skripten werden Sie woanders vergeblich suchen. Lernen Sie mit den Profis!

Ihre Aufgabe als Jurist wird es einmal sein, konkrete Fälle zu lösen. Diese Fähigkeit zu erwerben ist das Ziel einer guten juristischen Ausbildung. Nutzen Sie die Chance, diese Fähigkeit bereits zu Beginn Ihres Studiums zu trainieren. Erarbeiten Sie sich das notwendige Handwerkszeug anhand unserer Fälle. Sie werden feststellen: Wer Jura richtig lernt, dem macht es auch Spaß. Je mehr Sie verstehen, desto mehr Freude werden Sie haben, sich neue Probleme durch eigenständiges Denken zu erarbeiten. Wir bieten Ihnen mit unserer **juristischen Kompetenz** die notwendige Hilfestellung.

Fallsammlungen gibt es viele. Die Auswahl des richtigen Lernmaterials ist jedoch der entscheidende Aspekt. Vertrauen Sie auf unsere Erfahrungen im Umgang mit Prüfungsklausuren. Unser Beruf ist es, **alle klausurrelevanten Inhalte** zusammenzutragen und verständlich aufzubereiten. Prüfungsinhalte wiederholen sich. Wir vermitteln Ihnen das, worauf es in der Prüfung ankommt – verständlich – knapp – präzise.

Achten Sie dabei insbesondere auf die richtige Formulierung. Jura ist eine Kunstsprache, die es zu beherrschen gilt. Abstrakte Floskeln, ausgedehnte Meinungsstreitigkeiten sollten vermieden werden. Wir haben die Fälle daher bewusst kurz gehalten. Der Blick für das Wesentlich darf bei der Bearbeitung von Fällen nie verloren gehen.

Wir hoffen, Ihnen den Einstieg in das juristische Denken mit der vorliegenden Fallsammlung zu erleichtern und würden uns freuen, Sie auf Ihrem Weg in der Ausbildung auch weiterhin begleiten zu dürfen.

hemmer wüst

Inhaltsverzeichnis:

Die Zahlen beziehen sich auf die Seiten des Skripts.

Kapitel V: Pflichtteilsrecht

Kapitel VI: Der Erbschein

Kapitel VII: Schnittstellen des Erbrechts mit anderen Rechtsgebieten

Kapitel VIII: Die erbrechtlichen Beschränkungen

Kapitel I: Erbfähigkeit

Fall 1: § 1923 BGB und Kommorientenvermutung

Sachverhalt:

Die Eheleute L und T haben sich in einem gemeinschaftlichen Testament gegenseitig zu Alleinerben eingesetzt. L hat aus erster Ehe einen Sohn A, während T ebenfalls aus erster Ehe einen Sohn B hat. Später ereignet sich ein tragischer Verkehrsunfall, bei dem L und T ums Leben kommen. Es lässt sich hiernach allerdings nicht aufklären, ob beide sofort gleichzeitig verstorben sind oder ob der eine den anderen noch überlebt hat. Wie beurteilt sich die erbrechtliche Lage nach L und T?

Abwandlung: Wie stellt sich die Situation dar, wenn T erst einige Stunden später im Krankenhaus verstirbt?

I. Einordnung

Erben sind diejenigen Personen, auf die beim Tod des Erblassers dessen Vermögen übergeht, **§ 1922 I BGB**. Erbe kann aber nur sein, wer erbfähig ist, **§ 1923 BGB**.

Die **Erbfähigkeit** ist mit der Rechtsfähigkeit i.S.d. § 1 BGB verknüpft. Erbfähig sind demnach alle natürlichen und juristischen Personen. Dieses Prinzip wird auch in den Ausnahmefällen des **§ 1923 II BGB** hinsichtlich des nasciturus und in § 84 BGB hinsichtlich der grundsätzlich noch nicht rechtsfähigen Stiftung beibehalten, indem die Rechtsfähigkeit hier jeweils mittels **Fiktion** („ gilt als...") vorverlagert wird.

Anmerkung: Hinsichtlich des nasciturus ist bei § 1923 II BGB zu beachten, dass er später lebend geboren werden muss, um erbrechtliche Berücksichtigung zu finden. Die Rechtsfolgen werden dann so angesehen, als hätte das Kind schon beim Erbfall gelebt.

An seine Grenzen stößt dieses Prinzip in den Fällen des gleichzeitigen Verstorbens. Hier ist dann jeweils auf **§ 11 VerschollenheitsG** zu achten.

Die Erbfähigkeit endet also gem. § 1923 I BGB mit dem Tode. Als Todeszeitpunkt gilt nunmehr auch hier – wie auch im Strafrecht - der Eintritt des Gehirntodes, und nicht mehr der Herz- und Kreislaufstillstand.

II. Gliederung

Erbrechtslage nach L und T

1. Gemeinschaftliches Testament gem. § 2265 BGB
2. Fraglich: Erbfähigkeit gem. § 1923 BGB § 11 VerschollenheitsG

   kein Eingreifen von §§ 2270 II, 2069 BGB

Abwandlung

T Alleinerbin des L

B gem. § 1924 I BGB Alleinerbe der T

Wg. §§ 1967, 2303 I BGB Pflichtteilsansprüche des A gegen B aufgrund Erbfall nach L

III. Lösung

Zu klären ist zunächst im Ausgangsfall, wie sich die erbrechtliche Lage nach den Eheleuten L und T darstellt.

1. Gemeinschaftliches Testament gem. § 2265 BGB

Aus § 1937 BGB folgt der Vorrang der gewillkürten Erbfolge vor der gesetzlichen Erbfolge der §§ 1924 ff. BGB.

Hier liegt ein gemeinschaftliches Testament im Sinne der §§ 2265 ff. BGB vor. Von einer ordnungsgemäßen Form und Errichtung im Sinne dieser Vorschriften ist hier insoweit auszugehen.

Anmerkung: Die Voraussetzungen eines gemeinschaftlichen Testaments entsprechen grundsätzlich denen des Einzeltestaments, vgl. §§ 2064, 2231 Nr. 2, 2247 BGB. Zu beachten ist aber insbesondere die Formerleichterung des § 2267 BGB.

Somit bestimmt sich die erbrechtliche Lage grundsätzlich nach diesem Testament. Hierin haben sich die Ehegatten L und T gegenseitig im Falle des Erstversterbens des einen Ehegatten zum Alleinerben eingesetzt, vgl. auch § 2269 I BGB.

2. Erbfähigkeit gem. § 1923 I BGB

Voraussetzung für die Erbenstellung von L oder T ist aber, dass einer der beiden überhaupt erbfähig gem. § 1923 I BGB ist. Wie dargestellt, ist die Erbfähigkeit mit der Rechtsfähigkeit verknüpft.

Dies bedeutet aber als Konsequenz, dass einer der beiden Ehegatten den anderen nachweislich - wenn auch nur für eine kurze Zeitspanne – überlebt. Problematisch sind also insoweit die Fälle, in denen die Ehegatten gleichzeitig versterben oder sich nicht nachweisen lässt, wer von beiden zuerst verstorben ist, was vor allem bei Autounfällen oder Flugzeugabstürzen etc. vorkommt.

Auch hier im konkreten Fall ist die Sachlage dergestalt, dass sich nicht aufklären lässt, wer von beiden zuerst verstorben ist. Damit ist aber auch nicht klar, welcher von beiden erbfähig war gem. § 1923 I BGB.

In solchen Fällen greift die Regelung des **§ 11 VerschollenheitsG** ein. Wenn nicht festgestellt werden kann, in welcher Reihenfolge mehrere Personen verstorben sind, wird vermutet, dass sie gleichzeitig verstorben sind, sog. **Kommorientenvermutung**. Konsequenz daraus ist dann aber, dass keine Person die andere beerben kann mangels Erbfähigkeit gem. § 1923 I BGB.

Damit hat also weder L die T, noch umgekehrt T den L beerbt. Der Nachlass der beiden hat sich also grundsätzlich bei keinem der beiden vereinigt.

Allerdings ist hiermit dann weiterhin fraglich, wie sich die konkrete Erbrechtslage nach den Ehegatten L und T darstellt.

Zu beachten ist, dass hier ein gemeinschaftliches Testament gem. § 2265 BGB vorliegt.

Damit ist zu prüfen, ob hinsichtlich der beiden Kinder A und B die Vermutungen der **§§ 2269 I, 2270 II BGB** eingreifen können.

Voraussetzung für das jeweilige Eingreifen ist aber jedenfalls, dass die dritte Person überhaupt testamentarisch eingesetzt worden ist. Dies trifft aber weder auf den A noch den B zu, so dass jedenfalls keine testamentarische Alleinerbenstellung des Einen oder des Anderen vorliegt.

3. Ergebnis

Somit bleibt es bei der gesetzlichen Erbfolge, wonach dann A Alleinerbe des L gem. § 1924 I BGB ist, sowie B Alleinerbe der T.

Exkurs: Nichtrechtsfähige Personenvereinigungen

Nichtrechtsfähige Personenvereinigungen sind dann erbfähig, wenn sie rechtlich einer juristischen Person stark angenähert sind, wie dies bei OHG und KG der Fall ist, vgl. §§ 124 I, 161 II HGB. Folge hiervon ist dann, dass eine Erbschaft oder ein Vermächtnis direkt in das Gesamthandsvermögen der Gesellschaft fällt.

Dies gilt auch für den nichtrechtsfähigen Verein, so dass also eine Zuwendung unmittelbar in das Vereinsvermögen fällt. Allerdings kann die Auslegung einer Verfügung von Todes wegen immer auch eine Zuwendung an die einzelnen Vereinsmitglieder ergeben.

Problematisch ist auch hier die Lage bei der GbR. Nach der früher vorherrschenden Rspr. war die Erbfähigkeit der GbR selbst abzulehnen.

Da diese Rspr. aber noch vor den spektakulären Änderungen des BGH zur Teilrechtsfähigkeit der GbR erging, kann diese Rspr. bei konsequenter Anwendung der neuen Grundsätze nur so verstanden werden, dass auch die GbR als erbfähig i.S.d. § 1923 I BGB anzusehen sein wird.

IV. Abwandlung

Fraglich ist nun, welche Abweichungen zum Ausgangsfall sich in der Abwandlung ergeben.

Wie dargestellt, setzt die Erbfähigkeit gem. § 1923 I BGB nur voraus, dass der eine Ehegatte den anderen nachweisbar überlebt und sei es nur noch für eine kurze Zeitspanne.

Vollkommen **ausreichend** ist also, dass T den L um einige Stunden überlebt hat. Die L war also erbfähig, so dass die Regelungen des gemeinschaftlichen Testaments gem. § 2265 BGB im Gegensatz zum Eingreifen des § 11 VerschollenheitsG ihre Wirkungen entfalten können.

Die T ist also Alleinerbin des L geworden. Bei ihr hat sich somit für wenige Stunden das gesamte Vermögen beider Ehegatten vereinigt.

Allerdings greift keine gem. § 1937 BGB vorrangige gewillkürte Erbfolge nach T ein, insbesondere enthält auch das gemeinschaftliche Testament keine Regelung darüber, wie die erbrechtliche Lage nach dem Tod des Zweitversterbenden aussehen soll.

Damit ist die gesetzliche Erbfolge nach T entscheidend. Alleinerbe des vereinigten Nachlasses ist somit gem. § 1924 I BGB der Sohn B aus erster Ehe.

Zu beachten ist aber, dass A nicht rechtlos ist. Für den Erbfall nach seinem Vater war er gem. § 2303 I S. 1 BGB pflichtteilsberechtigt. Ihm stand also bereits gegen T ein Pflichtteilsanspruch zu, da dieser bereits unmittelbar mit dem Erbfall entsteht, vgl. § 1967 II BGB.

Diese schuldrechtliche Verpflichtung hat B aber nun von seiner Mutter „geerbt“, so dass A nun gegen B diesen Anspruch geltend machen kann, **vgl. §§ 2303 I S. 1, 1967 BGB.**

V. Zusammenfassung

Die Erbfähigkeit gem. § 1923 I BGB ist also dem Grundsatz nach mit der Rechtsfähigkeit verbunden. Die Ausnahmen bzw. Sonderregelungen der §§ 84, 1923 II BGB sollten als solche bekannt sein. Weiteres Sonderwissen dürfte hier kaum erforderlich sein.

Die Vermutung des § 11 VerschollenheitsG kann gerade in den Fällen des gemeinschaftlichen Testaments oder eines gegenseitigen Erbvertrages von Bedeutung sein und kann also insoweit durchaus von Klausurbedeutung sein.

VI. Zur Vertiefung

- Hemmer/Wüst, Erbrecht, Rn. 3 ff. (Grundbegriffe)

Kapitel II: Die gesetzliche Erbfolge

Fall 2: Die gesetzlichen Erben erster Ordnung (§ 1924 BGB)

Sachverhalt:

Der verwitwete Erblasser Emil hinterlässt seine Tochter Anna, seinen kinderlosen Sohn Bernd und einen außerehelichen Sohn Christian, den er anerkannt hat. Zudem lebte noch die Tochter Denise seiner Ehefrau aus einer vorehelichen Beziehung mit einem anderen Mann bei ihm. Sein bereits verstorbener Sohn Friedrich hinterlässt zwei Töchter, Greta und Helga. Anna hat einen Sohn namens Jan.

Wie ist die gesetzliche Erbfolge nach Emil?

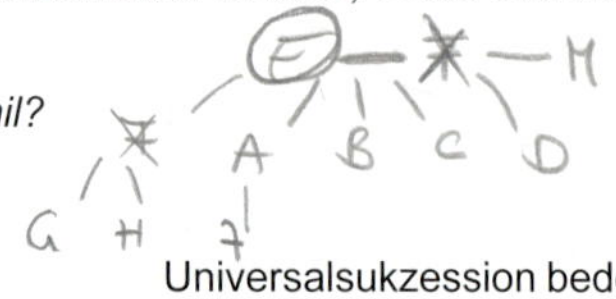

I. Einordnung

Das Erbrecht ist im **fünften Buch des BGB (§§ 1922 bis 2385 BGB)** geregelt. Daneben finden sich aber auch immer wieder **einzelne Normen im BGB** (z.B. §§ 857, 1371 BGB) oder in **anderen Gesetzen** (z.B. § 10 LPartG), die erbrechtliche Fragen betreffen.

Das Erbrecht wird **durch andere Bücher des BGB ergänzt**, so z.B. durch das Familienrecht hinsichtlich der Abstammung und durch den allgemeinen Teil hinsichtlich der Wirksamkeit einzelner Rechtsgeschäfte.

Anmerkung: Diese enge Verbindung zu nahezu allen anderen Büchern des BGB macht das Erbrecht extrem klausurrelevant. In fast jeden Sachverhalt lassen sich erbrechtliche Fragestellungen einbauen, die dann „ein Problem mehr" darstellen.

Zweck des Erbrechts ist die gerechte Ordnung der Vermögensänderung, die durch den Erbfall ausgelöst wird. Das Erbrecht wird **in Art. 14 I S. 1 GG verfassungsrechtlich gewährleistet**.

Die wichtigsten **Grundprinzipen des Erbrechts** sind der Grundsatz der **Gesamtrechtsnachfolge** (**Universalsukzession, §§ 1922, 1967 BGB**), die **Testierfreiheit** und das Prinzip des **Vonselbsterwerbs**.

Universalsukzession bedeutet, dass das Vermögen des Erblassers als Ganzes auf den Erben übergeht und nicht jede einzelne Vermögensposition getrennt (Einzelrechtsnachfolge). Vonselbsterwerb meint, dass die Gesamtrechtsnachfolge kraft Gesetzes, d.h. auch ohne Kenntnis und Willen des Erben, eintritt.

Anmerkung: Klausurrelevante Ausnahmen vom Grundsatz der Universalsukzession gibt es nur in zwei Fällen:

- Bei der Miete von Wohnraum treten nach § 563 I, II BGB beim Tode des Mieters dessen Ehegatte und Familienangehörige, wenn sie zu seinem Hausstand gehören, in das Mietverhältnis ein, unabhängig davon, ob sie auch Erben geworden sind.
- Die **Sonderrechtsnachfolge** bei der Übertragung eines Gesellschaftsanteils mittels einer qualifizierten Nachfolgeklausel.

Ein Erwerb am Nachlass vorbei findet auch bei Vorliegen einer Risikolebensversicherung statt, da hier der Bezugsberechtigte nach § 330 BGB die Forderung gegen die Versicherungsgesellschaft unmittelbar erwirbt.

Besonderheiten des Erbrechts sind die **Formstrenge** und die **Höchstpersönlichkeit** (grds. keine Stellvertretung bei Verfügungen von Todes wegen).

Diese Aspekte werden besonders wichtig bei der gewillkürten Erbfolge und werden deshalb dort näher erläutert.

II. Gliederung

Die gesetzliche Erbfolge nach E

1. **Die Abkömmlinge des E**

a) **Erben erster Ordnung**, § 1924 I BGB

b) **(P): Nichtehelicher Sohn C**
Nach heutiger Rechtslage völlige Gleichstellung zu ehelichen Kindern.

c) **(P): Außereheliche Tochter D der Ehefrau**
Erbenstellung (-), da E nicht Vater der D.

d) **Die übrigen Erben der ersten Ordnung**

2. **Die Erbfolge innerhalb der ersten Ordnung**

a) **Das Stammprinzip**, § 1924 IV BGB
Jedes Kind bildet einen Stamm; alle Stämme erben gleich.
⇨ Erbenstellung von A, B und C (+)

b) **Das Repräsentationsprinzip**, § 1924 II BGB
Lebende Eltern schließen ihre Kinder von der Erbfolge aus.
⇨ Erbenstellung von J (-)

c) **Das Eintrittsrecht**, § 1924 III BGB
Kinder rücken für ihre verstorbenen Eltern nach.
Erbenstellung von G und H (+)

III. Lösung

Fraglich ist, wer gesetzlicher Erbe nach E geworden ist.

Anmerkung: Mit dem Tod des E ist der **Erbfall** eingetreten. E als die verstorbene Person ist der sog. **Erblasser**. Jeder Erbfall hat einen (und nur einen!) Erblasser zur Folge. Mehrere Erbfälle, und seien sie nur Sekunden auseinander, sind in chronologischer Reihenfolge zu prüfen. Der Erblasser hinterlässt die **Erbschaft** bzw. den **Nachlass**. Dies ist sein Vermögen, d.h. alle geldwerten Güter sowie vermögensrechtliche Positionen. Auch Schulden sind vererbbar (§ 1967 BGB).

Nicht vererbbar sind dagegen höchstpersönliche Rechte (z.B. §§ 1090 II, 1061 BGB).

1. Die Abkömmlinge des E

Da E keine Verfügung von Todes wegen (Testament oder Erbvertrag) errichtet hat, kann auf die Regeln der gesetzlichen Erbfolge zurückgegriffen werden, **§ 1937 BGB (Subsidiarität der gesetzlichen Erbfolge, vgl. hierzu Fall 3)**.

Anmerkung: Es wird selten in einer Klausur nur um die gesetzliche Erbfolge gehen. Die **gesetzliche Erbfolge** wird aber wichtig für

1. das **Pflichtteilsrecht** (vgl. § 2303 I S. 2 BGB),
2. bei **Anfechtung des Testaments**,
3. bei **Lücken im Testament** (vgl. § 2088 BGB),
4. **kraft gesetzlicher Anwendbarkeit**, z.B. §§ 2104, 2105 BGB oder §§ 2066, 2067 BGB
5. **nach erfolgter Anfechtung**

Für die gesetzliche Erbfolge gelten zwei zentrale Grundprinzipien:

- Die Verwandten werden je nach Abstammung in Ordnungen eingeteilt (§§ 1924 bis 1926, 1928 f. BGB).
- Jedweder Verwandte einer niedrigeren Ordnung schließt jedweden Verwandten einer höheren Ordnung von der Erbfolge aus, § 1930 BGB.

Das bedeutet, dass die gesetzliche Erbfolge ein **Verwandten- bzw. Familienerbrecht** darstellt und die einzelnen Erben sich nach dem **Ordnungs- oder Parantelsystem** bestimmen. Nur wenn sich gar kein Verwandter als Erbe findet, erbt der Staat, § 1936 BGB.

Anmerkung: Parantelsystem leitet sich vom lateinischen Wort parens ab, das Elternteil bedeutet. Der Begriff wurde gewählt, weil die Gliederung der Verwandtschaft auf einen Elternteil abstellt.

Der Gegenbegriff hierzu ist das Gradualsystem, das v.a. im Familienrecht zur Anwendung kommt und die Verwandtschaft in Grade aufteilt. Die Zahl der Grade bestimmt sich dabei nach der Zahl der vermittelnden Geburten (§ 1589 S. 3 BGB).

a) Erben erster Ordnung, § 1924 I BGB

Nach diesen Grundsätzen wären somit zuerst die Erben erster Ordnung als Erben nach E berufen, da die erste Ordnung die niedrigste Ordnung ist und somit alle anderen Ordnungen von der Erbfolge ausschließt (§ 1930 BGB).

Erben erster Ordnung sind die Abkömmlinge des Erblassers. Wer Abkömmling (bzw. Verwandter) ist, bestimmt sich nach dem **Familienrecht (§§ 1589 ff. BGB)**.

Abkömmlinge des Erblassers sind die mit ihm in gerader Linie absteigend verwandten Personen, also Kinder, Enkel, Urenkel usw.

Für den konkreten Fall bedeutet das, dass jedenfalls A, B und F als Erben in Betracht kommen, da sie **Kinder** des E sind.

Allerdings kann nur Erbe sein, wer auch **erbfähig** ist, d.h. wer **rechtsfähig** ist (§ 1 BGB) und im Zeitpunkt des Erbfalls noch lebt (§ 1923 I BGB). Somit kann F, da er bereits vor dem Erblasser gestorben ist (= **vorverstorben**), nicht Erbe des E sein.

b) 1: Problem: Nichtehelicher Sohn C

Problematisch ist, ob auch der **nichteheliche Sohn** C Abkömmling des E ist.

Nach heutiger Rechtslage ist auch das nichteheliche Kind **Abkömmling des Erblassers**, sofern dessen Vaterschaft anerkannt (§§ 1592 Nr. 2, 1594, 1596 ff. BGB) oder festgestellt wurde (§§ 1592 Nr. 3, 1600d BGB).

Exkurs: Diese Selbstverständlichkeit aus heutiger Sicht ist erst seit dem 1. April 1998 geltendes Recht. Seit dieser Zeit sind nichteheliche Kinder den ehelichen durch das sog. Erbrechtsgleichstellungsgesetz völlig gleichgestellt.

Damit wurde vom Gesetzgeber die Gleichstellung, die durch das Nichtehelichengesetz vom 1. Januar 1970 begonnen wurde, vollendet. Dies gilt aber nicht für nichteheliche Kinder, die vor dem 1. Juli 1949 geboren wurden (Art. 2 § 10 II NEhelG). Diese sind weiterhin nicht erbberechtigt beim Tod ihres Vaters. Bei diesen Daten in der Klausur somit aufpassen.

Da E seinen Sohn C anerkannt hat, ist dieser als sein Kind ebenfalls Erbe erster Ordnung.

c) 2. Problem: Außereheliche Tochter D der Ehefrau

Fraglich ist weiter, ob auch D Erbin des E ist. Dies wäre der Fall, wenn D und E verwandt wären, d.h. wenn E Vater der D wäre.

Wer Vater ist, bestimmt sich nach § 1592 BGB. In Betracht käme hier alleine § 1592 Nr. 1 BGB, da E mit der Mutter der D verheiratet war. Laut Sachverhalt wurde D aber vor der Ehe geboren. Somit greift § 1592 BGB nicht ein.

Anmerkung: Einfacher gestaltet sich die Frage nach der Mutter. § 1591 BGB bestimmt, dass Mutter allein die Frau ist, die das Kind geboren hat. Dies bedeutet v.a., dass es sog. Leihmutterschaft (eine Frau bringt ein Kind „für“ eine andere zur Welt) nicht gibt.

Somit sind D und E nicht verwandt, so dass die D nicht als Erbin des E in Betracht kommt.

d) Die übrigen Erben der ersten Ordnung

Nach dem eben Gesagten sind also die Kinder des Erblassers A, B und C sowie die **Enkel** des Erblasser G, H und J Erben erster Ordnung.

2. Die Erbfolge innerhalb der ersten Ordnung

Fraglich ist aber, ob alle Erben der ersten Ordnung auch tatsächlich zur Erbfolge nach E berufen sind.

Innerhalb der Ordnungen gelten nämlich weitere bestimmte Rangprinzipien: das **Stammprinzip** (§ 1924 IV BGB), das **Repräsentationsprinzip** (§ 1924 II BGB) und das **Eintrittsrecht** (§ 1924 III BGB).

a) Das Stammprinzip, § 1924 IV BGB

Innerhalb der ersten Ordnung erfolgt die Erbfolge nach Stämmen. **Jedes Kind des Erblassers bildet mit seinen Nachkommen einen Stamm, jeder Stamm erhält den gleichen Erbteil**.

Dies bedeutet vorliegend, dass den E vier Stämme beerben, da er vier Kinder (A, B, C und F) hat. Jeder Stamm erbt ¼ des Nachlasses.

b) Das Repräsentationsprinzip, § 1924 II BGB

Das Repräsentationsprinzip besagt, dass noch **lebende Stammeltern ihre Abkömmlinge** (= Enkel des Erblassers) **von der Erbfolge ausschließen**.

Somit wird J nicht Erbe des E, da seine Mutter A noch lebt.

c) Das Eintrittsrecht, § 1924 III BGB

Sterben die Eltern (= Fortfall), rücken ihre Kinder nach.

Folglich werden G und H Erben des E, da sie an die Stelle ihres bereits verstorbenen Vaters F nachrücken.

3. Ergebnis

Gesetzliche Erben nach E werden dessen Kinder A, B und C zu je ¼ und dessen Enkel G und H zu je $^{1}/_{8}$.

IV. Zusammenfassung

Sound: Die Erben werden in Ordnungen eingeteilt, wobei stets und nur die niedrigste Ordnung erbt.

hemmer-Methode: Möglicherweise finden Sie die vielen neuen Fachbegriffe verwirrend oder gar überflüssig. Allerdings gehört die gesetzliche Erbfolge zum absoluten Grundwissen des Erbrechts und wird als vollständig bekannt vorausgesetzt. Deshalb sollten Sie die Grundprinzipien der gesetzlichen Erbfolge nicht nur kennen, sondern auch die dazugehörigen Soundwörter. Selbstverständlich müssen Sie aber auch wissen, was dahinter steht und dürfen in der Klausur nicht vergessen, die Begriffe zu erklären.

V. Zur Vertiefung

- Hemmer/Wüst, Erbrecht, Rn. 1 ff. (Einführung)
- Hemmer/Wüst, Erbrecht, Rn. 6 – 24 und 34 – 47 (Gesetzliche Erbfolge)

Fall 3: Verhältnis von gesetzlicher zu gewillkürter Erbfolge (§ 1937 BGB) und gesetzliche Erben zweiter Ordnung (§ 1925 BGB)

Sachverhalt:

Der Erblasser E hatte ein wirksames Testament errichtet, in dem er seinen Freund F zum Erben der Hälfte seines „Vermögens" einsetzte. Zur Zeit des Erbfalls lebten noch der Vater V, die Schwester S und ein Halbbruder B, der ein Sohn des V aus dessen zweiter Ehe ist.

Wer ist Erbe des E?

I. Einordnung

Die gesetzliche Erbfolge ist grds. subsidiär zur gewillkürten Erbfolge (§ 1937 BGB), d.h. in den Fällen, in denen der Erblasser durch Testament oder Erbvertrag wirksam Erben bestimmt, erben alleine diese. Dies ist Ausfluss der Testierfreiheit.

Jedoch ist in bestimmten Fällen ein **nebeneinander von gesetzlicher und gewillkürter Erbfolge** möglich. Ein wichtiger Fall ist der Fall des **§ 2088 BGB**, wenn also der Erblasser nur hinsichtlich eines Teils des Nachlasses verfügt hat.

II. Gliederung

Die Erbfolge nach E

1. Erbteil des F
   Da gewillkürte Erbfolge vorrangig (§ 1937 BGB), Erbenstellung des F (+)
2. Erbteil der Verwandten

a) Erben erster Ordnung, **§ 1924 I BGB (-)**

b) Erben zweiter Ordnung, **§ 1925 I BGB Grds. V, S und B Erben zweiter Ordnung.**

c) Das **Linienprinzip**
Erbenstellung der S (+), da Nachrücken in Linie der Mutter;
Erbenstellung des B (-), da Ausschluss durch Repräsentationsprinzip.

III. Lösung

1. Erbteil des F

F könnte Erbe nach E geworden sein. F wurde von E wirksam durch Testament zum Erben bestimmt.

Da die gewillkürte Erbfolge, also die Einsetzung von Erben durch den Erblasser in einer Verfügung von Todes wegen (Testament oder Erbvertrag) der gesetzlichen Erbfolge jedenfalls vorgeht (**§ 1937 BGB**), ist F Erbe des E zu ½.

Die **Auslegung des Testaments gem. § 133 BGB** ergibt, dass F Erbe zu ½ hinsichtlich des gesamten Nachlasses werden soll, nicht etwa nur bzgl. vorhandenen Geldes, Aktien etc., da Laien i.d.R. nicht zwischen Vermögen und Nachlass differenzieren.

Anmerkung: Die Auslegung von Testamenten ist ein schwieriges und weites Feld. Folglich ist sie extrem klausurrelevant. Auf sie wird später im Kapitel über die gewillkürte Erbfolge noch ausführlich eingegangen.

2. Der Erbteil der Verwandten

Fraglich ist, ob auch die Verwandten des E noch zu Erben berufen sind.

Da E eine Verfügung von Todes wegen nur über die Hälfte seines Nachlasses getroffen hat, **greift im Übrigen die gesetzliche Erbfolge ein, § 2088 I BGB.**

a) Erben erster Ordnung, § 1924 I BGB

Erben erster Ordnung (Abkömmlinge des Erblassers, d.h. Kinder, Enkel, Urenkel etc.) sind nicht vorhanden.

b) Erben zweiter Ordnung, § 1925 I BGB

Möglicherweise sind aber die Erben zweiter Ordnung zu Erben nach E berufen.

Die Erben zweiter Ordnung sind die Eltern des Erblassers und deren Abkömmlinge, also insb. die Geschwister des Erblassers, die Neffen und Nichten des Erblassers etc.

Somit ist jedenfalls V als Vater des Erblassers als Erbe zweiter Ordnung zum Erben des E berufen.

c) Das Linienprinzip

In der zweiten Ordnung werden die Erben nach Linien bestimmt. **Jeder Elternteil bildet mit seinen Nachkommen eine Linie**, wobei **jede Linie zu gleichen Teilen** erbt.

Innerhalb einer Linie gelten – insoweit wie in der ersten Ordnung – das **Repräsentationsprinzip** (§ 1925 II BGB) und das **Eintrittsrecht** (§ 1925 III BGB).

Anmerkung: Diese Grundsätze gelten auch für die gesetzlichen **Erben der dritten Ordnung (vgl. § 1926 BGB)**. Erben der dritten Ordnung sind die Großeltern des Erblassers und deren Abkömmlinge, also Onkel und Tante des Erblassers, dessen Cousins und Cousinen etc.

Ab der vierten Ordnung (vgl. §§ 1928, 1929 BGB) findet zur Vereinfachung ein Wechsel zum Gradualsystem statt, d.h. es erbt derjenige, der am nächsten mit dem Erblasser verwandt ist (§ 1928 III BGB), sofern nicht noch die Urgroßeltern leben.

Vorliegend bilden V und die Mutter des E jeweils eine Linie. Da die Mutter des E aber bereits verstorben ist, **rückt S in dieser Linie nach** (**Eintrittsrecht, § 1925 III S. 1 BGB**). Sie wird somit ebenfalls Erbin des E.

Ausgeschlossen wegen des **Repräsentationsprinzips (§ 1925 II BGB)** ist dagegen B, da sein Vater V in dieser Linie noch lebt und so seinen Abkömmling von der Erbfolge ausschließt.

Anmerkung: B kann nicht so wie S in die Linie der Mutter eintreten, da er nicht ihr Abkömmling ist (vgl. § 1591 BGB).

3. Ergebnis

Erben des E werden als gewillkürter Erbe F zu ½ und als gesetzliche Erben V und S zu je ¼.

IV. Zusammenfassung

Sound: Bei zweiter und dritter Ordnung ist zusätzlich das Linienprinzip zu beachten. Vater und Mutter des Erblasser bilden je eine Linie, innerhalb derer dann die gewohnten Grundsätze gelten.

hemmer-Methode: Mit der Besonderheit des Linienprinzips stellt die zweite Ordnung „ein Problem mehr“ in der Klausur dar. Weniger relevant dürfte dagegen die dritte (oder gar noch entferntere) Ordnung sein, denn hierzu lassen sich schwierig geeignete Sachverhalte konstruieren. Außerdem dürfte es in der Praxis relativ selten vorkommen, dass die letzten lebenden Verwandten des Erblassers dessen Urgroßeltern (!) sind. Denkbar ist dies meist nur, wenn die vorher erbberechtigten Verwandten die Erbschaft ausschlagen, § 1953 BGB.

V. Zur Vertiefung

- Hemmer/Wüst, Erbrecht, Rn. 23, 24

Fall 4: Grundfall zum Ehegattenerbrecht

Sachverhalt:

Der Erblasser E war mit seiner Ehefrau F verheiratet. Aus der Ehe sind zwei Kinder, Anton und Berta hervorgegangen.

Wie ist die erbrechtliche Lage?

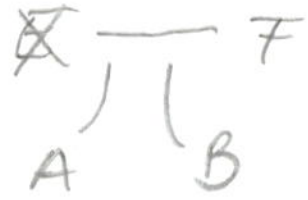

I. Einordnung

Das Ehegattenerbrecht ist eine wichtige **Schnittstelle zwischen Erb- und Familienrecht**. Es mussten hierfür Sonderregelungen geschaffen werden, **da der Ehegatte nicht mit dem Erblasser verwandt ist** und deshalb die Regelungen des Verwandtenerbrechts nicht passen.

Familienrechtliche Aspekte im Erbrecht sind insb. das **Bestehen einer Ehe** im Zeitpunkt des Todes (§§ 1310 ff. BGB), der (gewählte) **Güterstand** und die **Voraussetzungen der Scheidung** (§ 1933 BGB i.V.m. §§ 1565 ff. BGB).

II. Gliederung

Die erbrechtliche Lage nach E

1. **Bestehende Ehe** im Zeitpunkt des Erbfalls
   (+), weder Aufhebung, noch Scheidung.
2. **Ehefrau neben Verwandten der ersten Ordnung**
   Kinder sind Abkömmlinge des Erblassers (§ 1924 BGB).
3. Bestehender Güterstand der Zugewinngemeinschaft

a) **Erbrechtliche Lösung**

b) **Güterrechtliche Lösung**
   (P): Wahlrecht zwischen Zugewinnausgleich und kleinem Pflichtteil und großem Pflichtteil nach h.M. (-)

Weitere erbrechtliche Besonderheiten des Ehegattenerbrechts:

4. **„Voraus“, § 1932 BGB**
5. **Dreißigster, § 1969 BGB**

III. Lösung

Fraglich ist, wer zu welcher Quote Erbe nach E ist.

Anmerkung: Steht das Erbrecht des Ehegatten im Raum, so ist die Prüfung der Erbrechtslage zwingend damit zu beginnen, da die Quote der Miterben vom Bestehen des Ehegattenerbrechts abhängt (vgl. § 1931 BGB).

1. Bestehende Ehe im Zeitpunkt des Erbfalls

E und F müssten **im Zeitpunkt des Erbfalls miteinander verheiratet** gewesen sein, § 1931 BGB i.V.m. §§ 1310 ff. BGB. Dies bedeutet, dass die Ehe zu diesem Moment weder **aufgehoben** (§§ 1313 ff. BGB) noch **geschieden** (§§ 1565 ff. BGB) sein darf.

Anmerkung: Es genügt gem. **§ 1933 BGB** aber bereits, **wenn die Voraussetzungen der Scheidung vorliegen und der Scheidungsantrag rechtshängig ist (§§ 261 I, 253 I ZPO)**. In solchen Fällen ist dann an dieser Stelle eine Inzidentprüfung der §§ 1565 ff. BGB vorzunehmen, vgl. hierzu **Fall 7**.

Hier waren E und F verheiratet.

2. Ehefrau neben Verwandten der ersten Ordnung

Da ein Ehegattenerbrecht vorliegt, ist nur fraglich, mit welcher Quote F den E beerbt.

Dazu ist zu **prüfen, welcher Ordnung die miterbenden Verwandten angehören**, vgl. § 1931 BGB.

Hier erben neben F noch A und B, die Kinder des E. Kinder sind Abkömmlinge des E und somit Erben der ersten Ordnung (§ 1924 I BGB).

Neben Verwandten der ersten Ordnung erbt der Ehegatte gemäß § 1931 I BGB zu ¼.

Anmerkung: Das Verhältnis der Quoten regelt § 1931 BGB für alle Verwandten. So erbt der Ehegatten neben

1. Erben der zweiten Ordnung ½,
2. Erben der dritten Ordnung ½, falls er neben den Großeltern erbt (treffen Abkömmlinge der Großeltern mit den Großeltern zusammen, erbt der Ehegatte auch den Anteil des Abkömmlings, § 1931 I S. 2 BGB),
3. Erben der vierten Ordnung alles, § 1931 II BGB.

Ist der Ehegatte auch Verwandter des Erblassers (z.B. Cousine), erbt er auch als Verwandter.

3. Bestehender Güterstand der Zugewinngemeinschaft

Fraglich ist, ob sich diese Erbquote evtl. noch erhöht, weil E und F in **Zugewinngemeinschaft** lebten. § 1931 BGB regelt das Erbrecht des Ehegatten allgemein. Der dortige Erbteil wird ggf. modifiziert, je nach dem, **welcher Güterstand besteht**.

Vorliegend lebten E und F in **Zugewinngemeinschaft**, also im **gesetzlichen Güterstand**, der gilt, wenn nicht durch Ehevertrag etwas anderes geregelt wird (§ 1363 I BGB).

Für die Fälle der Zugewinngemeinschaft ergänzt **§ 1371 BGB** die erbrechtliche Regelung des § 1931 BGB (vgl. § 1931 III BGB).

a) Die erbrechtliche Lösung, §§ 1931 I, III, 1371 I BGB

Wird der **Güterstand der Zugewinngemeinschaft durch den Tod eines Ehegatten beendet und wird der Ehegatte gesetzlicher Erbe des Erblassers** (Umkehrschluss aus § 1371 II BGB), erfolgt der Zugewinnausgleich durch **pauschale Erhöhung des gesetzlichen Erbteils um** ¼. Dies gilt selbst dann, wenn die Eheleute im einzelnen Fall gar keinen Zugewinn erzielt hatten.

Nach der erbrechtlichen Lösung würden F Erbin zu ½ (¼ + ¼), A und B Erben zu je ¼ werden.

b) Die güterrechtliche Lösung, §§ 1931 III, 1371 III, II BGB

Der überlebende Ehegatte kann nach § 1371 III BGB aber auch die sog. güterrechtliche Lösung wählen, d.h. die Erbschaft ausschlagen und statt derer den Zugewinnausgleich sowie einen Pflichtteilsanspruch geltend machen.

Anmerkung: Die Ausschlagung führt nach § 1953 BGB dazu, dass die Erbschaft als von Anfang an nicht angefallen gilt. § 1371 III BGB stellt damit nur einen Unterfall des § 1371 II BGB dar, der immer dann zur Anwendung kommt, wenn der überlebende Ehegatte weder Erbe noch Vermächtnisnehmer wird. Die Besonderheit des § 1371 III BGB besteht darin, dass der überlebende Ehegatte trotz der Ausschlagung den Pflichtteil verlangen kann. Nach § 2303 BGB erhält den Pflichtteil eigentlich nur der vom Erblasser enterbte Ehegatte.

Wird der Ehegatte nicht Erbe des Erblassers (hier wegen Ausschlagung), erfolgt also eine **genaue Berechnung des Zugewinnausgleichs, §§ 1371 II, 1378 BGB,** und der Ehegatte erhält zusätzlich den **kleinen Pflichtteil**, der sich aus dem nicht nach § 1371 I BGB erhöhten Erbteil des Ehegatten nur aus § 1931 I, II BGB errechnet, §§ 1371 II, 2303, 1931 BGB. Da neben dem Ehegatten hier Abkömmlinge zu gesetzlichen Erben berufen sind, beträgt der kleine Pflichtteil ¼, ($^1/_2$ aus § 1931 I S. 1 BGB : zwei).

Anmerkung: § 1371 BGB ist ein Einfallstor für kautelarjuristische Klausuren, die in der letzten Zeit immer beliebter werden. Die Fallfrage lautet dann in etwa: „Was würden Sie als Anwalt des Ehegatten diesem empfehlen und welche weiteren Schritte sind dafür ggf. noch zu erledigen?" In diesen Fällen muss dann ausführlich geprüft werden, ob die güter- oder die erbrechtliche Lösung für den Mandanten günstiger ist.

Strittig ist, ob der Ehegatte statt Zugewinnausgleich und kleinem Pflichtteil auch den sog. **großen Pflichtteil** verlangen kann. Der große Pflichtteil errechnet sich gem. **§ 2303 II S. 2 BGB** aus dem nach § 1371 I BGB erhöhten gesetzlichen Erbteil, also (§ 1931 BGB + § 1371 I BGB) x ½.

Nach h.M. besteht kein Wahlrecht des Ehegatten. Dies ergibt sich aus dem Sinn und Zweck des § 1371 BGB, der einen pauschalierten Zugewinnausgleich zwar ermöglicht, nicht aber vorschreibt.

Hat der Erblasser den Ehegatten von der Erbfolge ausgeschlossen, bedeutet dies, dass er den pauschalisierten Ausgleich nicht will.

Nach der güterrechtlichen Lösung hätte die F Anspruch auf den Zugewinnausgleich und auf einen Pflichtteilsanspruch in Höhe von $^1/_8$.

4. „Voraus", § 1932 BGB

Der überlebende Ehegatte als gesetzlicher Erbe hat Anspruch auf den Voraus.

Dies sind die zum ehelichen Haushalt gehörenden Gegenstände, sofern sie nicht Grundstückszubehör sind (§ 1932 I S. 1 BGB).

Neben Erben der ersten Ordnung muss der Ehegatte die Gegenstände zudem zur Führung eines angemessenen Haushalts benötigen (§ 1932 I S. 2 BGB).

Anmerkung: Beim Voraus handelt es sich um ein gesetzliches Vermächtnis, keine Ausnahme zum Grundsatz der Universalsukzession. Dies bedeutet, dass der Ehegatte nur einen schuldrechtlichen Anspruch auf die Gegenstände hat.

5. Der „Dreißigste", § 1969 BGB

Unter den Voraussetzungen dieser Norm hat der Ehegatte einen Unterhaltsanspruch gegen den Erben für 30 Tage.

IV. Zusammenfassung

Sound: Das Erbrecht des Ehegatten ist vorrangig zu prüfen. Dazu sind zwei zentrale Fragen zu klären:

1. **Neben Verwandten welcher Ordnung erbt der Ehegatte?**
2. **In welchem Güterstand lebte der Erblasser?**

hemmer-Methode: Der Ehegatte ist in der Klausur ein beliebtes Mittel, „ein Problem mehr" in den Sachverhalt einzubauen. Mit wenigen Worten kann der Klausurersteller riesige Problemfelder schaffen. Die vertiefte Kenntnis dieses wichtigen Bereichs ist deshalb unerlässlich.

V. Zur Vertiefung

- Hemmer/Wüst, Erbrecht, Rn. 25 bis 33 (Ehegattenerbrecht)

Fall 5: Der Einfluss des familienrechtlichen Güterstandes auf das Erbrecht des Ehegatten

Sachverhalt:

Beim Tod des Erblassers E leben noch dessen Ehefrau F und die beiden Kinder Anton und Berta.

Wie ist die erbrechtliche Lage, wenn E und F

a) in Gütertrennung,

b) in Gütergemeinschaft bzw.

c) in Zugewinngemeinschaft

gelebt haben?

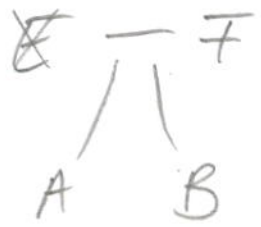

I. Einordnung

Das Familienrecht des BGB kennt **drei eheliche Güterstände**: die **Gütertrennung** (§ 1414 BGB), die **Gütergemeinschaft** (§§ 1415 ff. BGB) und den gesetzlichen Güterstand der **Zugewinngemeinschaft** (§§ 1363 ff. BGB), der gilt, sofern nicht durch Ehevertrag etwas anderes geregelt wurde (§ 1363 I BGB).

Je nachdem, welcher Güterstand gewählt wurde, hat dies **Einfluss auf das Erbrecht des überlebenden Ehegatten**.

II. Gliederung

Die erbrechtliche Lage nach E
1. bei Gütertrennung
Erbrecht des Ehegatten $^1/_3$, § 1931 IV BGB.
2. bei Gütergemeinschaft
Erbrecht des Ehegatten ¼, § 1931 I BGB.
3. bei Zugewinngemeinschaft
Erbrecht des Ehegatten ½, §§ 1931 I, III, 1371 I BGB.

III. Lösung

Fraglich ist, wer mit welcher Quote gesetzlich zum Erben nach E berufen ist.

1. Bei Gütertrennung

Bei Gütertrennung ergibt sich das gesetzliche Erbrecht des Ehegatten aus **§ 1931 IV BGB**. Sind als gesetzliche Erben neben dem überlebenden Ehegatten ein oder zwei Kinder berufen, erben der Ehegatte und jedes Kind zu gleichen Teilen.

Anmerkung: Zweck dieser Vorschrift ist es zu verhindern, dass der überlebende Ehegatte weniger erbt als die Kinder. Bei einem oder zwei Kindern wäre dies aber nach der allgemeinen Regel des § 1931 I BGB der Fall, da insb. § 1371 BGB bei Gütertrennung nicht gilt.

Folglich erben F, A und B zu jeweils gleichen Teilen, also zu je $^1/_3$.

2. Bei Gütergemeinschaft

Wurde dagegen durch Ehevertrag Gütergemeinschaft vereinbart (§§ 1408 I, 1415 BGB), richtet sich das Erbrecht des überlebenden Ehegatten allein nach **§ 1931 I BGB**.

Die Sonderregel des § 1931 IV BGB gilt nur bei Gütertrennung (s.o.), die Regel über den pauschalen Zugewinnausgleich (§ 1371 I BGB) gilt nur bei Zugewinngemeinschaft.

Somit erbt F neben ihren Kinder, also den Abkömmlingen des Erblassers und Erben erster Ordnung, mit ¼.

Die beiden Kinder erben zu gleichen Teilen, folglich zu je $^{3}/_{8}$.

3. Bei Zugewinngemeinschaft

Haben die Ehegatten keine güterrechtlichen Vereinbarungen getroffen, gilt der gesetzliche Güterstand der Zugewinngemeinschaft (§ 1363 I BGB).

In diesen Fällen richtet sich das Erbrecht des Ehegatten grds. nach **§§ 1931 I, III, 1371 BGB**.

Im Falle der **erbrechtlichen Lösung** erbt F deshalb ½ (¼ gem. § 1931 I BGB und ¼ gem. § 1371 I BGB), die Kinder A und B als Erben erster Ordnung je ¼.

IV. Zusammenfassung

Sound: Das Erbrecht des Ehegatten ergibt sich grds. aus § 1931 I, II BGB. Für die Güterstände der Gütertrennung und der Zugewinngemeinschaft wird dieser Grundsatz modifiziert bzw. ergänzt. Dann sind die Sonderregeln der § 1931 IV BGB bzw. §§ 1931 III, 1371 BGB zu beachten.

Hier zeigt sich, dass die bei Laien so beliebte Gütertrennung keineswegs so vorteilhaft ist. Abgesehen davon, dass sie **steuerliche Nachteile in Form geringerer Freibeträge** mit sich bringt, ist sie für den überlebenden Ehegatten deshalb schlecht, weil **ab dem zweiten Kind das gesetzliche Erbrecht der Kinder höher ist als im Fall der Zugewinngemeinschaft**. Wird der Ehegatte als testamentarischer Alleinerbe bedacht, sieht er sich deshalb dann erhöhten Pflichtteilsansprüchen (Pflichtteil = Hälfte des gesetzlichen Erbteils) ausgesetzt.

hemmer-Methode: Dieser Fall soll Ihnen ermöglichen, spielerisch mit den Problemen des Ehegattenerbrechts umzugehen. Indem Sie alle möglich Varianten durchdenken, vertiefen Sie noch einmal die Grundzüge des § 1931 BGB und sind außerdem für Anwaltsklausuren („Welche Lösung ist die beste?") gewappnet.

V. Zur Vertiefung

- Hemmer/Wüst, Erbrecht, Rn. 27 ff.

Fall 6: Das Ehegattenerbrecht aus der Sicht des Anwalts („Wahlrecht“ des § 1371 III S. 1 BGB)

Sachverhalt:

M und F heirateten 1992. Zum Zeitpunkt ihrer Eheschließung waren beide vermögenslos. Während der Ehe verdiente nur M, F führte den Haushalt und betreute die gemeinsamen Kinder K 1 und K 2. Im Jahre 1993 schenkte M seiner Nichte N 120.000,- €.

2004 verfasste M folgendes Testament:

„... Mein letzter Wille ist, dass F den gesetzlichen Erbteil erhält. Vom Rest sollen mein außerehelicher Sohn S $^{2}/_{3}$ und K 1 und K 2 $^{1}/_{3}$ erhalten....“

M verstarb am 1.1.2005. Zu diesem Zeitpunkt hatte F immer noch kein Vermögen, der Nachlass dagegen war 100.000,- € wert.

F wendet sich am 24.1.2005 an den Rechtanwalt R und fragt, was sie tun soll. Was wird R raten?

I. Einordnung

Anwaltsklausuren erfreuen sich im Examen immer größerer Beliebtheit. Deshalb lohnt es sich, möglichst früh anwaltlich denken zu lernen.

Zentraler Punkt des Falles ist es, dass **§ 1371 III S. 1 BGB** dem Ehegatten ein **faktisches Wahlrecht zwischen der erbrechtlichen und der güterrechtlichen Lösung** eröffnet. In der Rolle des R müssen Sie somit prüfen, welche Variante für F günstiger ist.

Anmerkung: In der Klausur drängt die Zeit sowieso. Aber auch in der Praxis ist Eile geboten, denn die Ausschlagungsfrist des § 1944 BGB beträgt nur sechs Wochen. In dieser Zeit sind umfangreiche Überlegungen und ggf. Ermittlungen durchzuführen.

II. Gliederung

1. Stellung der F bei erbrechtlicher Lösung

a) Erbquote
½ gem. §§ 1931 I, 1371 I BGB.

b) Wert des Nachlasses
100.000,- € ⇨ 50.000,- € für F

2. Stellung der F bei güterrechtlicher Lösung

a) Zugewinnausgleich

b) Voraus, § 1380 BGB

c) Beschränkung durch den Aktivnachlass, § 1378 II BGB

d) Pflichtteilsanspruch gegen die Erbengemeinschaft

e) Pflichtteilsergänzungsanspruch gegen N gem. §§ 2329, 2325 BGB

III. Lösung

Da F testamentarisch bedacht wurde, steht ihr ein **faktisches Wahlrecht** zwischen der erbrechtlichen und güterrechtlichen Lösung zu. Um die güterrechtliche Lösung zu wählen, müsste F die **Erbschaft ausschlagen, § 1371 III S. 1 BGB**. Dies ist **noch fristgerecht möglich**, § 1944 I BGB.

1. Stellung der F bei erbrechtlicher Lösung

F könnte die **Erbschaft annehmen** (§ 1943 BGB) und so die erbrechtliche Lösung „wählen".

a) Erbquote

F wurde in Höhe ihres gesetzlichen Erbteils zur Erbin eingesetzt. Gemäß **§ 1931 I S. 1 BGB** erhält sie als überlebender Ehegatte neben Verwandten der ersten Ordnung – hier: die Abkömmlinge des Erblassers K 1, K 2 und S, § 1924 I BGB – **ein Viertel**.

Die Ehegatten lebten im gesetzlichen Güterstand der **Zugewinngemeinschaft**, so dass sich dieser Erbteil gem. **§ 1371 I BGB** um **ein weiteres Viertel** erhöht.

Somit wird F **Miterbin zu ½**.

b) Wert des Nachlasses

Der **Nachlasswert** beträgt 100.000,- €. Somit beläuft sich der Erbteil der F wertmäßig auf **50.000,- €**.

Anmerkung: Aufgrund der Schenkung an N wäre noch an einen Pflichtteilsergänzungsanspruch zu denken, § 2325 I BGB. Dieser Anspruch steht auch dem Erben zu, solange er nur abstrakt zum Kreis der Pflichtteilsberechtigten gehört (vgl. Fall 27). Allerdings liegt die Schenkung bereits mehr als zehn Jahre zurück, so dass schon deshalb ein Pflichtteilsergänzungsanspruch ausscheidet, § 2325 III BGB. Zudem müsste sich F ihren Mehrwert, d.h. das was sie über den konkreten Pflichtteilsanspruch hinaus erhält, anrechnen lassen, § 2326 S. 2 BGB (vgl. auch hierzu Fälle 27, 28).

2. Stellung der F bei güterrechtlicher Lösung

F könnte jedoch die angefallene Erbschaft **ausschlagen** (§§ 1943 ff. BGB) und so die güterrechtliche Lösung „wählen".

Anmerkung: Als Anwalt müssen Sie auf mögliche Risiken hinweisen. Hier droht dem Ehegatten u.U. die **Einrede der groben Unbilligkeit** (§ 1381 BGB) oder die **Stundungsmöglichkeit** des § 1382 BGB.

F könnte einen Anspruch auf Zugewinnausgleich gegen die Miterbengemeinschaft haben, **§§ 1371 II, III HS 1, 1378 I BGB**.

Da F ausschlägt, ist sie **weder Erbin noch Vermächtnisnehmerin**, so dass ihr die güterrechtliche Lösung offen steht, § 1371 II BGB.

a) Zugewinnausgleich

Es müsste zunächst ein **Zugewinnüberschuss zugunsten der F** bestehen.

aa) Das **Anfangsvermögen** des M betrug Null, sein **Endvermögen** (§ 1375 BGB) 100.000,- €. Diesem müssen die der N geschenkten 120.000,- € hinzugerechnet werden, **§ 1375 II Nr. 1 BGB**, da diese Schenkung nicht durch eine sittliche Verpflichtung zu rechtfertigen ist. Das **rechnerische Endvermögen** des M beträgt 220.000,- €. Der **Zugewinn** des M beträgt somit ebenfalls 220.000,- €.

bb) F hat ein Anfangs- und Endvermögen von Null.

cc) Somit steht F **die Hälfte des Zugewinnüberschusses**, also 110.000,- € zu.

b) Beschränkung durch den Aktivnachlass, § 1378 II BGB

Der Anspruch wird aber gem. § 1378 II BGB auf 100.000,- € reduziert, da nur soviel Nachlass vorhanden ist.

Anmerkung: An dieser Stelle sind weitere Ansprüche der F gegen die Beteiligten denkbar. So könnte F von N die fehlenden 10.000,- € verlangen, sofern sie eine Benachteiligungsabsicht des M bei der Schenkung nachweisen kann, § 1390 BGB, was aber schon aufgrund des Zeitablaufs schwierig werden wird.

d) Pflichtteilsanspruch gegen die Erbengemeinschaft

F könnte zudem einen **Pflichtteilsanspruch gemäß §§ 2303 I, II, 1371 III BGB** geltend machen.

Der Ehegatte kann dabei abweichend von § 2303 BGB den Pflichtteil auch dann verlangen, wenn der die Erbschaft ausschlägt, § 1371 III BGB. Da der Ehegatte infolge der Ausschlagung nicht Erbe wird, bestimmt sich sein Pflichtteil nur aus dem gesetzlichen Erbteil aus § 1931 I, II BGB, nicht hingegen aus dem nach § 1371 I BGB erhöhten Erbteil, vgl. § 1371 II BGB, so dass F hier **ein Achtel** zusteht ($^{1}/_{4}$ aus § 1931 S. 1 BGB : zwei).

Jedoch wird **vom Wert des Nachlasses der Wert des Zugewinnausgleichs abgezogen**, so dass ein Nachlass von Null übrig bleibt.

Der Pflichtteilsanspruch geht somit ins Leere.

3. Ergebnis

R wird F raten, die Erbschaft auszuschlagen und die güterrechtliche Lösung zu wählen. Dann erhält sie jedenfalls 100.00,- €, anstelle von 50.000,- €. Zudem käme noch ein Anspruch gegen N in Höhe von 10.000,- € aus § 1390 BGB in Betracht.

IV. Zusammenfassung

Sound: § 1371 III BGB bietet dem überlebenden Ehegatten ein faktisches Wahlrecht zwischen erb- und güterrechtlicher Lösung.

hemmer-Methode: Dies Klausur ist ein vereinfachter Grundtyp einer „§ 1371 III BGB – Klausur“. Jederzeit ließen sich hier noch zahllose erb- und insb. familienrechtliche Probleme einbauen. Deshalb müssen Sie unbedingt die Grundstrukturen verstanden haben, um in Klausur oder Examen die unbekannten Fälle lösen zu können.

V. Zur Vertiefung

- Hemmer/Wüst, Erbrecht, Rn. 25 ff.

Fall 7: Auswirkungen einer Scheidung auf das Erbrecht des Ehegatten

Sachverhalt:

Die Ehe von M und F war zerrüttet. Beide lebten seit mehr als drei Jahren getrennt. Im August 2004 reichte M einen Scheidungsantrag ein, der F im September 2004 zugestellt wurde. Welche Auswirkungen hat dies auf das Erbrecht der F, wenn M im Oktober plötzlich verstirbt,

a) ohne dass M und F ein Testament errichtet haben?

b) wenn M kurz nach der Heirat ein Testament errichtet hat, in dem F zur Alleinerbin eingesetzt wird?

c) wenn M und F ein gemeinschaftliches Testament errichtet haben, nach dem F zunächst Alleinerbin des M werden soll?

d) wenn M und F einen Erbvertrag geschlossen haben?

I. Einordnung

Heutzutage wird jede dritte Ehe geschieden, Tendenz steigend. Die Scheidung und ihre Auswirkungen sind deshalb von enormer Bedeutung für die Rechtspraxis.

Obwohl diese Fragestellung in erster Linie das Familienrecht betrifft (etwa Zugewinnausgleich, §§ 1372 ff. BGB; Unterhalt, §§ 1569 ff. BGB etc.), ergeben sich auch **erbrechtliche Auswirkungen**.

II. Gliederung

1. Auswirkungen auf das gesetzliche Erbrecht

Gesetzliches Erbrecht entfällt, § 1933 BGB.

2. Auswirkungen auf ein Testament

Erbrecht entfällt in der Regel wegen § 2077 BGB.

3. Auswirkungen auf ein gemeinschaftliches Testament

Erbrecht entfällt in der Regel wegen § 2268 BGB.

4. Auswirkungen auf einen Erbvertrag

Erbrecht entfällt grds. wegen §§ 2279 II, 2077 BGB.

III. Lösung

Fraglich ist, welche Auswirkungen der geschilderte Sachverhalt hat.

1. Auswirkungen auf das gesetzliche Erbrecht

In der ersten Variante haben M und F kein Testament errichtet. Somit greift die gesetzliche Erbfolge nach M (vgl. § 1937 BGB). Das **gesetzliche Erbrecht des Ehegatten** richtet sich folglich nach **§ 1931 BGB**.

Voraussetzung des Ehegattenerbrechts ist allerdings das **Bestehen der Ehe beim Tod des Erblassers**. Die Ehe darf weder geschieden (§ 1564 BGB), noch aufgehoben (§ 1313 BGB) worden sein.

Anmerkung: Grds. spielt es zunächst keine Rolle, wenn die Ehegatten getrennt gelebt haben oder die Ehe zerrüttet war. Im Grundsatz führt nur die Scheidung zum Wegfall des Erb- und Pflichtteilsrechts. Es bleibt dann ein Vermögensausgleich über das Familienrecht.

Allerdings entfällt das gesetzliche Erbrecht des Ehegatten, um zeitliche Zufälligkeiten zu vermeiden, ausnahmsweise trotz fortbestehender Ehe dann, **wenn im Todszeitpunkt die Voraussetzungen der Scheidung vorgelegen haben und der Erblasser die Scheidung beantragt oder dem Antrag des Anderen zumindest zugestimmt hat, § 1933 S. 1 BGB**.

So lag es aber hier: die Ehe war **gescheitert** i.S.d. § 1565 I S. 1 BGB, da sie unwiderleglich als zerrüttet vermutet wird, § 1566 II BGB.

M hat hier auch zu Lebzeiten die Scheidung beantragt. Ein Antrag i.S.d. § 1933 BGB ist allerdings erst mit Rechtshängigkeit, d.h. gemäß §§ 261 I, 253 ZPO mit Zustellung an den Antragsgegner, und nicht schon mit Anhängigkeit, also dem Eingang des Antrag bei Gericht, gegeben. Hier wurde der Antrag des M im September 2004 der F zugestellt, also rechthängig. M hat somit noch zu Lebzeiten die Scheidung von F beantragt.

Die Voraussetzungen des § 1933 BGB sind gegeben, so dass das gesetzliche Erbrecht der F wegen § 1933 S. 1 BGB entfällt.

2. Auswirkungen auf ein Testament

Ein einfaches Testament, in dem **der Erblasser seinen Ehegatten** bedacht hat, ist im Zweifel **unwirksam, wenn im Todeszeitpunkt der Erblasser die Scheidung beantragt** hat, **§ 2077 I S. 1, 2 BGB**. Es müssen die materiellen Voraussetzungen der Scheidung vorliegen (§§ 1564 ff. BGB) und der Scheidungsantrag muss rechtshängig sein (§§ 253 I, 261 I ZPO).

Anmerkung: Der Gesetzgeber wertet hier einen Motivirrtum des Erblassers zum Unwirksamkeitsgrund auf, so dass es nicht der Anfechtung (§ 2078 II BGB) bedarf.

Da über eine abweichende Vereinbarung oder einen abweichenden Willen des M nichts mitgeteilt ist, greift auch nicht **§ 2077 III BGB**, wonach die Verfügung ausnahmsweise wirksam ist, wenn anzunehmen ist, dass der Erblasser sie auch für den Fall der Scheidung so getroffen haben würde.

Hierzu ist der **wirkliche Erblasserwille** durch **Auslegung** zu ermitteln.

Es ist deshalb von großer Bedeutung, ob der Erblasser das **Testament nach Zerrüttung der Ehe errichtet** hat oder davor. Hat der Erblasser die Möglichkeit der Scheidung dagegen nicht bedacht, so ist auf seinen **hypothetischen Willen im Zeitpunkt der Testamentserrichtung** abzustellen.

Anmerkung: Eine evtl. spätere Versöhnung nach der Scheidung ist deshalb unbeachtlich. Dies ist v.a. dann problematisch, wenn es zu einer Wiederheirat kommt. Nach e.A. ist in der Wiederheirat ein Indiz für den Willen des Erblassers zur Weitergeltung des Testaments zu sehen. Nach a.A. soll das Testament dagegen nichtig bleiben. Schließlich wird auch vertreten, dass § 2077 BGB gar nicht anwendbar sei, da ja eine Ehe im Todeszeitpunkt besteht. Diese Ansicht – wohl eine Art teleologische Reduktion des § 2077 BGB – führt wohl zu den praktikabelsten Ergebnissen.

Die materiellen und prozessualen Voraussetzungen der Scheidung liegen vor (s.o.). Hier hat M kurz nach der Heirat testiert und damit nach allgemeiner Lebenserfahrung den Fall einer Scheidung nicht bedacht. In aller Regel spricht dann vieles für die Annahme, dass der Erblasser den geschiedenen Ehegatten nicht zum Alleinerben einsetzen will. Der hypothetische Wille des M geht also dahin, die Verfügung im Fall der Scheidung unwirksam werden zu lassen.

Folglich ist das Testament des M nach § 2077 I S. 1, 2 BGB nichtig.

Exkurs:
Auswirkungen auf Testamente Dritter

Es kommt immer wieder vor, dass Eltern neben ihrem Kind auch dessen Ehegatten als Erben eingesetzt haben. Hier stellt sich die Frage, ob **§ 2077 BGB analog** gilt. Ein Teil der Rechtsprechung und die wohl h.L. haben bislang eine Analogie bejaht, da die Erbeinsetzung von Schwiegerkindern i.d.R. auch nur im Hinblick auf den Fortbestand der Ehe erfolgt. Insofern sei eine ähnliche Interessenlage gegeben. Jedoch hat der BGH die Analogie ablehnt (BGH, NJW 2003, 2095).

Bei der Einsetzung der Schwiegerkinder steht nicht – so wie bei der Ehe – der Gesichtspunkt der Versorgung im Vordergrund, vielmehr seien andere Motive vorherrschend. Allerdings kommt eine Anfechtung nach § 2078 II BGB in Betracht, wenn der Fortbestand der Ehe des Bedachten ein tragendes Motiv für die Zuwendung war.
Unstreitig keine analoge Anwendung findet § 2077 BGB auf **nichteheliche Lebensgemeinschaften**.

In § 2068 II BGB findet sich eine dem § 2077 III BGB entsprechende Regelung. Im Gegensatz zu dort ist im Rahmen des § 2268 II BGB aber **bei wechselbezüglichen Verfügungen auf den Fortgeltungswillen beider Ehegatten** abzustellen.

Nach h.M. muss hier im Falle der **Wiederheirat** ein neues gemeinschaftliches Testament errichtet werden (vgl. oben).

Folglich ist hier, wie schon unter 2., die F nicht Erbin des M geworden.

3. Auswirkungen auf ein gemeinschaftliches Testament

Die Auswirkungen der Scheidung auf ein gemeinschaftliches Testament ergeben sich aus **§ 2268 I BGB**. Danach wird das gemeinschaftliche **Testament insgesamt unwirksam**, d.h. auch dann, wenn sich die Ehegatten nicht gegenseitig eingesetzt haben oder keine wechselbezüglichen Verfügungen zwischen den Ehegatten vorliegen.

Anmerkung: Nach h.M. wird das Testament selbst dann unwirksam, wenn darin ausschließlich Dritte bedacht werden.

§ 2268 I BGB ist **lex specialis** zu § 2077 BGB.

Anmerkung: Gäbe es § 2268 BGB nicht, wäre nach § 2077 BGB nur die Verfügung zugunsten des Ehepartners unwirksam. Die Wirksamkeit der übrigen Verfügungen würde sich nach §§ 2085, 2270 BGB richten.

Wie bisher auch, ist es auch für § 2268 BGB **ausreichend, dass die Voraussetzungen der Scheidung vorliegen** (§§ 2268 II, 2077 I S. 2 BGB).

4. Auswirkungen auf einen Erbvertrag

Beim Erbvertrag ist zu differenzieren: Auf **einseitige Verfügungen** findet § 2077 BGB gemäß **§ 2299 II S. 1 BGB** uneingeschränkt Anwendung. Es gilt das oben Ausgeführte entsprechend.

Bei vertragsmäßigen Verfügungen ist § 2077 BGB dagegen nur über § 2279 II BGB mit Modifikationen anwendbar. Danach ist eine **vertragsmäßige Verfügung unwirksam, es sei denn, es ist anzunehmen, dass die Verfügung auch für den Fall der Scheidung getroffen worden wäre**.

Dies gilt auch für Fälle, in denen **der Erblasser einen Erbvertrag mit einem Dritten zugunsten des Ehepartners** schließt.

Im Gegensatz zu § 2268 BGB ergibt sich aber keine Gesamtnichtigkeit.

Nach dem oben Gesagten ist davon auszugehen, dass auch hier F nicht Erbin des M geworden ist.

V. Zusammenfassung

Sound: Durch die Scheidung (bzw. sobald deren Voraussetzungen vorliegen) verliert der Ehegatte in der Regel sein Erbrecht, die getroffenen Verfügungen werden unwirksam.

hemmer-Methode: Behalten Sie den Überblick! Typisch Erbrecht: (im Wesentlichen) eine Rechtsfolge, vier Regelungen … . Doch dank dieses Falles wissen Sie jetzt, wo Sie im Gesetz suchen müssen.

Kapitel III: Die gewillkürte Erbfolge

Fall 8: Das eigenhändige Testament (§§ 2231 Nr. 2, 2247 BGB)

Sachverhalt:

Der Erblasser E schreibt an den mit ihm befreundeten Vorstandsvorsitzenden V der V-AG folgenden handschriftlichen Brief:

„Lieber Freund,
ich muss Dir etwas Wichtiges mitteilen. Mein letzter Wille ist es, dass die V-AG, von deren Geschäftsidee ich zu 100 % überzeugt bin, mein gesamtes Vermögen nach meinem Tode erhalten soll.
Dein Freund E.

P.S. Meine goldene Armbanduhr soll allerdings mein Sohn S erhalten, damit er endlich mal Pünktlichkeit lernt. Würdest Du bitte dafür sorgen?"

E verstirbt kurz darauf. Wer ist Erbe des E geworden?

I. Einordnung

Der Erblasser kann im Rahmen seiner **durch Art. 14 GG geschützten Testierfreiheit** durch eine **Verfügung von Todes wegen**, also durch Testament oder Erbvertrag, seine Erben selbst bestimmen. Diese Erbfolge heißt – im Gegensatz zur gesetzlichen Erbfolge (§§ 1924 ff. BGB) – **gewillkürte Erbfolge**. Die gewillkürte Erbfolge geht der gesetzlichen Erbfolge vor, **§ 1937 BGB** (Subsidiarität der gesetzlichen Erbfolge).

Testierfreiheit bedeutet, dass der Erblasser jede beliebige Person ohne Angabe von Gründen als Erbe einsetzen kann, sowie Anordnungen hinsichtlich des Nachlasses treffen kann. Die Testierfreiheit wird **eingeschränkt** durch den **erbrechtlichen Typenzwang** und das **Pflichtteilsrecht** (dazu jeweils später).

Möchte der Erblasser ein Testament errichten, stehen ihm mehrere Möglichkeiten zur Verfügung: als **ordentliche Testamentsformen** gibt es das **öffentliche Testament zur Niederschrift eines Notars** (§§ 2231 Nr. 1, 2232, 2233 BGB) oder das **eigenhändige Testament** (§§ 2231 Nr. 2, 2247 BGB).

Anmerkung: Daneben gibt es noch außerordentliche Testamentsformen („Nottestamente"), nämlich das Bürgermeistertestament (§ 2249 BGB), das Dreizeugentestament (§ 2250 BGB) und das Seetestament (§ 2251 BGB), die aber kaum jemals Klausurrelevanz besitzen dürften.

Die **Vor- und Nachteile der beiden ordentlichen Testamentsformen** halten sich in etwa die Waage. Das notarielle Testament sichert rechtskundige Beratung, dafür fallen Kosten an. Das eigenhändige Testament ist schnell und kostenlos zu errichten, dafür ist die Gefahr der Unwirksamkeit, Fälschung oder Unterdrückung ungleich höher.

Anmerkung: Das eigenhändige Testament ist die klausur- und examensrelevanteste Problemstellung des Erbrechts überhaupt. Hier müssen Sie absolut sicher sein, was dessen Voraussetzungen angeht und auch die Kenntnis „klassischer" Probleme wird stets vorausgesetzt.

II. Gliederung

Die erbrechtliche Lage nach E

Wirksame Einsetzung der V-AG zur Alleinerbin?

1. **Testierfähigkeit**, § 2229 I BGB (+)
2. **Höchstpersönlichkeit**, §§ 2064, 2065 BGB (+)
3. **Form**, §§ 2231 Nr. 1, 2247 BGB Grds. (+)
   (P): Postskriptum
4. **Testierwille**, § 133 BGB
   (P): sog. Brieftestament.

III. Lösung

Die V-AG könnte Erbin des E geworden sein, wenn die Einsetzung zur Alleinerbin in dem Testament des E wirksam erfolgt wäre.

Dann wäre auch der gesetzliche Erbe S von der Erbfolge ausgeschlossen (§ 1937 BGB).

Es ist grds. denkbar, dass die V-AG als juristische Person Erbin einer natürlichen Person wird. Denn **auch juristische Personen sind erbfähig**, § 1923 I BGB, da sie rechtsfähig sind (vgl. § 1 I S. 1 AktG).

Anmerkung: Allerdings können juristische Personen nicht Erblasser sein. Insofern wird das Erbrecht durch die Regeln über die Liquidation bzw. Auflösung der juristischen Person verdrängt.

1. Testierfähigkeit, § 2229 I BGB

Zuerst müsste E testierfähig gewesen sein. **Testierfähigkeit ist die Fähigkeit, ein Testament zu errichten, zu ändern oder aufzuheben**. Sie muss bis zur Vollendung der Errichtung vorhanden sein.

Testierfähig ist, wer **das sechzehnte Lebensjahr vollendet** hat und selbstbestimmt und eigenverantwortlich handeln kann.

Anmerkung: Minderjährige unter achtzehn Jahren können aber nur öffentliche Testamente errichten, vgl. §§ 2233, 2247 IV BGB. Minderjährige unter sechzehn Jahren sind testierunfähig. Beachten Sie zudem, dass die Altersgrenze beim Erbvertrag bei achtzehn Jahren liegt (§ 2275 I BGB). Die Testierfähigkeit bzw. -unfähigkeit ist zudem immer absolut, d.h. es gibt weder eine teilweise noch eine relative Testierunfähigkeit.

Hier sind keinerlei Anhaltspunkte dafür gegeben, dass E nicht testierfähig war.

2. Höchstpersönlichkeit der Errichtung, §§ 2064, 2065 BGB

E müsste weiter das Testament **höchstpersönlich**, also selbst errichtet haben. Eine **Stellvertretung ist bei der Errichtung eines Testaments nicht zulässig** (formale Höchstpersönlichkeit). Auch dies ist hier nicht zweifelhaft.

Anmerkung: Nach § 2065 I, II BGB muss der Erblasser auch selbst bestimmen, ob das Testament gelten und welchen Inhalt es genau haben soll (materielle Höchstpersönlichkeit), vgl. hierzu **Fall 9.**

3. Form, §§ 2231 Nr. 2, 2247 BGB

Weiter müsste E das Testament formwirksam errichtet haben. Hier kommt allein ein **eigenhändiges Testament nach §§ 2231 Nr. 2, 2247 BGB** in Betracht.

a) Eigenhändig geschrieben, § 2247 I BGB

E hat **den gesamten Wortlaut des Testaments eigenhängig** – also nicht maschinell, etwa mit dem Computer oder der Schreibmaschine – **geschrieben**.

Anmerkung: Sinn und Zweck dieser Vorschrift ist es, die Echtheit der individuellen Schrift des Erblassers und damit dessen Identität nachprüfen zu können. Ausgehend von dieser Überlegung können Sie fast jeden Problemfall lösen. So ist z.B. eine Durchschrift mittels Blaupause formgerecht, da hier die individuelle Schrift des Erblassers erkennbar ist. Ein Grenzfall ist gegeben, wenn der Erblasser **Unterstützung beim Schreiben** benötigt. Dann ist ausschlaggebend, ob er das Schreiben noch mit dem Willen beherrschen kann und die Schrift noch als seine zu erkennen ist. Ein Stützen der Hand des Erblassers durch Dritte ist zulässig, nicht aber ein Führen!

b) Eigenhändige Unterschrift, § 2247 I BGB

Das Testament müsste zudem **eigenhändig unterschrieben** sein. Dies erscheint hier fraglich, da E nur mit „Dein Freund E." unterschrieben hat.

Grds. soll die Unterschrift **Vor- und Familiennamen** des Erblassers enthalten, § 2247 III S. 1 BGB. Allerdings führt eine andere Unterschrift nicht zur Unwirksamkeit des Testaments, wenn **Identität des Erblassers und Ernstlichkeit der Erklärung auf andere Weise festgestellt** werden können.

So liegt es aber hier. Die Unterschrift „Dein Freund E." ermöglicht die eindeutige Feststellung der Identität des E.

c) Angabe von Ort und Datum, § 2247 II BGB

Allerdings hat E nicht angegeben, wann und wo das Testament errichtet wurde. Dies führt aber nur unter den Voraussetzungen des **§ 2247 V BGB** zur Unwirksamkeit, also nur wenn genau das Fehlen dieser Angaben zu Zweifeln an der Wirksamkeit führt.

Anmerkung: Gemeint sind hierbei v.a. Fälle, in denen zwei Testamente vorliegen, von denen eines nicht datiert ist. Dann ist unklar, welches das Jüngere ist. Dies ist wegen eines möglichen Widerrufs (§§ 2255, 2258 BGB) bedeutsam. Das undatierte Testament wäre dann nach § 2247 II, V BGB unwirksam.

d) Nachträge und Postskriptum

Schließlich ist noch fraglich, ob das **P.S.** wirksamer Teil des Testaments geworden ist, da es **nicht noch einmal gesondert unterschrieben** ist.

Dabei ist zu **unterscheiden**, ob das P.S. **nur erläuternde Ergänzungen oder eine völlig neue Verfügung** beinhaltet. Ist der Nachtrag nur eine Erläuterung, bestehen keine Bedenken gegen die Formwirksamkeit, denn zur Auslegung des Testaments können sogar Umstände von außerhalb der Urkunde herangezogen werden. Deshalb müssen Erklärungen auf der Urkunde selbst erst recht zulässig sein.

Hier enthält das P.S. aber eine völlig neue Verfügung.

Anmerkung: Auch hier gilt wieder. Argumentieren Sie vom Sinn und Zweck der Norm aus, dann können Sie jedes unbekannte Problem vertretbar lösen. Die Funktionen der Unterschrift sind:

1. **Identitäts- bzw. Rechtssicherheitsfunktion**: die Identität des Erblassers und die Ernstlichkeit der Erklärung sollen sicher sein.
2. **Abschlussfunktion**: die Unterschrift muss den Text räumlich abschließen. Die bloße **Selbstbezeichnung** des Erblassers im Text („Ich, E., bestimme ...") ist deshalb grds. nicht ausreichend. Bei mehrseitigen Erklärungen muss zumindest das letzte Blatt unterschrieben sein.

Problematisch ist somit, ob der Abschlussfunktion der Unterschrift genüge getan ist. Bei einer **einseitigen Erklärung** ist entscheidend, ob der Nachtrag bzw. das P.S. **nach dem Willen des Erblassers von der Unterschrift gedeckt** sein sollen und dass **das räumliche Erscheinungsbild dem nicht entgegensteht**.

Anmerkung: Bei **mehrseitigen Erklärungen** müssen Nachträge immer gesondert unterzeichnet werden, da stets der räumliche Zusammenhang fehlt.

Hier lässt sich eindeutig ein Wille des E erkennen, dass das P.S. noch Teil des Testaments sein soll. Auch das Erscheinungsbild steht dem nicht entgegen, ein P.S. erscheint in diesem Zusammenhang vielmehr als nicht ungewöhnlich.

Somit ist auch diese Verfügung des E formwirksam (andere Ansicht gut vertretbar).

4. Testierwille, § 133 BGB

Das Testament müsste mit **Testierwillen** errichtet worden sein. Dies ist der Fall, **wenn der Erblasser die von ihm erstellte Urkunde als rechtsverbindliche letztwillige Verfügung angesehen hat**. Beim Vorliegen eines formwirksamen Testaments wird der Testierwille grds. vermutet.

Ist zweifelhaft, ob ein Testierwille vorliegt, ist die Erklärung des Erblassers nach **§ 133 BGB** auszulegen.

Anmerkung: Bitte beachten Sie, dass das Testament **keine empfangsbedürftige Willenserklärung** ist. Deshalb wird zur Auslegung allein § 133 BGB, nicht auch § 157 BGB herangezogen.

Der Testierwille könnte hier fraglich sein, weil E sein Testament in einem Brief an einen Freund errichtet hat (sog. **Brieftestament**). Möglicherweise liegt hierin nur eine bloße **Ankündigung** oder ein **Entwurf** für die Errichtung eines Testaments.

Hier sprechen jedoch zwei Umstände für die Annahme des Testierwillens: Zum einen verwendet der E ausdrücklich die Worte „Mein letzter Wille“, was auf eine Verfügung von Todes wegen hindeutet.

Zum anderen ergibt sich aus dem Worten „etwas Wichtiges mitteilen“, dass dem E die Ernsthaftigkeit und Bedeutung der Erklärung bewusst war.

Anmerkung: Der Testierwillen ist nur zu prüfen, wenn Umstände Anlass zu Zweifeln bieten. Ein „Klassiker“ ist das Brieftestament. In allen Zweifelsfällen ist das (endgültige) Testament von bloßen Ankündigungen oder Entwürfen abzugrenzen. Weitere „bekannte“ Zweifelsfälle sind eine ungewöhnliche Schreibunterlage (z.B. Testament auf einer Serviette) oder ein ungewöhnlicher Aufbewahrungsort (z.B. Testament im Scheckbuch oder Schuhkarton) sowie die Abgrenzung zwischen einer letztwilligen Verfügung und einer postmortalen (General-)Vollmacht.

E hat folglich mit Testierwillen gehandelt.

5. Ergebnis

E hat die V-AG durch wirksames Testament zur Alleinerbin bestimmt.

Anmerkung: Bei der Verfügung zugunsten des S handelt es sich dagegen um ein bloßes Vermächtnis (dazu später mehr).

IV. Zusammenfassung

Sound: Die Wirksamkeit eines Testaments hängt stets von mindestens vier Punkten ab, die in der Klausur stets (ggf. auch nur kurz) anzusprechen sind:

1. **Testierfähigkeit**
2. **Höchstpersönlichkeit**
3. **Testierwille**
4. **Form**

hemmer-Methode: Bei Zweifelsfragen gehen Sie immer vom Sinn und Zweck der Norm aus. So zeigen Sie dem Korrektor, dass Sie wissen, um was es geht. Zudem lassen sich auf diese Weise vertretbare Lösungen finden, selbst wenn Sie einmal nicht die herrschende Ansicht „erwischen“ sollten.

V. Zur Vertiefung

- Hemmer/Wüst, Erbrecht, Rn. 48 bis 74 ff. (Gewillkürte Erbfolge)

Fall 9: Das Unternehmensnachfolgetestament - Mitwirkung Dritter (§ 2065 II BGB)

Sachverhalt:

Der greise und schon unter Betreuung mit Einwilligungsvorbehalt stehende Familienpatriarch E beschließt sein Testament zu machen. E hat drei Söhne (S 1, S 2, S 3), die alle noch studieren. In seinem formwirksamen Testament bestimmt E:

„Alleinerbe meines Vermögens und damit auch der künftige Vorstandvorsitzende der Reich & Nocherfolgreicher AG soll derjenige meiner Söhne sein, der in der kürzesten Studienzeit den besten Abschluss macht. Diesen bestimmt dann mein Hausjustiziar J zum Erben".

S 3 beendet nach sieben Semestern sein Jurastudium mit „gut". Unstreitig ist er der Schnellste und Beste der drei Söhne.

Ist S 3 Alleinerbe des E geworden?

I. Einordnung

Der Fall behandelt weitere „klassische" Problemfelder der Testamentserrichtung, nämlich die **Frage der Testierfähigkeit** und der **Mitwirkung Dritter**. Gerade letzteres ist ein in Klausur und Praxis häufiges Problem, dass Sie sicher beherrschen sollten.

II. Gliederung

Wirksamkeit des Testaments des E

1. Form **(+)**
2. Testierwille**, § 133 BGB (+)**
3. Testierfähigkeit, **§§ 2229 I, 2229 IV, 1903 II BGB**
   (P): auch Betreuter ist grds. testierfähig.
4. Höchstpersönlichkeit, **§ 2065 II BGB**
   (P): Mitwirkung Dritter, § 2065 II BGB.

III. Lösung

S 3 wäre Alleinerbe des E, wenn dieser ihn mit einem wirksamen Testament zum Alleinerben bestimmt hätte.

1. Form

Laut Sachverhalt hat E die Form gewahrt.

2. Testierwille, § 133 BGB

Der Testierwille wird beim Vorliegen eines formwirksamen Testaments grds. vermutet.

3. Testierfähigkeit, § 2229 I BGB

E müsste allerdings überhaupt **testierfähig** gewesen sein. Dies erscheint deshalb fraglich, weil E schon unter **Betreuung mit Einwilligungsvorbehalt** (§§ 1896 ff. BGB) stand.

Grds. ist **jede natürliche Person ab dem vollendeten sechzehnten Lebensjahr** testierfähig, **§ 2229 I BGB**.

Eine Ausnahme findet sich in **§ 2229 IV BGB**, wonach derjenige, der an bestimmten Gebrechen leidet, nicht testierfähig ist.

Allein die Anordnung einer Betreuung führt aber nicht zur Testierunfähigkeit, vielmehr müssen die Voraussetzungen des § 2229 IV BGB im Einzelfall positiv festgestellt werden. Dies ergibt sich schon aus § 1903 II BGB, wonach sich selbst die qualifizierte Betreuung mit Einwilligungsvorbehalt nicht auf Verfügungen von Todes wegen erstreckt.

Anmerkung: Im Ergebnis bedeutet das, dass Testierunfähigkeit nur bei absoluten „Härtefällen" anzunehmen ist.

Da außer der Betreuung nichts gegen die Testierfähigkeit des E spricht, ist dieser folglich testierfähig.

4. Höchstpersönlichkeit, § 2065 II BGB

Das Testament des E könnte dennoch unwirksam sein, weil möglicherweise gegen den **Grundsatz der Höchstpersönlichkeit (§§ 2064, 2065 BGB)** verstoßen wurde.

Dies deswegen, weil das Testament die **Mitwirkung eines Dritten**, des J, bei der Erbenbestimmung vorsieht. Darin könnte ein Verstoß gegen § 2065 II BGB (**materielle Höchstpersönlichkeit**) liegen.

Ob und wann ein solcher Verstoß vorliegt, ist stark umstritten. Die Mitwirkung eines Dritten ist nach allgemeiner Ansicht nicht von vorneherein ausgeschlossen.

a) Nach **Ansicht des Reichsgerichts (RG)** ist eine **Ermessensentscheidung** eines Dritten als Werturteil zulässig, wenn sie **aufgrund objektiver Kriterien erfolgt**, die jede **Willkür ausschließen,** und ein **eng begrenzter Personenkreis als mögliche Erben** benannt ist.

b) Nach **Ansicht des BGH** ist eine **Ermessensentscheidung oder ein Werturteil unzulässig**. Die Bestimmung des Erben durch einen Dritten ist nur zulässig, wenn **objektive Kriterien** die **Person des Erben unzweifelhaft** machen.

c) Für die Ansicht des RG spricht, dass die Person des Dritten sonst überflüssig wäre, es ohnehin nie eine hundertprozentig objektive Entscheidung gibt und nur so der Erblasserwille bestmöglich verwirklicht wird.

Für den BGH spricht der Wortlaut des § 2065 II BGB und die aus der Person des Dritten resultierende Missbrauchsgefahr.

Der Ansicht des BGH ist zu folgen, da das Gesetz nämlich für Fälle wie diesen eine anderweitige Lösungsmöglichkeit anbietet.

E hätte nämlich ein **Vorausvermächtnis gem. § 2150 BGB** verfügen können.

Hierbei ist die Mitwirkung eines Dritten in jeder Weise zulässig (vgl. § 2151 I BGB).

d) Hier ist die Mitwirkung des Dritten auch nach der Ansicht des BGH zulässig. Erbe kann nur ein begrenzter Personenkreis sein und die objektiven Kriterien (kurze Studienzeit, beste Note) sind klar definiert und unter den Beteiligten unstreitig.

Anmerkung: Den Streit mit seinen wesentlichen Argumenten müssen Sie kennen und darstellen. Anschließend können Sie fast alles vertreten. Auch hier wäre eine andere Lösung vertretbar gewesen, da verschiedene Studienabschlüsse selbst im gleichen Studiengang nicht unbedingt vergleichbar sind. Im Zweifel entscheiden Sie klausurtaktisch.

5. Ergebnis

S 3 ist Alleinerbe des E, da E ein wirksames Testament zugunsten des S 3 errichtet hat.

IV. Zusammenfassung

Sound: Die Mitwirkung Dritter ist nicht grds. ausgeschlossen. Strittig sind aber die Grenzen. Reine Willkürentscheidungen sind nach allen Ansichten unzulässig. Je objektiver die Entscheidung ist, desto eher ist die Testamentsgestaltung zulässig.

hemmer-Methode: Keine Angst vor schwierigen Problemen. In Streitigkeiten wie diesen können Sie fast alles vertreten. Man kann es im Erbrecht nicht oft genug sagen: Gehen Sie vom Sinn und Zweck der Norm aus und ihre Argumentation wird sich von selbst entwickeln.

V. Zur Vertiefung

- Hemmer/Wüst, Erbrecht, Rn. 52 bis 55 (Gültigkeit trotz Mitwirkung Dritter).

Fall 10: Auslegung eines Testaments und besondere Anordnungen des Erblassers

Sachverhalt:

Der Erblasser E errichte wirksam folgendes Testament:

„… Meinen beiden Söhnen vermache ich je eines meiner beiden Häuser. Meine Bibliothek soll mein Freund F, der Weinliebhaber, erben. Meine nichtsnutzige Tochter soll nichts erben. …“

Die beiden Häuser sind in etwa gleich viel wert und stellen im Wesentlichen das gesamte Vermögen des E dar. E und seine Familie sowie F nannten den umfangreichen Weinkeller des E dessen „Bibliothek“.

Wie ist dieses Testament erbrechtlich zu verstehen?

I. Einordnung

Es ist dem Erblasser überlassen, ob er ein Testament errichtet (Testierfreiheit). Errichtet er eines, so muss er hinsichtlich des **Inhaltes des Testaments** die Grundsätze des **Typenzwangs** und der **Wahlfreiheit** beachten.

Typenzwang bedeutet, dass der Erblasser **nur die im Gesetz genannten Verfügungen** anordnen kann. Dies können *insbesondere* sein:

- **Erbeinsetzung**, § 1937 BGB, auch als Ersatz- (§ 2096 BGB) oder Nacherbe (§ 2100 BGB),
- **Enterbung**, § 1938 BGB
- **Vermächtnis**, § 1939 BGB
- **Auflage**, § 1940 BGB
- Anordnungen für die Nachlassabwicklung, z.B. **Teilungsanordnung** (§ 2048 BGB), **Testamentsvollstreckung** (§ 2197 BGB) etc.
- **Pflichtteilsentziehung**, § 2333 BGB

Der Grundsatz der **Wahlfreiheit** besagt, dass es dem Erblasser überlassen bleibt auszuwählen, **welche Anordnungen und wie viele** davon er trifft.

Um den Inhalt des Testaments zu ermitteln, ist dieses ggf. **auszulegen**. Hierfür bietet das Gesetz zahlreiche **Auslegungsregeln** an, die allerdings **subsidiär** sind und nur herangezogen werden dürfen, wenn der Erblasserwille nicht anderweitig zu ermitteln ist.

Wichtige gesetzliche Auslegungsregelungen finden sich *insbesondere* in:

- § 2087 BGB: Unklarheit über das Vorliegen einer **Erbeinsetzung**,
- §§ 2066 ff. BGB: Unklarheit über die **Person des Bedachten**,
- §§ 2088 ff. BGB: Unklarheit über die **Höhe der Erbteile**,
- § 2084 BGB, sog. **wohlwollende Auslegung**: unter mehreren Auslegungsmöglichkeiten muss diejenige gewählt werden, bei der die Verfügung des Erblassers Erfolg haben kann, da es ihm i.d.R. nur auf den wirtschaftlichen Erfolg ankommt.

II. Gliederung

Inhalt des Testaments

1. **Erbeinsetzung der Söhne**, § 1937 BGB
   (P): Abgrenzung Erbeinsetzung mit Teilungsanordnung/Vermächtnis.
   (P): Auslegung des „eindeutigen Wortlauts“.
2. **Enterbung** der Tochter, § 1938 BGB
3. **Vermächtnis** für F, §§ 1939, 2147 ff. BGB
   (P): falsa demonstratio und Andeutungstheorie.

III. Lösung

1. Erbeinsetzung der Söhne, § 1937 BGB

E könnte zunächst seine Söhne als Erben eingesetzt haben (§ 1937 BGB). Ob dies der Fall ist, ist vorrangig durch **Auslegung des Testaments nach § 133 BGB**, dann durch **Heranziehung gesetzlicher Auslegungsregeln** zu bestimmen. **Ziel ist es, den wirklichen Willen des Erblassers zu ermitteln**.

Anmerkung: Die Auslegung des Testaments erfolgt vorrangig nach § 133 BGB. Im Erbrecht findet **kein Vertrauensschutz** statt, so dass alleine auf den Erblasserwillen, d.h. nicht auf den objektiven Empfängerhorizont, abzustellen ist. Man unterscheidet die erläuternde und die ergänzende Auslegung. Die **ergänzende Auslegung** ist die Ermittlung des hypothetischen Erblasserwillens bei Lücken im Testament. Sie ist nur zulässig, wenn sich die äußeren Umstände (z.B. die politischen ⇨ Mauerfall) erheblich geändert haben. Regelfall in der Klausur ist die **erläuternde Auslegung gemäß § 133 BGB**. Ausgehend vom Wortlaut des Testaments ist der wirkliche Wille des Erblassers zu ermitteln.

a) Ob tatsächlich eine Erbeinsetzung vorliegt erscheint deshalb fraglich, weil E das Wort „vermachen" verwendet. Allerdings ist im Wege der **erläuternden Auslegung gem. § 133 BGB** der tatsächliche Wille des Erblassers zu ermitteln. Der **„scheinbar klare Wortlaut"** setzt der Auslegung keine Grenzen. Häufig verwenden Laien die Begriffe vererben und vermachen völlig willkürlich, ohne sich der rechtlichen Bedeutung bewusst zu sein. Allein der Begriff „vermachen" spricht deshalb noch nicht gegen eine Erbeinsetzung der Söhne.

b) Hier hat E seinen Söhnen jeweils Einzelgegenstände zugewendet. Dies könnte, insb. im Hinblick auf die subsidiäre **gesetzliche Auslegungsregel des § 2087 II BGB**, gegen eine Erbeinsetzung und für ein bloßes Vermächtnis (§§ 2147 ff. BGB) sprechen.

Anmerkung: Die Unterscheidung zwischen Erbeinsetzung und Vermächtnis ist von zentraler Bedeutung. Der Erbe wird unmittelbar mit **dinglicher Wirkung** am Nachlass beteiligt. Der Bedachte beim Vermächtnis hat dagegen nur einen **schuldrechtlichen Anspruch gegen die Erben auf Übereignung** des Vermächtnisgegenstandes.

Hier ist aber zu berücksichtigen, dass E offenbar sein gesamtes Vermögen auf seine beiden Söhne verteilen wollte. Dies ergibt sich v.a. daraus, dass die beiden Häuser sein gesamtes Vermögen darstellen. Somit ergibt die Auslegung gem. § 133 BGB, dass die Söhne des E jeweils als Erben zu ½ eingesetzt sind.

Auf die gesetzliche Auslegungsregel des § 2087 II BGB, wonach bei der Zuwendung von Einzelgegenständen im Zweifel keine Erbeinsetzung, sondern ein Vermächtnis vorliegt, kommt es deshalb nicht mehr an.

c) Die Anordnung, dass jeder der Söhne ein Haus erhalten soll, ist eine **sog. Teilungsanordnung gem. § 2048 BGB**. Diese ordnet den Miterben mit **schuldrechtlicher Wirkung** einzelne Nachlassgegenstände zu, ohne jedoch ihre Erbquoten zu verändern. Ist ein Nachlassgegenstand mehr wert als die Erbquote, so entsteht ein Ausgleichsanspruch der übrigen Miterben.

Im Ergebnis ist die Verfügung hinsichtlich der beiden Söhne eine Erbeinsetzung zu je ½ mit Teilungsanordnung.

2. Enterbung der Tochter, § 1938 BGB

Die Verfügung hinsichtlich der Tochter ist eindeutig eine **Enterbung gem. § 1938 BGB**.

Eine Enterbung ist in mehreren Varianten möglich: zum einen so wie hier, **ausdrücklich** und unter Einsetzung anderer Erben, zum anderen aber auch **konkludent**, nur durch das Einsetzen anderer Erben für den gesamten Nachlass und wenn ein entsprechender Ausschließungswille zu ermitteln ist. Schließlich ist auch das sog. **Negativtestament** zulässig, in dem als einzige Verfügung eine Person enterbt wird, im Übrigen aber keine Verfügung hinsichtlich des Nachlasses getroffen wird.

Die Enterbung bedarf **keiner Begründung**. Ihre Folge ist, dass der Enterbte zu behandeln ist, **als wäre er beim Erbfall nicht vorhanden**. Unter den Voraussetzungen des § 2303 BGB können aber **Pflichtteilsansprüche** entstehen.

3. Vermächtnis für F, §§ 1939, 2147 ff. BGB

Auch hinsichtlich der Verfügung zugunsten des F ist fraglich, ob eine Erbeinsetzung oder ein Vermächtnis **vorliegt. Ein Vermächtnis ist die Zuwendung eines Vermögensvorteils von Todes wegen, die weder Erbeinsetzung, noch Auflage ist**. Durch das Vermächtnis entsteht ein **Schuldverhältnis** zwischen **Vermächtnisnehmer** (= derjenige, der den Vermögensvorteil erhalten soll) und **Beschwertem** (= i.d.R. der oder die Erben).

Anmerkung: Gegenstand eines Vermächtnisses kann jeder Vermögensvorteil sein. Das Vermächtnis ist von der **Erbeinsetzung** (s.o.) und der **Auflage (§ 1940 BGB)** abzugrenzen. Die Auflage unterscheidet sich vom Vermächtnis dadurch, dass sie keine Zuwendung ist und auch keinen Anspruch auf Ausführung verschafft.

Wiederum gilt, dass die Verwendung des Wortes „erben" keine verlässliche Aussage hierüber trifft (s.o.).

Aber die Auslegung des Testaments hat ergeben, dass allein die Söhne des E zu erben eingesetzt sind (vgl. oben). Deshalb ist hinsichtlich des F nur ein Vermächtnis möglich. Dieses Ergebnis wird auch durch die subsidiäre Auslegungsregel des § 2087 II BGB bestätigt.

Fraglich ist aber, was Gegenstand des Vermächtnisses ist, ein paar Bücher oder der Weinkeller. Dies ist grds. wieder durch Auslegung zu ermitteln. Auch im Erbrecht gilt der allgemeine Auslegungsgrundsatz **falsa demontratio non nocet**, d.h. das übereinstimmend Gewollte gilt vorrangig vor dem Erklärten, eine Falschbezeichnung ist unschädlich.

Anmerkung: Ein klassisches Beispiel ist auch die Bezeichnung der Ehefrau des Erblassers als „Mutter" (seiner Kinder). Auch hier wird in der Regel eine Erbeinsetzung der Ehefrau gewollt sein.

Allerdings müsste diese Auslegung im Testament angedeutet sein (**Andeutungstheorie**). Die Andeutungstheorie besagt, dass bei formbedürftigen Rechtsgeschäften der durch Umstände außerhalb der Urkunde gewonnene Wille in der Urkunde in irgendeiner Form Ausdruck gefunden haben muss. Begründet wird dies v.a. mit dem **Sinn und Zweck der Formvorschriften** und der **Rechtssicherheit**.

Anmerkung: Zur Auslegung eines Testaments oder eine Verfügung daraus können sämtliche bekannten Umstände, auch außerhalb der Urkunde, herangezogen werden. Dies begrenzt die Andeutungstheorie aus Gründen der Rechtssicherheit. Sie ist allerdings nicht unumstritten. Starke Stimmen in der Literatur (Brox, Erbrecht, Rn. 200) lehnen sie ab, da sie Zufallsandeutungen überbewerte und zudem nur geringen Einfluss auf die Beweissicherung habe.

Hier findet die Auslegung eine Stütze in den Worten „mein Freund F, *der Weinliebhaber,...*". Somit wurde F der Weinkeller des E vermacht.

IV. Zusammenfassung

Sound: Für die Auslegung ist der wirkliche Wille des Erblassers zu ermitteln. Erst dann darf auf Auslegungsregeln zurückgegriffen werden.

hemmer-Methode: Die Auslegung von Verfügungen von Todes wegen ist eines der Hauptprobleme in der Praxis. In der Klausur müssen Sie dagegen nur die Grundzüge beherrschen, da Korrektoren i.d.R. vermeiden wollen, dass die Klausuren in unterschiedlichste Richtungen driften und deshalb relativ eindeutige Verfügungen abdrucken. Dann genügt es, die Andeutungstheorie und die Subsidiarität der gesetzlichen Auslegungsregeln darzustellen und mit ein oder zwei Argumenten das gefundene Ergebnis zu begründen.

V. Zur Vertiefung

- Hemmer/Wüst, Erbrecht, Rn. 124 ff. (Vermächtnis)

Fall 11: Der Widerruf eines Testaments (§§ 2253 ff. BGB)

Sachverhalt:

Der Erblasser E setzt im Jahre 2002 seinen Freund F mittels eines wirksamen Testaments zum Alleinerben ein. Als sein Sohn S davon erfährt, verbrennt er ohne Wissen des E das Testament im Jahre 2003. Im Jahre 2004 verfasst E folgendes Schriftstück:

„Testament
Zu meinem Alleinerben bestimme ich meinen Chef C, weil der immer an mich geglaubt hat."

Dieser eine Satz ist auf die obere Hälfte eines DIN A4 Blattes geschrieben. Dieses befindet sich in einem verschlossenen Briefumschlag, auf dessen Vorderseite steht „Testament von E".

E verstirbt Ende 2004. Wer ist Erbe des E geworden?

I. Einordnung

Die Testierfreiheit verbietet es grundsätzlich, den Erblasser gegen seinen Willen an ein vom ihm errichtetes Testament zu binden. Das Gesetz sieht deshalb **verschiedene Möglichkeiten vor, ein Testament zu widerrufen (§§ 2253 ff. BGB)**. Selbst der Widerruf des Widerrufs ist ausdrücklich geregelt (§§ 2257, 2258 II BGB). Der Erblasser kann **jederzeit, ohne Gründe** dafür angeben zu müssen, widerrufen. Der Erblasser kann auf das Widerrufsrecht nicht wirksam verzichten (vgl. § 2302 BGB).

Der Erblasser kann ein Testament **insgesamt** oder auch **nur einzelne Verfügungen** (z.B. Enterbung, Vermächtnis etc.) widerrufen.

Der Erblasser hat **vier Möglichkeiten des Widerrufs**, wovon eine, nämlich die **Rücknahme des Testaments aus amtlicher Verwahrung** (§ 2256 BGB) kaum Klausurrelevanz besitzen dürfte. Umso wichtiger für Klausur und Examen sind die anderen drei Möglichkeiten des Widerrufs:

- Errichtung eines (ausdrücklichen) **Widerrufstestaments**, § 2254 BGB,
- **Vernichtung** des Testaments, § 2255 BGB,
- **Konkludenter Widerruf** mittels neuen Testaments mit widersprüchlichem Inhalt, § 2258 BGB.

Der Widerruf ist ebenfalls eine letztwillige Verfügung und setzt grds. Testierfähigkeit voraus. Er ist auch anfechtbar.

Folge ist die **sofortige Beseitigung der widerrufenen Verfügung**.

II. Gliederung

Erbrechtliche Lage nach E

1. **Wirksame Erbeinsetzung** des F (+)
2. **Widerruf durch Vernichtung**, § 2255 BGB
   (P): Vernichtung durch Dritten grds. nicht ausreichend.
3. **Konkludenter Widerruf**, § 2258 BGB
   (P): Es müssen die Voraussetzungen eines wirksamen Testaments vorliegen; hier Form (-).

III. Lösung

Fraglich ist, wer Erbe des E geworden ist.

1. Wirksame Erbeinsetzung des F

Zunächst könnte F Erbe des E geworden sein, da F laut Sachverhalt durch ein wirksames Testament des E zum Alleinerben eingesetzt wurde.

2. Widerruf durch Vernichtung, § 2255 BGB

Das den F begünstigende Testament könnte jedoch widerrufen worden sein. In Betracht käme ein **Widerruf durch Vernichtung gemäß § 2255 BGB**.

Das Verbrennen der Testamentsurkunde im Jahre 2003 ist jedenfalls eine **schlüssige Handlung**, die objektiv die Vernichtung des Testaments bezweckt.

Auch hat der S mit **Aufhebungsabsicht** gehandelt, dies ergibt sich hier schon aus der eindeutigen Vernichtungshandlung.

Anmerkung: Dagegen begründet die bloße **Unauffindbarkeit der Originalurkunde** nicht die Vermutung der Vernichtung in Aufhebungsabsicht. Nur wenn feststeht, dass der Erblasser die Urkunde vernichtet hat, wird vermutet, dass dies in Aufhebungsabsicht geschah.

Allerdings müsste hier E gehandelt haben, denn **nur der Erblasser persönlich** kann durch Vernichtung widerrufen. Die **Mitwirkung eines Dritten** ist nur zulässig, wenn sich der Erblasser dieses Dritten als **Werkzeug ohne eigenen Entscheidungsspielraum** bedient, das im Auftrag und mit dem Willen des Erblassers für diesen die Urkunde vernichtet.

Hier hat S ohne Wissen des E gehandelt, so dass grds. kein wirksamer Widerruf vorliegt, da E nicht selbst gehandelt hat.

Die Vernichtung hat somit keinen Widerruf zur Folge.

Anmerkung: Erfährt E von der Vernichtung, ist an eine **nachträgliche Genehmigung nach § 184 BGB** zu denken. Allerdings ist die Vernichtung ein **Realakt, auf den nach h.M. die §§ 182 ff. BGB keine Anwendung finden** können, da sie nur für Willenserklärungen gelten. Eine Genehmigung der Vernichtung ist deshalb ausgeschlossen.
Das Ergebnis des Falles überrascht die meisten (Laien). Dies bedeutet nämlich, dass das Testament rechtlich noch existent ist, obwohl die Testamentsurkunde tatsächlich nicht mehr existiert.
Im Prozess entstünden daraus Beweisprobleme, an der rechtlichen Wirksamkeit ändert dies aber nichts.

3. Konkludenter Widerruf, § 2258 I BGB

Die Erbeinsetzung könnte jedoch durch das Testament aus dem Jahre 2004 **konkludent widerrufen** worden sein, § 2258 I BGB.

Anmerkung: Die §§ 2254 und 2258 BGB betreffen beide den Widerruf durch Testament. § 2254 BGB gilt aber nur für ein reines Widerrufstestament („Ich widerrufe hiermit ...“ etc.), während § 2258 BGB den Fall sich widersprechender Testamente regelt (konkludenter Widerruf).

E könnte das Testament aus dem Jahre 2002 dadurch widerrufen haben, dass er in dem Testament von 2004 **widersprüchliche Verfügungen** getroffen hat. **Ein Widerspruch liegt vor, wenn die Verfügungen keinesfalls miteinander vereinbar sind**.

Dies ist hier ganz offensichtlich der Fall, denn Alleinerbe kann entweder nur F oder nur C sein, keinesfalls können beide zur gleichen Zeit Alleinerben sein.

Anmerkung: Unterschätzen Sie diesen ersten Prüfungspunkt keinesfalls. Da Testamente stark der Auslegung zugänglich sind und die Widerrufswirkung nur so weit reicht, als tatsächlich ein Widerspruch zwischen den Testamenten vorliegt, ist hier sehr sorgfältig der Inhalt der beiden Testamente zu ermitteln.

Allerdings kann der Widerruf durch Testament nur durch ein **wirksames Testament** erfolgen. Das Testament aus dem Jahre 2004 müsste also wirksam errichtet worden sein.

Das Testament könnte aber **formnichtig gem. §§ 2247 I, 125 S. 1 BGB** sein, da es nicht unterschrieben wurde, sondern die **Unterschrift sich nur auf einem verschlossenen Umschlag** befindet.

Anmerkung: Unschädlich ist dagegen die fehlende Datierung, da laut Sachverhalt die zeitliche Reihenfolge der Testamente feststeht und somit keine Zweifel i.S.d. § 2247 V BGB bestehen.

Wurde ein nicht unterschriebenes Testament in einem verschlossenen Umschlag aufbewahrt und ist dieser mit einer den Inhalt bezeichnenden Aufschrift und der Unterschrift des Erblasser versehen, ist die **Form gewahrt**, wenn der **Unterschrift keine selbständige Bedeutung** zukommt und sie mit dem Testament in so **engem Zusammenhang** steht, dass sie nach dem Willen des Erblassers und der Verkehrsauffassung als **äußere Fortsetzung und Abschluss der inneren Erklärung** erscheint. Dies ist für jeden **Einzelfall** gesondert zu beurteilen.

Die Unterschrift garantiert die ernsthafte und abschließende Willensbildung des Erblassers. Die Unterschrift muss Abschluss der Testamentserrichtung sein, so dass sie grds. an den Schluss der Urkunde gehört (**Abschlussfunktion der Unterschrift**).

Anmerkung: Daneben dient die Unterschrift, die Urheberschaft des Erblassers festzustellen (**Identitätsfunktion** der Unterschrift). Hier ist die Identität aber nicht problematisch.

Fraglich ist hier also, ob der Unterschrift auf dem Umschlag selbständige Bedeutung zukommt, oder ob sie die Urkunde abschließt.

Hier spricht die Gestaltung des Testaments gegen die Bewertung der Umschlagbeschriftung als Abschluss der Urkunde. Der vom Erblasser verfasste Text umfasst nur eine Zeile auf einem ansonsten leeren DIN A4 Blatt, so dass der Erblasser ausreichend Platz für eine Unterschrift auf der Urkunde selbst gehabt hätte.

Anmerkung: Ein weiteres Indiz ist der Aufbewahrungsort des Testaments: dann ist zu fragen, ob die Aufschrift auf dem Umschlag möglicherweise nur zur Identifizierung des Inhalts dienen sollte.

Das Testament ist folglich formunwirksam, somit konnte ein wirksamer Widerruf nicht erfolgen.

4. Ergebnis

Die Erbeinsetzung des F war wirksam und wurde nicht wirksam widerrufen. Deshalb ist F Alleinerbe des E.

IV. Zusammenfassung

Sound: Der Erblasser kann ein Testament jederzeit widerrufen. Bei Vernichtung dürfen Dritte zwar helfen, aber nur als „Werkzeug" des Erblassers. Errichtet der Erblasser ein Widerrufstestament, muss dieses nach den allgemeinen Regeln wirksam sein.

hemmer-Methode: Der (unwirksame) Widerruf ist ein beliebtes Klausurproblem, denn er lässt sich leicht in einen Sachverhalt einbauen, so dass u.U. mehrmals die Wirksamkeit eines Testaments unter den verschiedensten Gesichtspunkten geprüft werden muss. Für die Klausur empfiehlt sich in diesen Fällen eine chronologische Prüfung der Testamente, um den Überblick zu behalten.

V. Zur Vertiefung

- Hemmer/Wüst, Erbrecht, Rn. 75 ff. (Widerruf)

Fall 12: Widerruf des Widerrufs

E ⧣ N

Sachverhalt:

Der verwitwete Erblasser E hat im Jahre 2002 vor dem Notar ein öffentliches Testament errichtet, in dem er seine Nichte N zur Alleinerbin seines umfangreichen Vermögens eingesetzt hat. Dies geschah vor allem im Hinblick auf den nach seiner Ansicht „unsoliden Lebenswandel“ seines einzigen Sohnes S. In der Folgezeit kam es wieder zu einer Annäherung zwischen Vater und Sohn, in deren Folge der E beschloss, das Testament aus der öffentlichen Verwahrung zurückzunehmen. Bei dieser Rücknahme wurde der E vom Rechtspfleger darauf ordnungsgemäß hingewiesen, dass dies als Widerruf des Testaments gelte.

Die Annäherung der beiden sollte aber nicht von langer Dauer sein, so dass E einen erneuten Sinneswandel hatte. Er vermerkte daher im Jahre 2003 eigenhändig auf der zurückerhaltenen Testamentsurkunde, dass das Testament aus dem Jahre 2002 doch gültig sein solle. Darunter setzte er seine Unterschrift und das Datum.

Nach dem Tode des E im Jahre 2004 kommt es zwischen S und N zu Streitigkeiten, wer von beiden denn nun Erbe des E sei. Welche Auskunft können sie den beiden „Streithähnen“ erteilen?

I. Einordnung

Bei einem Widerruf des Widerrufs gem. **§ 2257 BGB** gilt die erste Verfügung als von Anfang an wirksam. Dies stellt insoweit eine widerlegbare Vermutung dar. Problematisch ist aber, für welche Fälle eines Widerrufs § 2257 BGB überhaupt gilt.

In den Fällen eines gem. **§§ 2231 Nr. 1, 2232 BGB i.V.m. §§ 27 ff. BeurkG** errichteten öffentlichen Testaments liegt auch dann ein Widerruf vor, wenn die Urkunde aus der öffentlichen Verwahrung genommen wird, **vgl. § 2256 I BGB.**

II. Gliederung

Erbrechtliche Lage nach E
1. Testament aus dem Jahre 2002 aber Widerruf gem. § 2256 I BGB
2. Auswirkung des handschriftlichen Vermerks aus 2003
a) Widerruf des Widerrufs
b) Anwendbarkeit des § 2257 BGB
3. Endergebnis
c) Vermerk als neue Verfügung von Todes wegen

III. Lösung

Fraglich ist also, wie die erbrechtliche Lage nach dem Erblasser E zu beurteilen ist.

1. Testament aus dem Jahre 2002

Der einzige Sohn S wäre bei Eingreifen der gesetzlichen Erbfolge gem. § 1924 I BGB der Alleinerbe, da er als gesetzlicher Erbe erster Ordnung N als Erbin zweiter Ordnung i.S.d. § 1925 BGB von der Erbfolge nach dem Erblasser E ausschließen würde, vgl. § 1930 BGB.

Vorrangig zur gesetzlichen Erbfolge der §§ 1924 ff. BGB ist aber die gewillkürte Erbfolge, vgl. § 1937 BGB. Somit ist zu prüfen, ob eine wirksame Verfügung von Todes wegen verdrängend eingreift.

In Betracht kommt hier zunächst das öffentliche Testament aus dem Jahre 2002. Es liegt insoweit ein öffentliches Testament gem. **§§ 2231 Nr. 1, 2232 BGB i.V.m. §§ 27 ff. BeurkG** zur Niederschrift eines Notars vor.

Von dessen formgültiger Errichtung ist hier mangels abweichender Sachverhaltsangaben auszugehen. Somit bestimmt sich die Erbfolge grundsätzlich wegen § 1937 BGB nach diesem Testament.

Danach wäre der S vollständig enterbt und N als Alleinerbin anzusehen, gegen die sich der Pflichtteilsanspruch des S gem. § 2303 I S. 1 BGB richten würde.

Fraglich ist aber, ob das Testament nicht durch Widerruf seine Wirkung verloren hat.

Das Testament befand sich in amtlicher Verwahrung, so dass sich ein Widerruf aus § 2256 I BGB ergeben kann. Hiernach gilt ein vor einem Notar errichtetes Testament dann als widerrufen, wenn die in amtliche Verwahrung genommene Urkunde dem Erblasser zurückgegeben wird. Dabei ist es sogar unerheblich, ob der Erblasser im Zeitpunkt der Rückgabe mit Aufhebungswillen gehandelt hat.

Anmerkung: Beachten Sie, dass gem. § 2256 II S. 1 BGB der Erblasser jederzeit die Rückgabe verlangen kann. Besonderer Gründe bedarf es keinesfalls. Gem. § 2256 II S. 2 BGB darf die Rückgabe nur an den Erblasser persönlich erfolgen. Eine versehentliche Rückgabe dagegen ist unbeachtlich für die Wirksamkeit.

Da die Widerrufsfolgen in Form der Ungültigkeit also auch ohne den Willen des Erblassers eintreten, ist die Rückgabe für den juristischen Laien also durchaus gefährlich. Deshalb wird durch die Soll-Vorschrift des **§ 2256 I S. 2 BGB** besonders für diese Personen eine Schutzeinrichtung vom Gesetz vorgehalten. Hiernach soll eine Rückgabe mit einer Rechtsfolgenbelehrung hinsichtlich der Widerrufswirkung versehen werden.

Hier hat der Rechtspfleger diese Soll-Vorschrift eingehalten. Selbst ein Verstoß hiergegen würde aber das Eintreten der gesetzlich vorgesehenen Rechtsfolge nicht hindern.

Konsequenz aus der an den Erblasser E persönlich erfolgten Rückgabe der Testamentsurkunde ist also, dass das öffentliche Testament i.S.d. § 2231 Nr. 1, 2232 BGB als widerrufen gilt, vgl. **§ 2256 I, II BGB**.

Anmerkung: Für ein nach § 2248 BGB in die amtliche Verwahrung gegebenes eigenhändiges Testament gem. §§ 2231 Nr. 2, 2247 BGB sind aber Besonderheiten zu beachten. § 2256 III HS 1 BGB regelt die uneingeschränkte Anwendbarkeit des § 2256 II BGB auf § 2248 BGB, also das jederzeitige Rückgaberecht sowie die ausschließliche persönliche Rückgabe an den Erblasser. Dagegen ordnet § 2256 III HS 2 BGB an, dass gerade die Widerrufswirkung nach § 2256 I BGB auf eigenhändige Testamente keine Anwendung findet.

2. Auswirkung des handschriftlichen Vermerks aus dem Jahre 2003

Fraglich ist aber, ob der handschriftliche Zusatz des Erblassers E aus dem Jahre 2003 das ursprünglich wirksame Testament wieder in Kraft setzen konnte.

a) Widerruf des Widerrufs

Seinem Inhalt nach war der handschriftliche Zusatz gerade darauf gerichtet, die im öffentlichen Testament angeordnete Enterbung des S wiederaufleben zu lassen und der N wiederum zur Alleinerbenstellung zu verhelfen. Allerdings hat er grundsätzlich nicht eine explizite neue Verfügung von Todes wegen errichtet, sondern sein Wille war darauf gerichtet, die Widerrufswirkung der Rückgabe gem. § 2256 I BGB entfallen zu lassen.

Somit wollte er die Rechtsfolgen eines Widerruf eines Widerrufs gem. § 2257 BGB herbeiführen. Hiernach kann ein durch Testament erfolgter Widerruf durch einen weiteren Widerruf wieder beseitigt werden. Rechtsfolge hiervon ist dann aber, dass im Zweifel die ursprüngliche Verfügung wieder wirksam würde, als wenn sie gar nicht widerrufen worden wäre.

Anmerkung: Die ursprüngliche Verfügung lebt aber gerade nur im Zweifel wieder auf. Wenn also ein anderer Wille des Erblassers erkennbar ist, ist auch hier allein dieser maßgeblich. Wenn nämlich die Auslegung ergibt, dass sowohl das erste wie auch das zweite Testament widerrufen bleiben sollen, ist diese Auslegung gegenüber der Zweifelsregelung des § 2257 BGB vorrangig.

Hier ist aber seitens des Erblassers E erkennbar, dass sein Wille der gesetzlichen Regelung des § 2257 BGB entspricht.

Hinsichtlich der **Form des Widerrufs** des Widerrufs gelten die **§§ 2254 - 2256 BGB**. Das bedeutet aber, dass der Widerruf des Widerrufs gerade auch in der Form des reinen Widerrufstestaments gem. § 2254 BGB erfolgen kann, also ansonsten keinerlei positive Regelungen enthalten muss.

Hier hat der Erblasser den Vermerk eigenhändig geschrieben und unterschrieben und damit der Form des § 2247 I BGB genügt. Damit könnte das durch Rücknahme aus der amtlichen Verwahrung widerrufene Testament nach § 2257 BGB als wirksam anzusehen sein.

b) Anwendbarkeit des § 2257 BGB auf Fälle des § 2256 BGB

Allerdings ist fraglich, ob § 2257 BGB überhaupt auf die Fälle der Rücknahme eines öffentlichen Testaments aus der amtlichen Verwahrung gem. § 2256 I, II BGB anwendbar ist. Der Wortlaut des § 2257 BGB setzt voraus, dass ein **durch Testament** erfolgter Widerruf selbst wiederum widerrufen wird. Dagegen stellt die Rücknahme nach § 2256 BGB einen rein tatsächlichen Vorgang dar, an den sich nur die Fiktion der Widerrufswirkung anknüpft(vgl. den Wortlaut:"... gilt als..."). Als Konsequenz hieraus folgert die ganz h.M., dass die Rücknahme aus der amtlichen Verwahrung gem. § 2256 BGB gerade keinen Widerruf durch Testament darstellt, auf den § 2257 BGB Anwendung finden könnte.

Eine andere Ansicht will gerade wegen der Gleichstellung mit einer letztwilligen Verfügung von Todes wegen durch diese Fiktion einen Gleichlauf beider Fälle herstellen und § 2257 BGB auf diese Fälle **entsprechend** anwenden.

Eine solche Anwendung kann aber nur dann in Betracht kommen, wenn dadurch nicht dem Sinn der gesetzlichen Regelung zuwider gehandelt wird. Der Sinn des § 2256 I BGB liegt aber gerade darin, die Zuverlässigkeit eines öffentlichen Testaments durch ununterbrochene amtliche Verwahrung zu gewährleisten. Eine Durchbrechung dieses Grundsatzes würde § 2256 I BGB weitgehend gegenstandslos machen und steht damit der ratio legis eindeutig entgegen.

Damit ist im Ergebnis der herrschenden Meinung zu folgen. Der Sinn des § 2256 I BGB steht insoweit einer erweiternden Auslegung entgegen. § 2257 BGB kann auf die Rücknahme aus der amtlichen Verwahrung gem. § 2256 I BGB nicht angewandt werden.

c) Vermerk als neue Verfügung von Todes wegen

Möglicherweise könnte der Vermerk aber als neue eigenständig Verfügung von Todes wegen doch noch Bedeutung erlangen.

Die Formerfordernisse des § 2247 I, IV BGB sind hier grundsätzlich auch erfüllt.

Wie bereits oben erwähnt, ist aber der eigentliche Inhalt des Vermerks rein auf den Widerruf gerichtet. Erst durch die Bezugnahme auf das widerrufene öffentliche Testament kann eine Bedeutung als eigene Verfügung von Todes wegen konstruiert werden.

Fraglich ist aber, ob eine solche Sichtweise, die zu einer gültigen Verfügung führen würde mit dem Sinn und Zweck kompatibel ist.

Zwar ist es bei der Auslegung von Testamenten grundsätzlich anerkannt, dass Umstände außerhalb des Testaments (hier also der Text des unwirksamen Ausgangstestaments) herangezogen werden können, so denn die Erklärung selbst einen gewissen Anhaltspunkt bietet, sog. Andeutungstheorie. Allerdings würde dies das zu unter b) gefundene Ergebnis konterkarieren und ist mit entsprechender Argumentation abgelehnt worden.

Der Vermerk ist damit **nicht** als neue wirksame eigenständige Verfügung von Todes wegen zu betrachten.

Anmerkung: Auch eine Anwendung des § 2078 BGB ist im Ergebnis abzulehnen. Eine Anfechtung würde nämlich auch zu dem mit § 2256 I BGB nicht zu vereinbarenden Ergebnis führen, dass das Testament wirksam wäre, obwohl es sich nicht an einem fälschungssicheren Ort befindet.

d) Ergebnis

Der handschriftliche Zusatz des Erblassers E aus dem Jahre 2003 konnte also weder das ursprüngliche öffentliche Testament wieder in Kraft setzen noch als eigenständige Verfügung von Todes wegen Bedeutung gewinnen.

3. Endergebnis

Somit liegt im Ergebnis keine wirksame Verfügung von Todes wegen gem. § 1937 BGB vor. Es verbleibt folglich bei der gesetzlichen Erbfolge, wonach der S gem. §§ 1924 I, 1930 BGB Alleinerbe des E ist.

IV. Zusammenfassung

Bei einem Widerruf eines Widerrufs gilt die erste Verfügung als von Anfang an wirksam gem. § 2257 BGB. Diese Vorschrift gilt aber nur für den Fall des § 2254 BGB. Ein vernichtetes oder zurückgenommenes Testament muss zur Wiederherstellung komplett neu errichtet werden. Einer erweiternden Auslegung des § 2257 BGB auf den Fall des § 2256 I BGB steht dessen Sinn und Zweck der Schaffung von Rechtssicherheit entgegen.

V. Zur Vertiefung

- Hemmer/Wüst, Erbrecht, Rn. 75 ff. (Widerruf)

Fall 13: Die Anfechtung eines Testaments (§§ 2078 ff. BGB)

Sachverhalt:

Die kinderlose Witwe W errichtet folgendes wirksame Testament:

„...Mein Erbe soll mein Neffe N, der Sohn meiner Schwester werden. Meine Schwester soll nichts bekommen, weil sie mich immer nur beneidet hat. ...“

Später heiratet W erneut. Nach ihrem Tod ficht ihr Mann M das Testament unverzüglich beim Nachlassgericht mit der Begründung an, W habe ihn als Alleinerben einsetzen wollen, was sie auch unter Freunden mehrmals geäußert habe. Die Erbeinsetzung sei nur wegen des schnellen und unerwarteten Todes der W unterblieben.

Wer ist Erbe der W?

I. Einordnung

Die Anfechtung (von Willenserklärungen) dürften den meisten bereits aus dem Allgemeinen Teil des BGB (§§ 119 ff. BGB) bekannt sein. **Im Erbrecht gelten jedoch die speziellen Regeln der §§ 2078 ff. BGB**, die nicht unerhebliche Modifikationen der bekannten Grundsätze der §§ 119 ff. BGB mit sich bringen und diese insoweit **vollständig verdrängen**:

- **§ 122 BGB gilt nicht** (§ 2078 III BGB),
- auch der **Motivirrtum ist beachtlich** (§ 2078 II BGB).

Ein sehr wichtiger Unterschied ist auch die Interessenlage der Beteiligten: es besteht **kein schutzwürdiges Interesse des Bedachten an der Aufrechterhaltung der letztwilligen Verfügung**.

Anmerkung: Ein weiterer Unterschied ist, dass nicht wie im BGB-AT der Erklärende (= Erblasser) anficht, sondern ein vermeintlich Benachteiligter/nicht Bedachter. Der Erblasser muss grds. deshalb nicht anfechten, weil er jederzeit widerrufen (§§ 2253 ff. BGB) kann.

Eine grundlegende Gemeinsamkeit zur „allgemeinen“ Anfechtung gibt es aber: Um einen Irrtum des Erblassers feststellen zu können, muss die Verfügung von Todes wegen erst umfassend ausgelegt werden.

Wie im BGB-AT gilt auch im Erbrecht der **Vorrang der Auslegung**.

Gegenstand der Anfechtung ist nicht das Testament als solches, sondern immer nur **einzelne Verfügungen** daraus (z.B. die Erbeinsetzung, die Enterbung etc.).

II. Gliederung

Die Erbfolge nach W

1. **Anfechtungserklärung**, § 2081 I BGB
2. **Anfechtungsberechtigung**, § 2080 I BGB
3. **Anfechtungsfrist**, § 2082 BGB
4. **Anfechtungsgrund**

a) **Übergehung eines Pflichtteilsberechtigten**, § 2079 S. 1 Var. 3 BGB

b) **Motivirrtum**, § 2078 II BGB

5. **Rechtsfolgen**

III. Lösung

Erbe der W könnte zunächst N sein, da W ihn in einem wirksam errichteten Testament zum Alleinerben eingesetzt hat.

Das Testament könnte jedoch **wegen Anfechtung unwirksam** sein, **§ 142 I BGB**.

1. Anfechtungserklärung, § 2081 I BGB

M müsste eine **Anfechtungserklärung** abgegeben haben. Die Erklärung muss **gegenüber dem Nachlassgericht** abgegeben werden. Es handelt sich folglich um eine **amtempfangsbedürftige Willenserklärung**.

Anmerkung: Auch dies ist eine Abweichung von den allgemeinen Regeln (vgl. § 143 BGB). Nur soweit Teilungsanordnungen und Vermächtnisse angefochten werden, bleibt es bei der allgemeinen Norm des § 143 IV S. 1 BGB. Das zuständige Nachlassgericht ergibt sich aus § 72 FGG.

Eine bestimmte **Form** muss nicht eingehalten werden, die Anfechtung kann schriftlich oder zu Protokoll der Geschäftsstelle erklärt werden. Auch der **Anfechtungsgrund** muss nicht angegeben werden, dies ist aber zweckmäßig, um die Prüfung der Rechtzeitigkeit der Anfechtung zu ermöglichen. Jedenfalls muss sich aber ein **Anfechtungswillen** erkennen lassen.

Hier hat M eine ordnungsgemäße Anfechtungserklärung abgegeben.

2. Anfechtungsberechtigung, § 2080 BGB

Weiter müsste M **anfechtungsberechtigt** sein. Anfechtungsberechtigt ist jeder, der einen **unmittelbaren Vorteil** aus der Anfechtung hat. Unmittelbar ist der Vorteil, der **nur durch Wegfall der angefochtenen Verfügung erlangt** werden kann.

Anmerkung: Diese Stelle ist das Einfallstor für die inzidente Prüfung der gesetzlichen Erbfolge.

Eine weitere Einschränkung der Anfechtungsberechtigung ergibt sich aus **§ 2080 II BGB** bei **personenbezogenen Irrtümern**: in diesen Fällen ist nur die Person anfechtungsberechtigt, auf die sich der Irrtum bezog.

Eine letzte Einschränkung findet sich in **§ 2080 III BGB**: Bei Übergehung eines Pflichtteilsberechtigten kann **nur der Pflichtteilsberechtigte** anfechten.

Anmerkung: Beachten Sie noch einmal, dass der Erblasser selbst grds. nicht anfechten kann, da er jederzeit widerrufen kann. Eine Ausnahme wird nur zugelassen, wenn ein Widerruf ausgeschlossen ist, z.B. wegen der Bindungswirkung wechselbezüglicher Verfügungen eines gemeinschaftlichen Testaments.

Hier ist M jedenfalls anfechtungsberechtigt, da er durch den Wegfall der Erbeinsetzung des N gesetzlicher Erbe der W würde (§ 1931 BGB). Auch bezieht sich der Irrtum auf seine Person (§ 2080 II BGB) und er ist pflichtteilsberechtigt (§ 2080 III BGB i.V.m. § 2303 II S. 1 BGB).

3. Anfechtungsfrist, § 2082 BGB

M müsste die Anfechtung rechtzeitig erklärt haben. Dazu muss die Anfechtung grds. **binnen eines Jahres ab Kenntnis vom Anfechtungsgrund** erfolgen.

Laut Sachverhalt hat M unverzüglich angefochten, so dass die Frist des § 2082 BGB jedenfalls gewahrt ist.

4. Anfechtungsgrund

Schließlich müsste der M einen Grund zur Anfechtung gehabt haben.

a) Übergehung eines Pflichtteilsberechtigten, §§ 2079 S. 1 Var. 3, 2303 II S. 1 BGB

Ein Anfechtungsgrund könnte sich aus der Übergehung des M als Pflichtteilsberechtigten ergeben. Durch die Ehe mit W ist M nachträglich **pflichtteilsberechtigt** geworden (§ 2303 II S. 1 BGB). Auch wurde er **übergangen**, da ihm testamentarisch nichts zugewandt wurde.

Anmerkung: § 2079 BGB ist ebenfalls ein Unterfall des Motivirrtums und ergänzt § 2078 BGB.

M müsste weiter **unbeabsichtigt übergangen** worden sein (vgl. § 2079 S. 2 BGB). Auch dies ist hier der Fall, da W zur Zeit der Testamentserrichtung noch gar nicht an eine spätere Heirat dachte.

§ 2079 S. 1 BGB stellt eine **Vermutung für die Kausalität des Irrtums für die getroffene Verfügung** auf, die nur mittels S. 2 widerlegt werden kann.

Der Anfechtungsgrund greift somit durch.

b) Motivirrtum, § 2078 II BGB

Möglicherweise könnte M die Anfechtung aber auch auf einen **Motivirrtum** der W stützen.

Anmerkung: Allerdings ist auch hier nicht jede Fehlvorstellung beachtlich, sondern nur solche, die tatsächlich den **Beweggrund für die Verfügung** bilden. Ebenfalls denkbar ist, dass der Umstand erst nach dem Erbfall eintritt. Auch allgemeine **Erwartungen, die der Erblasser unbewusst als selbstverständlich zugrunde legt**, können einen Irrtum verursachen. Beispiele sind unerwarteter Vermögenserwerb des Erblassers, künftiges Wohlverhalten des Bedachten gegenüber dem Erblasser, vermeintlicher Beitritt zu einer Sekte etc.

§ 2078 BGB und § 2079 BGB sind wegen der unterschiedlichen Tatbestandsvoraussetzungen ohne weiteres **nebeneinander anwendbar**.

Der Anfechtungsgrund könnte hier darin liegen, dass W das Testament in der **irrigen Erwartung des Nichteintritts eines Umstandes** – ihrer erneuten Heirat – errichtet hat.

Dies trifft auf das Nichtvorsehen eines zukünftigen Pflichtteilsberechtigten zu.

Die **Kausalität** zwischen Irrtum und Verfügung wird bei § 2078 BGB zwar **nicht vermutet**, hier hat W aber vor Zeugen geäußert, den M als Erben einsetzen zu wollen, so dass der **Beweis** der Kausalität gelingen wird.

Somit ist auch dieser Anfechtungsgrund gegeben.

Anmerkung: Der Anfechtungsgrund des § 2078 I BGB entspricht dem § 119 I BGB und enthält keine nennenswerten erbrechtlichen Besonderheiten. Gleiches gilt für den Drohungstatbestand in § 2078 II BGB. Deshalb sei insoweit auf die Darstellung in den Skripten zum Allgemeinen Teil des BGB verwiesen.

5. Rechtsfolgen

Die Rechtsfolgen der beiden Anfechtungsgründe sind **unterschiedlich**.

Während § 2078 BGB die Vermutung der **Restwirksamkeit** („soweit"; vgl. auch § 2085 BGB) enthält, vermutet § 2079 BGB grds. **Totalnichtigkeit**. Jedoch bleibt wegen § 2079 S. 2 BGB derjenige Teil des Testaments wirksam, von dem anzunehmen ist, dass ihn der Erblasser auch bei Kenntnis der Sachlage getroffen hätte.

Die Enterbung der S ist also in jedem Fall (noch) wirksam, da anzunehmen ist, dass W sie auch bei Kenntnis von der späteren Ehe enterbt hätte.

Die Einsetzung des N zum Alleinerben ist dagegen gem. § 142 I BGB unwirksam.

Anmerkung: Das bedeutet aber nicht, dass M jetzt Alleinerbe wird, denn die Anfechtung kann nicht eine unterlassene Verfügung fingieren. Vielmehr tritt jetzt die gesetzliche Erbfolge mit M und N als Miterben ein.

IV. Zusammenfassung

Sound: Im Erbrecht ist auch der Motivirrtum beachtlich, da der Bedachte weniger schutzwürdig ist, als bei „normalen" Willenserklärungen.

hemmer-Methode: Die Beachtlichkeit des Motivirrtums ist eine echte erbrechtliche Besonderheit bei der Anfechtung. Da die Anfechtung jedem Juristen aus dem ersten Semester bekannt sein muss, bietet es sich an, dieses Thema in einer Klausur zu prüfen. Stellen Sie dann die erbrechtlichen Sonderregeln und die Gründe dafür dar und nutzen Sie dabei ihr „AT-Wissen“. Dann müssen Sie nicht unnötig doppelt lernen.

V. Zur Vertiefung

- Hemmer/Wüst, Erbrecht, Rn. 77 bis 88 (Anfechtung)

Fall 14: Grundfall zum gemeinschaftlichen Testament (§§ 2265 ff. BGB)

Sachverhalt:

Die Eheleute M und F setzten folgendes Schriftstück auf, welches eigenhändig geschrieben und unterschrieben ist:

„Erbvertrag:
Wir, die Eheleute M und F, setzen uns gegenseitig zu Erben ein. Erben des Überlebenden und damit unseres gesamten Vermögens sollen unsere Kinder A und B zu gleichen Teilen sein.
M.
Dies ist auch mein letzter Wille,
F."

Wie ist diese Urkunde erbrechtlich zu würdigen?

Abwandlung:

Die Urkunde enthält den Zusatz: „Heiratet der Überlebende erneut, sollen gleich unsere Kinder erben". Was bedeutet dies für die Erbenstellung des überlebenden Ehegatten?

I. Einordnung

Das Gesetz sieht für Eheleute (§ 2265 BGB) und Lebenspartner (§ 10 IV LPartG) die Möglichkeit der Errichtung eines **gemeinschaftlichen Testaments (§§ 2265 ff. BGB)** vor.

Das gemeinschaftliche Testament unterscheidet sich in zwei wesentlichen Aspekten vom einfachen Testament und genau hierin liegt seine **Bedeutung**:

- **Formerleichterung**, § 2267 BGB: nur ein Ehegatte muss ein vollständiges Testament i.S.d. § 2247 BGB errichten.
- **Eingeschränkte Bindungswirkung wechselbezüglicher Verfügungen**, §§ 2270, 2271 BGB.

Anmerkung: Daneben bleiben die allgemeinen Vorschriften des Testamentsrechts anwendbar, sofern sich nicht aus den §§ 2265 ff. BGB etwas anderes ergibt. Merken Sie sich schon jetzt: Das gemeinschaftliche Testament ist ein Testament und kein Erbvertrag!

Ob ein gemeinschaftliches Testament vorliegt, ergibt sich nach ganz h.M. aus dem **gemeinsamen Testierwillen der Eheleute**, wenn er in der Urkunde angedeutet ist (**Andeutungstheorie**).

Anmerkung: Das gemeinschaftliche Testament unterscheidet sich vom Erbvertrag z.B. dadurch, dass dieser auch zwischen Nicht-Eheleuten geschlossen werden kann und keine Formerleichterungen kennt.

II. Gliederung

Die erbrechtliche Bedeutung der Urkunde

1. Gemeinschaftliches Testament, §§ 2265 ff. BGB

a) Bestehende Ehe oder Lebenspartnerschaft, § 2265 BGB

b) Gemeinsamer Testierwille, §§ 133, 157 BGB

c) Form des § 2267 BGB i.V.m. §§ 2231 Nr. 2, 2247 BGB

d) Zwischenergebnis Gemeinschaftliches Testament (+)

2. Rechtsfolgen

a) Bindungswirkung

b) Inhalt

aa) Trennungslösung

bb) Einheitslösung

cc) Auslegung

Abwandlung

Wiederverheiratungsklausel

III. Lösung

1. Gemeinschaftliches Testament, §§ 2265 ff. BGB

Die Eheleute M und F könnten in der Urkunde ein gemeinschaftliches Testament errichtet haben.

Zwar haben die Eheleute die Urkunde mit **Erbvertrag** überschrieben, dies bedeutet aber nicht, dass tatsächlich ein Erbvertrag vorliegt. Zum einen verwenden Laien Rechtsbegriffe oft mehr oder weniger willkürlich, zum anderen wäre ein Erbvertrag **formunwirksam** (§ 2276 I BGB).

Anmerkung: „Wortspiele" (Erbvertrag statt gemeinschaftlichem Testament; vermachen statt erben etc.) sind häufig in Klausuren zu finden. Es muss dann ausgeführt werden, dass der „scheinbar klare Wortlaut" hinter den wirklichen Erblasserwillen zurücktritt und die Falschbezeichnung grds. nicht schadet.

a) Bestehende Ehe oder Lebenspartnerschaft, § 2265 BGB

Zuerst müsste eine **wirksame Ehe (§§ 1310 ff. BGB)** bestehen, denn nur Eheleute (bzw. **Lebenspartner**, dann eine wirksame Lebenspartnerschaft) können ein gemeinsames Testament errichten. Dies ergibt sich aus § 2265 BGB.

Hier ergibt sich aus dem Sachverhalt, dass M und F Eheleute sind. Somit liegt eine wirksame Ehe vor.

Die **Ehe muss bis zum Tod des ersten Ehegatten fortbestehen**, muss also durch dessen Tod beendet werden, vgl. §§ 2268 I, 2077 I BGB.

Anmerkung: Wird die Ehe geschieden, ist das gesamte Testament unwirksam, es sei denn, es ist anzunehmen, dass die getroffenen Verfügungen auch für den Fall der Scheidung getroffen wurden (§ 2268 II BGB). Ob dies der Fall ist, ist durch Auslegung zu ermitteln.

b) Gemeinsamer Testierwille, §§ 133, 157 BGB

M und F müssten mit gemeinsamem Testierwille gehandelt haben, also zum einen den Willen gehabt haben, **überhaupt ein Testament zu errichten**, zum anderen den Willen, ein **gemeinschaftliches Testament** zu errichten, §§ 133, 157 BGB.

Anmerkung: Beim gemeinschaftlichen Testament ist abweichend von sonstigen Testamenten auf § 157 BGB und nicht nur auf § 133 BGB abzustellen, da es sich – zumindest bei den wechselbezüglichen Verfügungen – um Erklärungen handelt, die gerade an einen anderen gerichtet sind!

Der Testierwille ist schon deshalb nicht fraglich, weil die Eheleute den – wenn auch falschen – Begriff des Erbvertrags verwendet haben. Der Wille zum gemeinschaftlichen Testieren ergibt sich aus der **gemeinsamen Unterzeichnung der Urkunde**.

c) Form, § 2267 BGB i.V.m. §§ 2231 Nr. 2, 2247 BGB

Die Eheleute müssten auch die Form eines gemeinschaftlichen eigenhändigen Testaments gewahrt haben. Das gemeinschaftliche Testament bringt gegenüber dem „normalen" Testament eine bedeutende **Formerleichterung** mit sich, § 2267 BGB.

Es ist ausreichend, wenn **einer der Ehegatten das Testament in der Form des § 2247 BGB errichtet**, § 2267 S. 1 BGB. Der andere Ehegatte muss das Testament dann nur noch **eigenhändig mitunterzeichnen**, § 2267 S. 1 BGB.

Die Erklärung des M wurde **eigenhändig geschrieben und unterschrieben**, erfüllt also die Form des § 2247 BGB.

Auch F hat die Urkunde **eigenhändig unterschrieben**. Eine ausdrückliche **Beitrittserklärung** wäre nicht erforderlich gewesen, ist aber auch nicht schädlich. Ebenso ist unschädlich, dass F nicht die Sollvorschrift des **§ 2267 S. 2 BGB** erfüllt hat.

Das gemeinschaftliche Testament ist also formwirksam.

d) Zwischenergebnis

Es liegt ein wirksames gemeinschaftliches Testament der Eheleute M und F vor.

2. Rechtsfolgen

Fraglich ist nun, welche erbrechtlichen Rechtsfolgen sich an ein gemeinschaftliches Testament knüpfen.

a) Bindungswirkung

Mit Errichtung eines gemeinschaftlichen Testaments tritt eine **Bindungswirkung hinsichtlich wechselbezüglicher Verfügungen ein, § 2271 BGB**.

Wechselbezügliche Verfügungen sind solche, die der eine Ehegatte nicht getroffen hätte, wenn nicht der andere Ehegatte eine bestimmte andere Verfügung getroffen hätte, **§ 2270 I BGB**. **Nur Erbeinsetzung, Vermächtnisse und Auflagen** können wechselbezüglich sein, § 2270 III BGB. Ob eine Verfügung wechselbezüglich ist, ist **durch Auslegung zu ermitteln**. Eine gesetzliche Auslegungsregel bietet **§ 2270 II BGB**.

Anmerkung: Erkennen Sie die Parallelen zum Erbvertrag? Machen Sie ihr diesbezügliches Wissen hinsichtlich der Auslegung auch hier fruchtbar. Aber bitte achten Sie auf die Begrifflichkeiten: beim Erbvertrag spricht man von *vertragsmäßigen* Verfügungen.

Hinsichtlich der Bindungswirkung ist nun wie folgt zu unterscheiden:

- **Nicht wechselbezügliche Verfügungen** sind frei widerruflich, §§ 2253 ff. BGB.

Für **wechselbezügliche Verfügungen** gilt:

- Zu Lebzeiten der Eheleute greift die **formelle Bindungswirkung (§ 2271 I BGB)**, d.h. wechselbezügliche Verfügungen sind nur durch notariell beurkundete Widerrufserklärungen widerruflich (§§ 2271 I S. 1, 2296 BGB).
- Nach dem Tod des Erstverstorbenen tritt die **materielle Bindungswirkung** ein. **Wechselbezügliche Verfügungen sind grds. unwiderruflich (§ 2271 II BGB)**. Die Bindungswirkung kann nur durch Ausschlagung (§§ 2271 II, 1944 BGB) oder durch **Anfechtung (§ 2281 BGB analog)** durchbrochen werden.

Anmerkung: Dem Überlebenden kann auch das Recht eingeräumt werden, wechselseitige Verfügungen einseitig zu ändern oder aufzuheben (Änderungsvorbehalt). Dies ist zulässig, da § 2271 II BGB nur das Vertrauen der Eheleute zueinander schützen will und daher dispositiv ist.

b) Inhalt

Ein Testament, in dem **sich die Ehegatten gegenseitig einsetzen und** der Nachlass nach dem Tod des Längerlebenden an einen Dritten fallen soll, kann zwei Bedeutungen haben.

aa) Trennungslösung

Bei der Trennungslösung setzt jeder Ehegatte **den anderen Ehegatten als Vorerben** seines Vermögens und einen **Dritten**, hier z.B. die gemeinsamen Kinder, **als Nacherben seines Vermögens ein.**. Die **Vermögensmassen der Eheleute bleiben getrennt**. Nach dem ersten Erbfall, d.h. dem Tod des ersten Ehegatten, ist hinsichtlich des überlebenden Ehegatten zwischen dessen Eigenvermögen und dem Nachlass des Erstverstorbenen zu differenzieren. Nur hinsichtlich des Nachlasses des Erstverstorbenen gelten die Verfügungsbeschränkungen des § 2113 BGB.

Exkurs:
Vor-/Nacherbschaft und Ersatzerbschaft

Ersatzerbschaft (§ 2096 BGB) meint, dass der Erblasser eine Person benennt, die einen vorrangig vorgesehenen Erben ersetzt, falls dieser vor dem Erbfall stirbt oder nach dem Erbfall rückwirkend bspw. durch Ausschlagung (§ 1953 BGB) wegfällt. Es handelt sich um eine Erbeinsetzung unter aufschiebender Bedingung. Wird kein Ersatzerbe eingesetzt, findet bei Wegfall eines Erbens **Anwachsung** zugunsten der Miterben statt (§ 2094 BGB), d.h. deren Erbquote erhöht sich entsprechend.
Wird **Vor-/Nacherbschaft (§§ 2100 ff. BGB)** angeordnet, wird der Vorerbe zunächst grds. „normaler" Erbe des Erblassers, ist aber in einigen Punkten in seiner Verfügungsbefugnis über den Nachlass eingeschränkt (§§ 2113 ff. BGB). Der Vorerbe bleibt Erbe bis zum Eintritt des Nacherbfalls (i.d.R. der Tod des Vorerben), dann wird der Nacherbe unbeschränkter Erbe des Erblassers (wichtig: nicht des Vorerben!). Mit dem Eintritt des Vorerbfalls hat der Nacherbe ein Anwartschaftsrecht erlangt, da seine Rechtsposition nicht mehr einseitig zerstört werden kann.

Der überlebende Ehegatte wird hinsichtlich des Nachlasses des Erstverstorbenen Vorerbe, der Dritte Nacherbe. Stirbt auch der zweite Ehegatte, wird der Dritte „normaler" Erbe des zweiten Ehegatten. Zugleich ist der Nacherbfall eingetreten, so dass er auch Erbe des Erstverstorbenen wird.

Anmerkung: Streng genommen ist der Dritte beim Tod des Längerlebenden dessen Ersatzerbe i.S.d. § 2096 BGB, da eigentlich der andere Ehegatte zum Vorerben und der Dritte nur zum Nacherben eingesetzt ist. Allerdings kann der andere Ehegatte aufgrund seines Vorversterbens nicht mehr Vorerbe werden, § 1923 I BGB, so dass der Nacherbe als sein Ersatzerbe unmittelbar zum Zuge kommt, vgl. § 2102 I BGB.

bb) Einheitslösung

Bei der Einheitslösung wird der überlebende Ehegatte **Vollerbe**, so dass sich in seiner Hand **Nachlass und Eigenvermögen zu einer einheitlichen Vermögensmasse verschmelzen**, über die er zu Lebzeiten grds. **frei verfügen** kann. Der Dritte wird Schlusserbe des gesamten Vermögens und somit nur Erbe des Zweitverstorbenen.

Anmerkung: Die Verfügungsbefugnis ist nach Eintritt der materiellen Bindungswirkung nur durch die analoge Anwendung der §§ 2287 ff. BGB bei beeinträchtigenden Schenkungen eingeschränkt.

cc) Auslegung

Was gewollt ist, ist vorrangig durch **Auslegung gem. §§ 133, 157 BGB** zu ermitteln. Werden Umstände außerhalb der Urkunde zur Auslegung herangezogen, ist zusätzlich die **Andeutungstheorie** zu beachten. Subsidiär greift die **gesetzliche Auslegungsregel des § 2269 BGB**, wonach im Zweifel das Einheitsprinzip gewählt wird.

Hier sprechen zwei Formulierungen im Testament für die Annahme der Einheitslösung: Zum einen sollen die Kinder Erben *„des Überlebenden"* werden. Dies ist aber nur bei der Einheitslösung möglich, da bei der Trennungslösung zwei Erbfälle eintreten und die Kinder somit nur hinsichtlich des dem überlebenden Ehegatten von Anfang an gehörenden Vermögens dessen Erben würden, im Übrigen aber Nacherben des Erstverstorbenen.

Zum anderen spricht die Formulierung *„unseres gesamten Vermögens"* für die Einheitslösung. Hierin kommt zum Ausdruck, dass die Vermögensmassen verschmelzen und gerade nicht getrennt bleiben sollen.

Schließlich werden auch keine Befreiungen (§§ 2113 ff. BGB) angesprochen, was bei der Anordnung von Vor-/Nacherbschaft bei der Trennungslösung sinnvoller weise grds. geschieht.

Folglich wurde hier die Einheitslösung gewählt.

Anmerkung: Auswirkungen hat die Unterscheidung zwischen Einheits- und Trennungslösung beim Pflichtteil. Beim Einheitsprinzip ist der Dritte u.U. pflichtteilsberechtigt, da er beim ersten Erbfall übergangen wird. Beim Trennungsprinzip wird der Dritte dagegen beim ersten Erbfall Erbe (als Nacherbe), so dass er nicht übergangen ist.

IV. Abwandlung

Wiederverheiratungsklausel

Fraglich ist, welche Auswirkungen die Wiederverheiratungsklausel hat.

Anmerkung: Hintergrund einer solchen Klausel ist, dass die erneute Heirat zu einem neuen Pflichtteilsberechtigten führt (= der neue Ehepartner) und das Testament deshalb anfechtbar wird (§§ 2281 BGB analog i.V.m. §§ 2079, 2303 II BGB).

1. Möglicherweise ist die Klausel als Verstoß gegen die guten Sitten nach **§ 138 I BGB** unwirksam. Dies ist hier aber nicht der Fall, da nicht bezweckt wird, Druck auf den Ehepartner auszuüben, sondern nur das berechtigte Interesse verfolgt wird, die gemeinsamen Kinder zu versorgen.

2. Beim **Trennungsmodell** bedeutet die Klausel, dass der Ehegatte weiterhin Vorerbe des Erstverstorbenen wird, der **Nacherbfall** aber nicht erst mit seinem Tod, sondern bereits **mit erneuter Heirat** eintritt.

3. Beim Einheitsprinzip sind zwei rechtliche Konstruktionen denkbar:

a) Nach h.M. ist der überlebende Ehegatte zugleich **auflösend bedingter Vollerbe und aufschiebend bedingter Vorerbe**.

b) Nach a.A. ist der Ehegatte **auflösend bedingter Vorerbe und aufschiebend bedingter Vollerbe**, wobei die Bedingung ist, dass der überlebende Ehegatte verstirbt, ohne erneut geheiratet zu haben.

Anmerkung: An der h.M. ist problematisch, dass der überlebende Ehegatte zunächst Vollerbe wird und keinerlei Verfügungsbeschränkungen unterliegt. Diese Gefahr umgeht man mit der zweiten Ansicht. Wie Sie sich in der Klausur entscheiden, bleibt Ihnen überlassen.

IV. Zusammenfassung

Sound: Das gemeinschaftliche Testament kann inhaltlich als Einheits- oder Trennungslösung ausgestaltet sein. Entsprechend kann es zu unterschiedlichen Folgen hinsichtlich des Entstehens eines Anwartschaftsrechts oder von Pflichtteilsansprüchen kommen. Jedenfalls entsteht die formelle und materielle Bindungswirkung.

hemmer-Methode: Das gemeinschaftliche Testament ist sehr anspruchsvoll, da sich hier mehrere, für sich allein schon komplizierte Problemkreise treffen und überschneiden. Lesen Sie diesen Fall deshalb mehrmals und durchdenken Sie die Probleme in aller Ruhe. Sie können sich sicher sein, dass Sie dies nicht bereuen: das gemeinschaftliche Testament taucht mind. in zwei von drei erbrechtlichen Klausuren auf. Vertiefen Sie deshalb unbedingt ihr Wissen in diesem Bereich mittels unten genannten Skripten.

V. Zur Vertiefung

- Hemmer/Wüst, Erbrecht, Rn. 101 ff. (Gemeinschaftliches Testament)
- Hemmer/Wüst, Erbrecht, Rn. 112 ff. (Bestimmung von Ersatzerben; Anordnung von Vor- und Nacherbschaft)

Fall 15: Materielle Bindungswirkung und Anfechtung des gemeinschaftlichen Testaments

Sachverhalt:

Die Eheleute M und F hatten 1980 ein wirksames gemeinsames Testament errichtet, in dem sie sich gegenseitig zu Alleinerben einsetzten und den gemeinsamen Sohn S zum Erben des Überlebenden. F verstirbt 1983. M heiratet 1984 erneut. Seine neue Ehefrau N ficht sogleich das gemeinsame Testament von M und F dem Nachlassgericht gegenüber an. Daraufhin verfasst M folgendes Schriftstück:

„Testament
Im Bewusstsein, dass ich wegen der Anfechtungserklärung meiner Frau wieder frei testieren kann, setzte ich sie zur Alleinerbin meines Vermögens ein.
M.“

Nach dem Tod des M im Jahre 2004 beanspruchen sowohl S als auch N die Erbschaft des M für sich. Daraufhin erklärt N noch einmal unverzüglich und formgerecht die Anfechtung des Testaments von 1980.

Wer ist Erbe des M?

I. Einordnung

Zentrales Problem des gemeinschaftlichen Testaments ist (ähnlich wie beim Erbvertrag) dessen **Bindungswirkung**.

Die **materielle Bindungswirkung** des § 2271 II S. 1 HS 1 BGB kann der Erblasser nur auf drei Arten überwinden:

- Durch **Ausschlagung** der Erbschaft, §§ 2271 II S. 1 HS 2, 1953 BGB.
- Durch einen Widerruf nach §§ 2271 II S. 2, 2294, 2333 BGB.
- Durch **Anfechtung**, §§ 2281 ff. BGB analog.

Anmerkung: Die §§ 2281 ff. BGB werden von der h.M. bei wechselbezüglichen Verfügungen nach dem Tod des Erstversterbenden analog angewendet, d.h. ausnahmsweise kann auch der Erblasser seine eigenen Verfügungen anfechten. Dies ist notwendig, da ihm eben gerade kein freies Widerrufsrecht zusteht. Für die Anfechtung der Verfügungen durch Dritte gelten dagegen die §§ 2078 ff. BGB direkt.

II. Gliederung

Wer ist Erbe des M?

1. **Wirksames Testament** von 1984 **(+)**
Danach N Alleinerbin.

2. Entgegenstehendes gemeinschaftliches Testament von 1980

a) Wirksamkeit (+)
materielle Bindungswirkung grds. (+)

b) **Anfechtung** des gemeinschaftlichen Testaments

aa) Anfechtung von 1984 (-)
N nicht anfechtungsberechtigt

bb) Anfechtung von 2004 **(+)**

III. Lösung

Fraglich ist, wer Erbe des M geworden ist.

1. Wirksames Testament von 1984

N könnte Alleinerbin des M geworden sein, wenn sie wirksam dazu eingesetzt worden wäre. Tatsächlich ist nach dem Sachverhalt davon auszugehen, dass M ein **wirksames eigenhändiges Testament** (§§ 2231 Nr. 2, 2247 I BGB) errichtet hat.

2. Entgegenstehendes gemeinschaftliches Testament von 1980

Allerdings könnte die materielle Bindungswirkung des gemeinschaftlichen Testaments von 1980 der Wirksamkeit der Erbeinsetzung entgegenstehen.

Das gemeinschaftliche Testament von 1980 war laut Sachverhalt **wirksam**.

Die Einsetzung des S als Schlusserben von M und F war ohne Zweifel als **wechselbezügliche Verfügung i.S.v. § 2270 I BGB** gewollt, so dass mit dem Tod der F die **materielle Bindungswirkung des § 2271 II S. 1 HS 1 BGB** eingetreten ist.

Anmerkung: Bitte beachten Sie, dass das gemeinschaftliche Testament **mehrere Verfügungen** enthält: die Einsetzung der F als Erbin des M, die Einsetzung des M als Erben der F, die Einsetzung des S als Schlusserben durch M und die Einsetzung des S als Schlusserben durch F. Jede dieser Verfügungen muss mittels Auslegung auf Wechselbezüglichkeit überprüft werden.

Folglich wäre die Erbeinsetzung der N aufgrund der materiellen Bindungswirkung eigentlich unwirksam.

a) Anfechtungserklärung von 1984

Möglicherweise ist das gemeinschaftliche Testament aber **durch Anfechtung unwirksam geworden**.

Wechselbezügliche Verfügungen können nach ganz h.M. **analog §§ 2281 ff. BGB** angefochten werden, so dass deren Bindungswirkung beseitigt wird.

Allerdings war die N hier gar nicht anfechtungsberechtigt. Nach **§ 2285 BGB**, der ebenfalls entsprechend gilt, können zwar **auch Dritte** das gemeinschaftliche Testament anfechten. Das Anfechtungsrecht Dritter entsteht aber **erst mit dem Tod des Erblassers**.

Da M aber zu diesem Zeitpunkt noch lebte und selbst nicht angefochten hat, ist diese Anfechtung unwirksam.

b) Anfechtungserklärung von 2004

Allerdings könnte die Anfechtungserklärung von 2004 die Bindungswirkung durchbrochen haben.

aa) N war jetzt auch **anfechtungsberechtigt** gem. **§§ 2285, 2080 I, III BGB**, da M verstorben ist und der Wegfall des gemeinschaftlichen Testaments zur Alleinerbschaft der N aufgrund des Testaments aus dem Jahr 1984 führen würde.

bb) Es müsste auch ein **Anfechtungsgrund** vorgelegen haben. Als Anfechtungsgründe kommen die **§§ 2078 ff. BGB** in Betracht.

Hier könnte **§ 2079 BGB i.V.m. § 2303 II BGB** gegeben sein. Als neue Ehefrau des Erblassers ist N **pflichtteilsberechtigt**, auch wurde sie **unbewusst übergangen**. § 2079 BGB vermutet die **Kausalität** des Irrtums.

Somit liegt der Anfechtungsgrund des § 2079 BGB vor.

cc) N hat auch die **Anfechtungsfrist** des **§ 2082 I BGB** gewahrt, da sie unverzüglich, also jedenfalls innerhalb der Jahresfrist, angefochten hat.

dd) Allerdings könnte das **Anfechtungsrecht** der N **ausgeschlossen** sein, weil das Anfechtungsrecht des M bereits erloschen war, § 2285 BGB analog i.V.m. § 2283 BGB.

Fraglich ist also, ob **das Anfechtungsrecht des M als Erblasser bereits erloschen** war.

Hier könnte die Anfechtungsfrist bereits abgelaufen sein, da zwischen der Eheschließung 1984 und dem Tode des Erblassers **mehr als ein Jahr** liegt (§ 2283 I BGB).

Fraglich ist aber, ob die Anfechtungsfrist überhaupt zu laufen begonnen hat. Die **Frist beginnt nach § 2283 II S. 1 BGB** erst mit Kenntnis des Erblassers vom Anfechtungsgrund zu laufen. Hierbei kommt es darauf an, ob der Erblasser die den Anfechtungsgrund begründenden **Tatsachen** kennt. Ein bloßer **Rechtsirrtum** hindert nicht das Anlaufen der Frist.

Hier irrte M über die Wirksamkeit des gemeinschaftlichen Testaments von 1980.

Diese Frage ist nicht bloß eine Rechtsfrage, sondern begründet den Anfechtungsgrund als solchen, weil nur durch **das wirksame gemeinschaftliche Testament als Tatsache** die N als Pflichtteilsberechtigte von der Erbfolge ausgeschlossen wird.

Anmerkung: Die **Abgrenzung von Tatsachen- und Rechtsirrtum** ist im Einzelfall sehr schwierig. Hier wäre eine andere Ansicht ebenfalls gut vertretbar gewesen. Dann wäre S Erbe des M geworden. Allerdings ist nicht unumstritten, ob § 2285 BGB überhaupt analog auf das gemeinschaftliche Testament angewendet werden darf (BayObLG, ZEV 2004, 152 = FamRZ 2004, 1068, vgl. auch BayObLG, ZEV 2004, 466).

Somit kannte M nicht alle den Anfechtungsgrund begründenden Tatsachen. Deshalb lief die Anfechtungsfrist nicht an. Folglich war die Anfechtung auch für N nicht ausgeschlossen und deshalb wirksam.

3. Ergebnis

Die Anfechtung von 2004 hat die Bindungswirkung des gemeinschaftlichen Testaments von 1980 beseitigt.

Folglich war die Erbeinsetzung der N möglich.

Somit ist N Alleinerbin des M geworden. Dem enterbten Sohn S steht nach § 2303 I BGB ein Pflichtteil von ¼ zu.

IV. Zusammenfassung

Sound: Der Erblasser kann wechselbezügliche Verfügungen nach §§ 2281 ff. BGB analog anfechten und so die materielle Bindungswirkung durchbrechen. Auch Dritte können nach dem Tod des Erblassers anfechten, sofern nicht das Anfechtungsrecht des Erblassers bereits ausgeschlossen war.

hemmer-Methode: Das hier behandelte Problem ist sicher sehr schwierig. Allerdings werden gerade im Erbrecht häufiger vertiefte Kenntnisse erwartet. Deshalb gilt: beschäftigen Sie sich frühzeitig mit der Materie und wiederholen Sie die Probleme anhand dieses Skriptes regelmäßig.

V. Zur Vertiefung

- Hemmer/Wüst, Erbrecht, Rn. 101 ff. (Gemeinschaftliches Testament)

Fall 16: § 2270 I, II BGB und Auslegung

Sachverhalt:

Die Ehegatten M und F errichten gemeinsam ein Berliner Testament (§ 2269 BGB), in dem sie sich gegenseitig als Alleinerben einsetzen. Da ihre eigene Ehe kinderlos geblieben ist, setzen sie den Neffen N, den Sohn des verstorbenen Bruders des M, als Schlusserben ein. Zu diesem Zeitpunkt hatte F allerdings keinerlei persönliche Beziehungen zu N. Einige Zeit nach dem Tode des M möchte F neu testieren und den gesamten Nachlass der sie aufopferungsvoll pflegenden Freundin C zugute kommen lassen. F begibt sich mit diesem Ansinnen zu Rechtsanwalt Edel. Darüber hinaus möchte sie die Pflege dabei weiter sicherstellen.

Welche Auskünfte kann RA Edel der F erteilen?

I. Einordnung

In einem gemeinschaftlichen Testament gem. §§ 2265 ff. BGB können die Ehegatten alle Verfügungen treffen, die sie auch in einem Einzeltestament vornehmen können. Seine besondere inhaltliche Bedeutung erlangt das gemeinschaftliche Testament aber über die sog. **wechselbezüglichen Verfügungen i.S.d. § 2270 BGB** und deren Bindungswirkung, vgl. § 2271 BGB.

Wann nun aber solche derartigen wechselbezüglichen Verfügungen vorliegen, ist oftmals schwierig zu entscheiden. Zwar gibt das Gesetz dem Rechtsanwender selbst einige Instrumentarien an die Hand, wie dieser Problematik beizukommen ist, vgl. die Zweifelsregel des § 2270 II BGB. Darauf darf aber nur dann zurückgegriffen werden, wenn die Auslegung zu keinem eindeutigen Ergebnis führt.

II. Gliederung

Auskunft des RA E

1. Testiermöglichkeit der F
   grds. § 2253 ff. BGB
   (P): Bindungswirkung
   Vorliegen einer wechselbezüglichen Verfügung gem. § 2270 BGB
2. Sicherstellung der Pflege: **Entgeltlicher Erbvertrag** mit Rücktrittsmöglichkeit gem. § 2295 BGB

III. Lösung

Zu klären ist also, welche Auskünfte RA Edel der F erteilen kann. Vorrangig ist dabei natürlich zu prüfen, ob die F überhaupt noch frei testieren kann. Nur wenn dies zu bejahen ist, stellt sich die Frage, wie sie in erbrechtlicher Art und Weise die Pflege sicherstellen kann.

1. Testierfreiheit der F

Fraglich ist also, ob F überhaupt noch die C zu ihrer Erbin einsetzen kann.

a) Widerrufsmöglichkeit gem. §§ 2253 ff. BGB

Grundsätzlich besteht die verfassungsrechtlich garantierte Testierfreiheit, die auch die Möglichkeit umfasst, frühere Verfügungen von Todes wegen zu widerrufen, vgl. §§ 2253 ff. BGB.

Von diesem Grundsatz gibt es aber im Rahmen des gemeinschaftlichen Testaments gem. §§ 2253 ff. BGB sowie des Erbvertrages gem. §§ 2274 ff BGB wichtige Ausnahmen von der freien Testiermöglichkeit.

Wechselbezügliche Verfügungen i.S.d. § 2270 I BGB haben insoweit bereits zu Lebzeiten bereits eine formelle Bindungswirkung, vgl. § 2271 I S. 1 BGB i.V.m. § 2296 BGB. Nach dem Tod des Erstversterbenden besteht dann sogar eine materielle Bindungswirkung, die nur noch über eine Ausschlagung gem. §§ 2271 II, 1944 BGB eine Wiedererlangung der Testierfreiheit ermöglicht.

Darüber hinaus besteht grundsätzlich die Anfechtungsmöglichkeit gem. § 2281 BGB analog i.V.m. §§ 2078, 2079 BGB, da hier eine vergleichbare Interessenlage zu den Bindungswirkungen eines Erbvertrages besteht.

Anmerkung: Dem Überlebenden steht allerdings nur die Anfechtungsmöglichkeit des § 2078 BGB zu, da das Anfechtungsrecht des § 2079 BGB des übergangenen Pflichtteilsberechtigten nur diesem selbst zusteht, vgl. § 2080 III BGB.

Zu den Bindungen eines Erbvertrages vergleichen Sie bitte die dortigen Fälle.

Somit wird klar, dass die freie Widerrufsmöglichkeit gem. § 2253 BGB nur für die wechselbezüglichen Verfügungen gem. §§ 2270, 2271 BGB gilt. Einseitige Verfügungen, die jeder Ehegatte genauso gut in einem Einzeltestament gem. §§ 2231 Nr. 2, 2247 BGB hätte treffen können, sind weiterhin frei nach §§ 2253 ff BGB widerruflich.

b) Vorliegen einer wechselbezüglichen Verfügung gem. § 2270 BGB

Fraglich ist aber, ob eine solche Bindungswirkung und damit verbunden, der Ausschluss der freien Testiermöglichkeit, hier im konkreten Fall vorliegt. Damit müsste hier also zumindest eine wechselbezügliche Verfügung gem. § 2270 BGB vorliegen.

Da eine solche wechselbezügliche Verfügung nur in einem gemeinschaftlichen Testament gem. §§ 2265 ff BGB vorliegen kann, sei hier zur Wiederholung nochmals auf die Voraussetzungen eines solchen gemeinschaftlichen Testaments hingewiesen:

- Bestehende Ehe oder Lebenspartnerschaft, vgl. § 2265 BGB bzw. § 10 IV LPartG
- Gemeinsamer Testierwille gem. §§ 133, 157 BGB
- Form des § 2267 BGB i.V.m. §§ 2231 Nr. 2, 2247 BGB

Anmerkung: Hier kann von einer Abgrenzung zwischen Trennungslösung und Einheitslösung abgesehen werden, da die Einheitslösung des Berliner Testaments gem. § 2269 BGB laut Sachverhalt gewollt ist, vgl. hierzu Fall 14.

Hier kann vom Vorliegen der obigen Voraussetzungen eines gemeinschaftlichen Testaments gem. §§ 2265 ff. BGB ausgegangen werden.

Zu klären ist, ob nun wenigstens eine wechselbezügliche Verfügung gem. § 2270 I BGB vorliegt, die es vermag, F an einer anderweitigen neuen wirksamen Verfügung von Todes wegen zu hindern.

aa) Gegenseitige Erbeinsetzung der Ehegatten zu Alleinerben

Das Testament enthält grundsätzlich zwei Verfügungen. Zuvorderst ist hier die gegenseitige Einsetzung als Alleinerben zu nennen.

Wechselbezügliche Verfügungen sind solche Verfügungen, die der Ehegatte nur im Hinblick auf die Verfügung des anderen Ehegatten vorgenommen hat. Entscheidend ist also die gegenseitige innere Abhängigkeit der beiderseitigen Verfügungen.

Konsequenz dieser inneren Abhängigkeit ist gemäß § 2270 I BGB, dass die Nichtigkeit und der Widerruf der einen Verfügung die Unwirksamkeit der anderen Verfügung zur Folge hat.

Anmerkung: Beachten Sie, dass gem. § 2270 III BGB nur Erbeinsetzungen, Vermächtnisse oder Auflagen als wechselbezügliche Verfügungen in Betracht kommen.

Ob nun im Einzelfall eine wechselbezügliche Verfügung gegeben ist, bestimmt sich nach den allgemeinen Auslegungsregeln. Kommt man insoweit zu keinem zweifelsfreien Ergebnis ist auf die Auslegungsregel des § 2270 II BGB für typische Fälle zurückzugreifen.

Bei der hier vorliegenden gegenseitigen Einsetzung führt bereits die Auslegung gem. §§ 133, 157 BGB zu dem Ergebnis der Wechselbezüglichkeit. Unterstrichen wird dies jedenfalls durch § 2270 II BGB.

Somit ist die gegenseitige Einsetzung zu Alleinerben als wechselbezügliche Verfügung i.S.d. § 2270 I, II BGB aufzufassen.

Allerdings hilft dieses Ergebnis für die Frage, ob F nach dem Tod des M wieder neu testieren, kann nicht weiter. Durch den Tod des M ist diese Verfügung insoweit „verbraucht“, da dieser nun nicht mehr Erbe der F werden kann, vgl. § 1923 I BGB..

bb) Einsetzung des N

Möglicherweise steht aber die Einsetzung des N einer freien neuen Testierung der F entgegen.

Nach dem Wortlaut des Testaments soll der Neffe N „Schlusserbe“ sein, eine Formulierung, die an die Gestaltung bzgl. der Erbeinsetzung von Kindern im Berliner Testament gem. § 2269 BGB erinnert.

Der reine Wortlaut darf aber insbesondere bei juristischen Laien nicht überbewertet werden. Es ist immer im Wege der Auslegung der wirkliche Erblasserwillen zu ermitteln.

Es ist also auch hier zu fragen, ob die Erbeinsetzung des N eine wechselbezügliche Verfügung gem. § 2270 I BGB darstellt.

Dies wäre nur dann der Fall, wenn die Verfügung des Einen nicht ohne die des Anderen getroffen worden wäre. Zu ermitteln ist dies in Ansehung des Erblasserwillens gem. **§§ 133, 157 BGB**.

Hier ist vor allem auf die jeweiligen persönlichen Beziehungen von M und F zu N einzugehen. Zum einem bestehen direkte verwandtschaftliche Bindungen nur zu M. Daneben ist zu erwähnen, dass F keinerlei persönliche Beziehungen zu N hat. Entscheidend ist insbesondere, dass ein gemeinsamer Wille für eine wechselbezügliche Verfügung vorliegen muss. Aus Sicht des M erscheint eine solche Wechselbezüglichkeit durchaus als gewollt: Sein Neffe N ist mangels eigener Kinder sein nächster Verwandter seiner Linie und damit bringt er auch eindeutig den Willen zum Ausdruck, dass das Vermögen in der Familie bleiben soll. Hinsichtlich der F lässt sich dies aber aus oben genannten Gründen nicht zweifelsfrei sagen.

Möglicherweise kann hier nun die Auslegungsregel des **§ 2270 II BGB** helfen.

Insbesondere könnte hier die **Alt. 2** des § 2270 II BGB in Betracht kommen. Hiernach liegt Wechselbezüglichkeit im Zweifel dann vor, wenn dem einen Ehegatten von dem anderen eine Zuwendung gemacht wird **und** für den Fall des Überlebens des Bedachten eine Verfügung zugunsten einer Person getroffen wird, die mit dem anderen Ehegatten verwandt ist.

N ist mit M gem. **§ 1589 I S. 2, 3 BGB** verwandt. Des Weiteren liegt eine Zuwendung durch die gegenseitige Erbeinsetzung vor. Somit sind die kumulativen Voraussetzungen der Auslegungsregel des § 2270 II Alt. 2 BGB gegeben.

Anmerkung: Die Vermutung des § 2270 II BGB ist allerdings widerlegbar. Hierzu können auch Umstände außerhalb des Testaments herangezogen werden.

Damit stellt die hier vorliegende Einsetzung des Neffen N eine wechselbezügliche Verfügung i.S.d. § 2270 I, II BGB dar. (a.A. vertretbar, wenn man eine Widerlegung der Vermutung bejaht)

c) Ergebnis

Aufgrund der Bindungswirkung besteht damit keine neue freie Testiermöglichkeit für F.

2. Sicherstellung der Pflege

Aufgrund des Ergebnisses zur ersten Frage ist die Frage nach der erbrechtlichen Sicherstellung der Pflege nur noch kurz hilfsgutachtlich zu bearbeiten.

F und C hätten einen Erbvertrag gem. § 2274 ff. BGB schließen können. Hier hätte sich ein entgeltlicher Erbvertrag angeboten, bei dem eine Abhängigkeit zwischen der Verfügung des Erblassers und einer vom Vertragspartner übernommenen Verpflichtung (hier die Pflege der F) besteht. Bei Aufhebung der vertraglichen Verpflichtung zu Lebzeiten des Erblassers, steht dem Erblasser ein Rücktrittsrecht aus § 2295 BGB zu.

Eine reine Schlechterfüllung oder Verzug berechtigen dagegen nicht zum Rücktritt gem. § 2295 BGB.

Anmerkung: Keine Anwendung finden die §§ 320 ff. BGB, so dass nur eine Anfechtung gem. § 2281 BGB i.V.m. § 2078 II BGB als Motivirrtum in Betracht kommt.

IV. Zusammenfassung

Entscheidend für das Vorliegen einer wechselbezüglichen Verfügung gem. § 2270 I BGB ist der gemeinsame Testierwillen der Ehegatten. Ist hier keine zweifelsfreie Auslegung möglich, so ist auf die widerlegbare Auslegungsregel des § 2270 II BGB zurückzugreifen.

V. Zur Vertiefung

- Hemmer/Wüst, Erbrecht, Rn. 101 ff. (Gemeinschaftliches Testament)
- Hemmer/Wüst, Erbecht, Rn. 90 ff. (Erbvertrag)

Fall 17: Wirkung der Ehescheidung gem. § 2268 BGB

Sachverhalt:

Im Jahre 1990 setzten die Eheleute M und F in einem gemeinschaftlichen Testament ihre Kinder S und T als Erben ein, um auch für die Fälle einer späteren Trennung oder Wiederheirat die Versorgung der Kinder sicher zu stellen.

Diese traute Familienidylle sollte allerdings keinen Bestand haben: Seit Juli 2003 lebten die Ehegatten endgültig getrennt, der Antrag auf Scheidung wurde seitens des M am 21.09.2004 gestellt; dieser ging F am 28.09.2004 zu. F stimmte der Scheidung wirksam (i.S.d. § 630 ZPO) zu. Den Augenblick der „Freiheit" sollte M allerdings gar nicht mehr erleben, da er die Feiern zu Jahreswende nicht überlebte. In freudiger Erwartung der Scheidung hatte er aber zu Weihnachten 2004 bereits ein neues Testament errichtet, in dem er seine Tochter C aus erster Ehe zur Alleinerbin bestimmt hat. Natürlich kommt es im Folgenden zu Auseinandersetzungen zwischen C auf der einen und S und T auf der anderen Seite, die sich dabei jeweils vor dem Nachlassgericht auf das ihnen günstige Testament berufen.

Wie stellt sich die erbrechtliche Lage nach M dar?

I. Einordnung

Zu Lebzeiten besteht für die Ehegatten bei wechselbezüglichen Verfügungen gem. § 2270 BGB im Rahmen eines gemeinschaftlichen Testaments gem. §§ 2265 ff. BGB als Lösungsmöglichkeit nur der Widerruf in Form der **§§ 2271 I S. 1, 2296 I, II BGB**. Ein einseitiger testamentarischer Widerruf gem. §§ 2253 ff. BGB genügt gerade nicht, vgl. **§ 2271 I S. 2 BGB**.

Allerdings stellt die Ehe selbst die Grundlage eines Gemeinschaftlichen Testaments gem. § 2265 BGB und damit auch der Wechselbezüglichkeit dar. Daraus ergibt sich eo ipso die Konsequenz, dass eine Scheidung diesbezügliche Auswirkungen zeitigen muss. Gesetzlich geregelt ist dies in **§ 2268 I, II BGB i.V.m. § 2077 BGB**.

II. Gliederung

Erbrechtliche Lage nach M

1. **Testament von 2004: Alleinerbin C**
2. **Testament aus dem Jahre 1990**
   aber § 2268 I BGB
   Ausnahme des § 2268 II BGB
   Widerruf durch neues Testament
   Anfechtung

III. Lösung

Fraglich ist, wie sich die erbrechtliche Lage nach dem Erblasser M darstellt. In Betracht kommen insoweit entweder die Tochter C aus erster Ehe des M oder die Kinder S und T aus der zweiten Ehe mit F.

1. Testament aus dem Jahre 2004

Bei Eingreifen der gesetzlichen Erbfolge wären die Kinder S, T und C zu je $^1/_3$ Miterben, vgl. **§ 1924 I, IV BGB**.

Aufgrund des Vorrangs der gewillkürten Erbfolge gem. § 1937 BGB ist aber zu prüfen, ob insoweit eine wirksame Verfügung von Todes wegen vorliegt die es vermag, die gesetzliche Erbfolge zu verdrängen.

Eine solche Verfügung von Todes wegen, die eine für C günstige Rechtsfolge hat, kann nur das Testament von Weihnachten 2004 darstellen. Aus dem Inhalt des Testaments nach §§ 2231 Nr. 2, 2247 BGB lässt sich der Wille des Erblassers hinsichtlich einer Alleinerbenstellung der C ermitteln, vgl. § 133 BGB.

Dieses Testament aus dem Jahre 2004 würde also die von C erstrebte Rechtsfolge herbeiführen.

2. Testament aus dem Jahre 1990

Fraglich ist aber wie es sich auswirkt, dass bereits ein gemeinschaftliches Testament gem. §§ 2265 ff. BGB zwischen M und F aus dem Jahre 1990 existiert. Auswirkungen vermag dieses Testament aber nur dann zu haben, wenn dieses seinerseits wirksam errichtet wurde, weiterhin wirksam ist und auch nicht durch Widerruf oder Anfechtung beseitigt worden ist.

a) Wirksame Errichtung

Von einer wirksamen Errichtung des gemeinschaftlichen Testaments zwischen M und F gem. §§ 2265 ff. BGB kann hier ausgegangen werden.

Zur Wiederholung seien hier nur nochmals die Voraussetzungen angeführt:

- Bestehen der Ehe im Zeitpunkt der Errichtung, vgl. § 2265 BGB; Siehe aber auch § 10 IV LPartG
- Höchstpersönliches Handeln gem. § 2064 BGB erforderlich
- Testierfähigkeit gem. § 2229 BGB;
  Prüfen Sie diesen Punkt immer nur dann, wenn Zweifel bestehen. Es wirkt nämlich sehr unelegant, wenn sie feststellen, dass ein volljähriger Mensch testierfähig ist. Das stellt weder einen Erkenntnis- noch einen Punktgewinn dar!
- Form der §§ 2231 ff. BGB, dabei Formerleichterung des § 2267 BGB beachten, wonach es genügt, wenn einer der beiden Ehegatten den Text schreibt und beide Ehegatten unterschreiben.Formerleichterung des § 2267 BGB

b) Unwirksamkeit gem. § 2268 I BGB

Das Testament aus dem Jahre 1990 könnte aber bereits eo ipso bei Vorliegen der Voraussetzungen der **§§ 2268 I, 2077 BGB** unwirksam sein.

Hiernach ist das Testament gem. **§ 2077 I S. 1 BGB** dann unwirksam, wenn die Ehe vor dem Tode des Erblassers aufgelöst wurde.

Anmerkung: Beachten Sie, dass § 2077 BGB direkt nur einzelne Verfügungen unwirksam werden lässt. § 2268 I BGB hingegen lässt das gesamte gemeinschaftliche Testament unwirksam werden. Auf diese Weise wird die schwierige Unterscheidung zwischen wechselbezüglichen und nicht wechselbezüglichen Verfügungen entbehrlich.

Endgültig aufgelöst ist eine Ehe aber erst, wenn das Scheidungsurteil gem. § 1564 S. 2 BGB rechtskräftig geworden ist. Laut Sachverhalt erlebte M aber diesen Moment am 20.01.2005 nicht mehr, so dass keine Unwirksamkeit nach § 2268 I BGB i.V.m. § 2077 I S. 1 BGB vorliegt.

Allerdings steht es nach **§ 2077 I S. 2 BGB** dem Fall des § 2077 I S. 1 BGB gleich, wenn zur Zeit des Todes des Erblassers die Voraussetzungen der Scheidung gegeben waren und der Erblasser die Scheidung beantragt oder ihr zugestimmt hat.

Die Voraussetzungen seien insoweit kurz dargestellt:

- Scheitern der Ehe gem. § 1565 I S. 1 BGB

Dies ist nach § 1565 I S. 2 BGB der Fall, wenn die Lebensgemeinschaft der Ehegatten nicht mehr besteht und nicht erwartet werden kann, dass sie wiederhergestellt wird (vom Gericht positiv festzustellen!).

Zu beachten sind aber die unwiderlegbaren Zerrüttungsvermutungen des § 1566 I, II BGB.

Hier liegt ein Scheitern der Ehe zwischen M und F gem. § 1566 I BGB vor, da M und F mindestens ein Jahr getrennt lebten und F dem rechtshängigen Antrag des M wirksam zugestimmt hat.

- Mindesttrennungsdauer gem. § 1565 II BGB
- Keine Härtefälle nach § 1568 BGB

Die Voraussetzungen einer Scheidung lagen hier also vor. Zudem hat M auch den Scheidungsantrag i.S.d. § 1564 S. 1 BGB gestellt, so dass grds. die Wirkungen der §§ 2268 I BGB i.V.m. § 2077 I S. 1, 2 BGB eintreten konnten.

Das Testament aus dem Jahre 1990 ist damit grds. eo ipso unwirksam geworden, so dass M grds. eine neue wirksame Verfügung von Todes wegen mit der Erbeinsetzung des C hätte errichten können.

c) Widerlegung des § 2268 I BGB durch § 2268 II BGB

Es gilt allerdings zu beachten, dass die Regelungen der §§ 2268 I, 2077 BGB nur eine **gesetzliche Auslegungsregelung** für Zweifelsfälle darstellen. Danach wird für die Fälle der Scheidung bzw. bei Vorliegen der Voraussetzungen einer Scheidung der Wille der Ehegatten unterstellt, dass sie für diesen Fall die Unwirksamkeit des gemeinschaftlichen Testaments wünschen.

Aus dem im Erbrecht vorherrschenden Prinzips des Vorrangs des Erblasserwillens folgt aber bereits, dass ein hiervon **abweichender Wille** der Ehegatten **maßgeblich** sein muss. Dieses Ergebnis bestätigt ausdrücklich die Regelung des **§ 2268 II BGB**.

Anmerkung: Die materielle Feststellungslast für diejenigen tatsächlichen Umstände, aus denen sich ein von der Auslegungsregel abweichender Wille des Erblassers ergibt, trifft denjenigen, der sich auf die Wirksamkeit des Testaments beruft.

Fraglich ist nun, ob hier gerade ein solcher von § 2268 II BGB geforderter Wille festgestellt werden kann. Dies wäre dann der Fall, wenn die Aufrechterhaltung des Testaments gerade nicht an den Fortbestand der Ehe geknüpft sein sollte. Ein entsprechender Wille liegt hier vor, da sie den Fall einer eventuellen Trennung gerade mitbedacht haben und gerade im Hinblick auf die Versorgung der gemeinsamen Kinder die Verfügungen getroffen haben.

Somit lässt sich konstatieren, dass das gemeinschaftliche Testament trotz §§ 2268 I, 2077 I S. 1, 2 BGB wegen eines feststellbaren entgegenstehenden Willens gem. § 2268 II BGB als weiterhin wirksam anzusehen ist.

Anmerkung: Wichtig ist aber, dass es ausreichend für eine Unwirksamkeit nach § 2268 I BGB ist, wenn der Fortbestand der Ehe wenigstens ein mitbestimmendes Motiv für das gemeinschaftliche Testament gewesen ist. Keinesfalls muss die Erwartung der Aufrechterhaltung alleiniges Motiv gewesen sein.

d) Widerruf durch neues Testament

Das Testament aus dem Jahre 2004 von M könnte aber als Widerrufstestament gem. § 2258 I BGB anzusehen sein und so die Wirkung des früheren Testaments möglicherweise beseitigt haben.

Einem solchen Widerruf könnte aber die Regelung des § 2271 I S. 1, 2 BGB entgegenstehen, wonach zu Lebzeiten beider Ehegatten zwar keine Bindungswirkung besteht, wohl aber nur eine Widerrufsmöglichkeit nach **§ 2271 I S. 1, 2296 II BGB**. Ein Widerruf in Form des § 2258 BGB ist nach **§ 2271 I S. 2 BGB** gerade ausgeschlossen, wenn eine wechselbezügliche Verfügung vorliegt.

Voraussetzung ist also, dass hier eine wechselbezügliche Verfügung vorliegt, denn für einfache Verfügungen verbleibt es bei den §§ 2254 ff. BGB.

Wechselbezüglichkeit gem. § 2270 I BGB liegt dann vor, wenn der eine Ehegatte eine Verfügung nur deshalb trifft, weil der andere Ehegatte seinerseits entsprechend testiert.

Die Ehegatten M und F haben bei der Errichtung des Testaments besonders die Versorgung der gemeinsamen Kinder im Auge gehabt und zwar gerade auch für den Fall einer Trennung. Schon deshalb ist anzunehmen, dass der eine Ehegatte eine Verfügung, die auch für den Fall einer Trennung gelten sollte, nur dann hat abgeben wollen, wenn auch der andere Ehegatte eine solche Verfügung trifft. Folglich liegt hier eine wechselbezügliche Verfügung i.S.d. § 2270 I BGB.

Anmerkung: Auch hier ist davor zu warnen, allzu schnell auf die Vermutung des § 2270 II BGB auszuweichen.

Dies hätte gerade hier zu Schwierigkeiten geführt, da keinerlei gegenseitige Zuwendungen von M und F im gemeinschaftlichen Testament enthalten sind.

Ein Widerruf gem. § 2258 BGB scheidet damit wegen § 2271 I S. 2 BGB aus. Ein formgerechter Widerruf gem. **§ 2271 I S. 1 BGB i.V.m. § 2296 II BGB** durch notariell beurkundete Erklärung liegt nicht vor.

Teilweise wird aber vertreten, dass die Scheidung bzw. das Vorliegen der oben genannten Scheidungsvoraussetzungen, vgl. § 2077 I S. 1, 2 BGB auch Auswirkungen auf die Wechselbezüglichkeit hat und zwar insoweit, dass gerade diese Wechselbezüglichkeitswirkung hiermit entfallen soll. Begründet wird dies mit einer fehlenden gesetzlichen Anordnung der Fortgeltung der Wechselbezüglichkeit über die Scheidung hinaus.

Wie bereits oben dargestellt, lässt § 2268 I BGB zur **Vermeidung der schwierigen Unterscheidung** zwischen wechselbezüglichen und nicht wechselbezüglichen Verfügungen die Wirksamkeit des gesamten Testaments entfallen. Warum aber plötzlich im Rahmen des **§ 2268 II BGB** nun doch wieder eine solche Unterscheidung zu treffen zu sein sollte, ist nicht ersichtlich. § 2268 II BGB lässt damit auch das gesamte Testament wirksam, das Vorliegen eines Erhaltungswillen ist unabhängig von der Wechselbezüglichkeit einer Verfügung.

e) Anfechtung durch C

Möglicherweise kann aber C doch noch im Wege einer Anfechtung die erstrebte Rechtslage erreichen.

Zunächst wäre C gem. **§ 2080 I BGB anfechtungsberechtigt**, da sie bei Unwirksamkeit der Erbeinsetzung von S und T aus dem Jahre 1990 aufgrund des Testaments aus dem Jahre 2004 Alleinerbin wäre.

In der Berufung auf das Testament aus dem Jahre 2004 lässt sich auch im Wege der Auslegung eine **Anfechtungserklärung** ableiten, die zudem vor der zuständigen Stelle (Nachlassgericht) erfolgt wäre, vgl. **§ 2081 I BGB**.

Weitere Voraussetzung einer erfolgreichen Anfechtung wäre, dass ein Anfechtungsgrund nach §§ 2078, 2079 BGB vorliegt.

Als solcher käme nur ein Motivirrtum nach § 2078 II BG in Betracht, wenn man insoweit einen Irrtum über die Reichweite der Verfügung aus dem Jahre 1990 annehmen könnte.

Da aber ersichtlich auch der Fall der Trennung miteinbezogen worden ist, liegt gerade kein zur Anfechtung berechtigender Motivirrtum gem. § 2078 II BGB vor

Anmerkung: Einerseits ist es zwar anerkannt, dass auch wechselbezügliche Verfügungen anfechtbar sind, andererseits ist hier auch eine Einschränkung dahingehend zu konstatieren, dass § 2285 BGB entsprechend anzuwenden ist. Sollte der Erblasser sein Anfechtungsrecht durch Fristablauf entspr. § 2283 BGB verloren haben, so gilt dies über § 2285 BGB auch für den Dritten.

Exkurs:
Inhaltsirrtum bzgl. Widerruflichkeit wechselbezüglicher Verfügungen

Ein weiteres interessantes Problem ist, ob die irrige Vorstellung des Erblassers, er könne nach dem Tode des erstverstorbenen Ehegatten wechselbezügliche Verfügungen frei widerrufen, einen beachtlichen Anfechtungsgrund darzustellen vermag.
Dafür könnte eine Parallele zum Erbvertrag sprechen, für den die Rspr. einen **Inhaltsirrtum nach §§ 2078 I, 2281 BGB** annimmt, wenn der Erblasser sich über die Bindungswirkung vertragsmäßiger Verfügungen irrt.
Fraglich ist aber, ob diese Rspr. auch auf die wechselbezüglichen Verfügungen im Rahmen eines gemeinschaftlichen Testaments anwendbar ist. Die Rechtsinstitute weisen nämlich auch Unterschiede bzgl. ihrer jeweiligen Bindungswirkung auf. So hat die Bindungswirkung bei Erbverträgen echten vertraglichen Charakter, während die Bindungswirkung vor allem zu Lebzeiten beider Ehegatten bei gemeinschaftlichen Testamenten sehr viel kürzer reicht, vgl. § 2271 I S. 1 BGB. Die Wechselbezüglichkeit als solche ist eben **nicht Erklärungsinhalt**, sondern ergibt sich nur daraus, dass sie ohne die andere Verfügung nicht getroffen worden wäre.

Ob Sie sich nun für eine entsprechende Anwendung entscheiden oder nicht, ist aber für das Ergebnis ihrer Klausur dann nicht mehr entscheidend, wenn sie dieses zugegebenermaßen schon sehr spezielle Problem überhaupt erkannt haben. Eine gute Argumentation lässt sich jedenfalls aus der Gegenüberstellung der Reichweite bei Erbvertrag und gemeinschaftlichem Testament gewinnen. Hier ist dann vieles vertretbar, da dies auch noch nicht abschließend vom BGH geklärt ist.

3. Gesamtergebnis

Das Testament aus dem Jahre 2004 vermag zugunsten der C keine Wirkungen zu entfalten, da dessen Wirksamkeit das gemeinschaftliche Testament aus dem Jahre 1990 gem. §§ 2265 ff. BGB entgegensteht. S und T sind somit Miterben zu je ½ nach dem Erblasser M. C ist als enterbter Abkömmling des M pflichtteilsberechtigt, § 2303 I BGB. Ihre Pflichtteilsquote beträgt bei drei Kindern S, T und C $^1/_6$, da die gesetzliche Erbquote nach § 1924 IV BGB $^1/_3$ wäre.

IV. Zusammenfassung

Grundsätzlich beseitigt also die Scheidung bzw. das Vorliegen der Scheidungsvoraussetzungen über **§ 2268 I BGB i.V.m. § 2077 I S. 1, 2 BGB** die Wirksamkeit eines gemeinschaftlichen Testaments.

Maßgeblich ist aber immer, ob nicht ein Erhaltungswille feststellbar ist, vgl. § 2268 II BGB. Ist ein solcher Erhaltungswille feststellbar, so umfasst die Wirksamkeit bei **§ 2268 II BGB** ebenfalls wie bei § 2268 I BGB das **gesamte** Testament. Eine Unterscheidung zwischen wechselbezüglichen und nicht wechselbezüglichen Verfügungen ist folglich insoweit entbehrlich.

V. Zur Vertiefung

- Hemmer/Wüst, Erbrecht, Rn. 101 ff. (Gemeinschaftliches Testament)
- Life&Law 2005, S. 1 ff.

Fall 18: Grundfall zum Erbvertrag (§§ 2274 ff. BGB)

Sachverhalt:

Der schon etwas sieche Milliardär S schloss mit seiner Geliebten Anna im Jahre 2002 einen notariell beurkundeten Erbvertrag. Danach sollte A die Alleinerbin des S sein. Als Gegenleistung sollte A nach dem Vertrag den S bis an sein Lebensende versorgen und pflegen. Als S im Jahr 2004 ein vermeintliches Techtelmechtel der A mit dem Poolboy P entdeckte, setzte er folgendes Schriftstück auf:

„Testament
Mein letzter Wille ist, dass meine Nichte Nicole alles erbt, weil Anna mir untreu war.
S.“

Die Affäre stellte sich als böses Gerücht heraus und das Schriftstück geriet in Vergessenheit, ohne dass es jemand außer S je gesehen hätte. S verstarb Ende 2004. Als N beim Entrümpeln die Urkunde fand, beanspruchte sie die Erbschaft des S für sich.

Wer ist Erbe des S?

I. Einordnung

Der Erblasser kann im Rahmen seiner Testierfreiheit Verfügungen von Todes wegen treffen. Neben dem Testament ist dies auch mittels **Erbvertrag (§§ 2274 ff. BGB)** möglich. Der Erbvertrag hat somit eine **Doppelnatur**: Vertrag und Verfügung von Todes wegen.

Hauptzweck des Erbvertrags ist die Herbeiführung einer – beim Testament fehlenden – **Bindungswirkung**.

Anmerkung: Damit wird die Testierfreiheit des Erblassers eingeschränkt. Verfügungen über sein Vermögen sind ihm zu Lebzeiten aber weiterhin möglich, § 2286 BGB.

Die Verfügungen des Erbvertrags werden unterschieden in **vertragsmäßige** und nicht vertragsmäßige, **einseitige Verfügungen** (§ 2299 BGB). Vertragsmäßige Verfügungen sind solche, die der Vertragspartner nur trifft, weil der andere Teil sich ebenfalls verpflichtet. **Vertragsmäßige Verfügungen haben Bindungswirkung**, d.h. sie können nur durch einvernehmliche Aufhebung (§ 2290 BGB), Rücktritt (§§ 2293 ff. BGB) oder Anfechtung (§§ 2279, 2281 BGB) beseitigt werden.

Es gibt mehrere **Arten von Erbverträgen**:

- **Einseitiger Erbvertrag**, d.h. nur der Erblasser trifft eine vertragsmäßige Verfügung,
- **Gegenseitiger Erbvertrag**, d.h. beide Parteien treffen vertragsmäßige Verfügungen,
- **Entgeltlicher Erbvertrag**, d.h. es besteht eine Abhängigkeit zwischen der Verfügung des Erblassers und einer vom Vertragspartner übernommenen Pflicht.

II. Gliederung

Erbfolge nach S

1. **Vorliegen eines wirksamen Erbvertrags**

a) **Unbeschränkte Geschäftsfähigkeit des Erblassers**, § 2275 I BGB

b) **Höchstpersönlichkeit**, § 2274 BGB

c) **Form**, § 2276 I BGB

d) **Inhalt**, § 2278 II BGB
Mind. eine vertragsmäßige Verfügung.

e) **Testier- und Bindungswille**, §§ 133, 157 BGB

f) **Sittenwidrigkeit**, § 138 I BGB (-)

g) **Zwischenergebnis**
Erbvertrag (+)

2. Beseitigung des Erbvertrags durch das Testament von 2004

a) **Widerruf**, §§ 2299 II, 2253 ff. BGB (-), nur bei einseitigen Verfügungen

b) **Aufhebungsvertrag**, § 2290 BGB (-)

c) **Rücktritt**, §§ 2293 ff. BGB
Form des § 2296 II S. 2 BGB (-)

d) **Anfechtung**, §§ 2281, 2078 II BGB
Form des § 2282 III BGB (-)

III. Lösung

A könnte Erbin des S geworden sein, weil S sie möglicherweise in dem Erbvertrag aus dem Jahre 2002 zur Alleinerbin eingesetzt hat.

Anmerkung: Sie werden gleich merken, dass zentrale Frage des Falles ist, ob die Bindungswirkung des Erbvertrags greift. Es ist egal, ob Sie zuerst den Erbvertrag prüfen und dann, ob dessen Bindungswirkung beseitigt wurde oder, ob Sie erst das Testament prüfen und dann feststellen läßt, dass diesem die Bindungswirkung des Erbvertrags entgegensteht. Da es keine Patentlösung gibt, entscheiden Sie im Zweifel klausurtaktisch.

1. Vorliegen eines wirksamen Erbvertrags

a) Unbeschränkte Geschäftsfähigkeit des Erblassers, § 2275 I BGB

Zuerst müsste S **voll geschäftsfähig** sein. Nachdem im Sachverhalt nichts Gegenteiliges mitgeteilt wird, ist davon auszugehen.

Anmerkung: Beachten Sie, dass hier strengere Anforderungen gestellt werden, als beim Testament. Dort genügt die Vollendung des sechzehnten Lebensjahres (§ 2229 I BGB). Besonderheiten gelten insoweit nur für Ehegatten (§ 2275 II, III BGB).

Beachten Sie auch bereits an dieser Stelle, dass für den Vertragsteil, der nicht Erblasser ist, die allgemeinen Regeln über den Vertragsschluss gelten, also auch die §§ 107 ff. BGB.

b) Höchstpersönlichkeit, § 2274 BGB

Weiter müsste S den Erbvertrag **höchstpersönlich**, also **nicht durch einen Stellvertreter**, geschlossen haben. Auch hiervon ist nach dem Sachverhalt auszugehen.

c) Form, § 2276 I BGB

Der Erbvertrag müsste **ordnungsgemäß unter gleichzeitiger Anwesenheit beider Teile notariell beurkundet** worden sein. Auch dies ist laut Sachverhalt der Fall.

Anmerkung: Bei einem Formmangel kommt möglicherweise eine Umdeutung in ein Testament in Betracht, sofern dessen Form gewahrt ist.

d) Inhalt, § 2278 I, II BGB

Wesen des Erbvertrags ist es, dass der Erblasser sich bereits zu Lebzeiten bindet. Diese Bindung tritt aber nur bei vortragsmäßigen Verfügungen ein. **Ein Erbvertrag liegt daher nur vor, wenn der Vertrag mindestens eine vertragsmäßige Verfügung beinhaltet.**

Fraglich ist somit, ob die Erbeinsetzung der A eine vertragsmäßige Verfügung ist.

Ob eine Verfügung eine vertragsmäßige oder eine einseitige ist, ist durch **Auslegung gem. §§ 133, 157 BGB** im Hinblick auf den Bindungswillen auszulegen.

Anmerkung: Beachten Sie hier einen weiteren wichtigen Unterschied im Vergleich zum Testament. Das Testament wird nur nach § 133 BGB ausgelegt, d.h. allein nach dem Erblasserwillen. Dagegen wird der Erbvertrag nach dem objektiven Empfängerhorizont ausgelegt.

Diese Unterscheidung ergibt sich aus der Schutzwürdigkeit der Erklärungsempfänger: Da der Erblasser durch ein Testament nicht gebunden wird, ist der Bedachte auch nicht schutzwürdig, seine Interessen sind bei der Auslegung nicht zu berücksichtigen. Überschneidungen gibt es beim gemeinschaftlichen Testament, vgl. oben. Dort werden zumindest die wechselbezüglichen Verfügungen nach § 157 BGB ausgelegt.

Vertragsmäßige Verfügungen können **nur Erbeinsetzung, Vermächtnis oder Auflage** sein (§ 2278 II BGB). Alle anderen Verfügungen sind von vorneherein nur einseitige.

Zuwendungen an den Vertragspartner indizieren in der Regel eine vertragsmäßige Verfügung, denn hier kann man nach der Lebenserfahrung davon ausgehen, dass eine Bindung gewollt ist. Hier kommt noch hinzu, dass die Bedachte sich ihrerseits zu einer Leistung verpflichtet, die Erbeinsetzung offensichtlich eine „Belohnung" sein soll.

Somit liegt eine vertragsmäßige Verfügung und damit ein Erbvertrag vor.

e) Testier- und Bindungswille, § 133 BGB bzw. §§ 133, 157 BGB

Schließlich müsste S mit der entsprechenden Willensrichtung gehandelt haben.

Da es sich beim Erbvertrag um eine Verfügung von Todes wegen handelt, müsste S mit **Testierwillen** gehandelt habe. Der Testierwille wird bei einer formwirksamen Verfügung von Todes wegen vermutet.

Der S müsste aber auch mit **Rechtsbindungswillen** gehandelt haben, d.h. er musste sich von Todes wegen binden und insoweit auf seine Testierfreiheit verzichten wollen. Hierfür spricht zum einen die Gegenleistung der A, die diese nur erbringen wird, wenn sie sich sicher sein kann, auch tatsächlich Erbin zu werden. Auch die notarielle Beurkundung ist ein Argument für den Bindungswillen, da der Notar nach § 17 BeurkG die Vertragsschließenden über die Bindungswirkung eines Erbvertrages belehren muss.

f) Sittenwidrigkeit, § 138 I BGB

Möglicherweise ist der Erbvertrag aber **wegen Sittenwidrigkeit gem. § 138 I BGB nichtig**, da S seine **Geliebte** A bedacht hat (**Geliebten- oder Mätressentestament**). Die Testierfreiheit gilt nämlich nicht unbeschränkt, sondern findet ihre **Grenzen in §§ 134, 138 BGB**.

Anmerkung: Vermeiden Sie schematisches Lernen. Dieses Standardproblem taucht in der Regel beim Testament auf, kann aber auch für den Erbvertrag relevant werden.
Der wichtigste Fall des **§ 134 BGB** ist **§ 14 HeimG**, der Zuwendungen an Mitarbeiter eines Pflegeheims verbietet.

Allerdings ist die Rechtsprechung hier in letzter Zeit sehr **zurückhaltend** geworden. Sittenwidrigkeit liegt nur vor, wenn die Erbeinsetzung allein den Zweck hat, sexuellen Verkehr zu erreichen (**„Hergabe für Hingabe"**). Spielen dagegen auch andere Motive für die Erbeinsetzung eine Rolle, ist die Erbeinsetzung wirksam. Hier ist die Pflege des S durch A zu berücksichtigen, die einen **achtenswerten Beweggrund** für die Erbeinsetzung bildet.

Der Erbvertrag ist daher wirksam.

g) Zwischenergebnis

Folglich liegt ein wirksamer Erbvertrag vor.

2. Beseitigung des Erbvertrags durch das Testament von 2004

Der Einsetzung der N als Erbin steht grds. die **Bindungswirkung des Erbvertrags** entgegen, § 2289 I S. 2 BGB. Möglicherweise hat S den Erbvertrag aber durch das Testament beseitigt.

Anmerkung: Die Bindungswirkung der vertragsmäßigen Verfügung ergibt sich zum einen aus der **Natur des Vertrags** an sich und zum anderen aus dem **Rechtsgedanken des § 2289 I S. 2 BGB**.

Die Bindungswirkung hat weitreichende Folgen:

1. **Beeinträchtigende Verfügungen von Todes wegen sind unwirksam, § 2289 I S. 2 BGB**, wobei schon eine wirtschaftliche Beeinträchtigung ausreicht.
2. **Keine formlose Zustimmung zu nachteiligen Verfügungen unter Lebenden**: Nach h.M. ist **analog § 2348 BGB** die notarielle Form nötig, um die Rücktrittsvorschriften nicht zu umgehen.
3. **Beeinträchtigende Schenkungen können nach §§ 2287, 812 BGB zurückgefordert werden**. Dazu hat der Erbe ggf. einen **Auskunftsanspruch** gegen den Beschenkten gem. § 242 BGB.

a) Widerruf der Erbeinsetzung

S könnte durch das Testament die Erbeinsetzung der A widerrufen haben. Ein solcher **Widerruf** wäre nach **§ 2299 II BGB i.V.m. §§ 2253 ff. BGB** möglich.

Dazu müsste die Erbeinsetzung aber eine **einseitige Verfügung** sein. Tatsächlich handelt es sich aber um eine vertragsmäßige Verfügung. Ein Widerruf scheidet deshalb aus.

b) Aufhebungsvertrag, § 2290 BGB

Wie jeder Vertrag kann auch der Erbvertrag durch einen **Aufhebungsvertrag zwischen den Vertragsparteien** aufgehoben werden. Dies ist hier offenkundig nicht geschehen.

c) Rücktritt, §§ 2293 ff. BGB

S könnte sich von der vertragsmäßigen Verfügung durch Rücktritt gelöst haben. Abgesehen davon, dass es am **Rücktrittsgrund** fehlt (vgl. §§ 2293, 2294 BGB), erfüllt das Testament jedenfalls nicht die **Form des § 2296 II S. 2 BGB**, wonach die Rücktrittserklärung **notariell beurkundet** sein muss.

d) Anfechtung, §§ 2281, 2078 f. BGB

Eine weitere Möglichkeit sich von einer **vertragsmäßigen Verfügung** zu lösen, wäre die **Anfechtung dieser Verfügung** durch den Erblasser selbst.

Anmerkung: Vergegenwärtigen Sie sich noch einmal, dass der Erblasser sein eigenes Testament grds. nicht anfechten kann, weil er es jederzeit widerrufen kann.
Hier ist ein Widerruf nicht möglich, deshalb wird dem Erblasser ein Anfechtungsrecht eingeräumt.

Unabhängig davon, ob der Anfechtungsgrund des § 2078 II BGB tatsächlich vorlag, fehlt es auch hier wiederum an der **notariellen Beurkundung der Anfechtungserklärung gem. § 2282 III BGB**.

Anmerkung: Greift die Anfechtung des Erblassers durch, ist strittig, ob er Schadensersatz gem. § 122 BGB zu leisten hat. Nach e.A. nicht, da § 2281 BGB auf den gesamten § 2078 BGB verweist. Anders die Gegenansicht, die die Verweisung als Redaktionsversehen ansieht. § 2078 III BGB soll nur verhindern, dass Dritte für Irrtümer des Erblassers haften. Der Erblasser selbst kann dies ruhig tun.

3. Ergebnis

S hat die Bindungswirkung des Erbvertrags nicht durchbrochen. Somit ist A Erbin des S geworden.

IV. Zusammenfassung

Sound: Der Erbvertrag erlangt seine Bedeutung durch die Bindungswirkung vertragsmäßiger Verfügungen. Von diesen kann sich der Erblasser nur durch Aufhebungsvertrag, Rücktritt oder Anfechtung lösen. Andere Verfügungen von Todes wegen sind, wenn sie den im Erbvertrag Bedachten benachteiligen, unwirksam.

hemmer-Methode: Die Bindungswirkung von Erbverträgen (und gemeinschaftlichen Testamenten) ist oft das zentrale Problem eines erbrechtlichen Falles. In der Regel liegen dann mehrere (oft drei oder vier) Urkunden vor und Sie müssen dann prüfen, ob eine Bindungswirkung besteht und welche Verfügung von Todes wegen deshalb ggf. unwirksam ist. In solchen Fällen gilt es, einen ruhigen Kopf zu bewahren und die Basics, die Sie hier lernen, wie Puzzleteile zu verarbeiten. Dann meistern Sie auch schwierigste Schachtelprüfungen.

V. Zur Vertiefung

- Hemmer/Wüst, Erbrecht, Rn. 90 ff. (Erbvertrag)

Fall 19: „Leistungsstörungen“ beim Erbvertrag

Sachverhalt:

Der Erblasser E hatte seine Tochter T durch wirksamen Erbvertrag zur Alleinerbin eingesetzt. Als Gegenleistung sollte T den E bis zu seinem Tode persönlich pflegen. Tatsächlich hat T sich aber nie um E gekümmert und diesen in ein Altenheim abgeschoben, wo er völlig vereinsamt starb. Kurz nach dem Tod des E tauchte völlig überraschend dessen verschollen geglaubter Sohn S auf, der sich über das Verhalten der T empörte.

Was kann S unternehmen, um zu verhindern, dass T Alleinerbin des E wird? Die Regelung des § 2079 BGB bleibt bei der Lösung außer Betracht.

Abwandlung:

S ist durch die Vorfälle um T alarmiert. Er möchte bei seinem eigenen Erbvertrag auf Nummer sicher gehen.

Was würden Sie als Rechtsanwalt dem S empfehlen?

I. Einordnung

Der Erbvertrag ist ein **erbrechtlicher Vertrag sui generis,** also weder Verpflichtungs-, noch Verfügungsvertrag. Dies zeigt u.a. die Regelung des § 2302 BGB.

Dies hat bedeutende Folgen, falls es zu „Leistungsstörungen“ kommt, z.B. weil der Bedachte seine Gegenleistung nicht oder schlecht erbringt. Die **§§ 320 ff. BGB sind dann grds. nicht anwendbar**.

II. Gliederung

Handlungsmöglichkeiten des S
Anfechtung des Erbvertrags durch S
1. **Anfechtungsberechtigung**, § 2285 BGB i.V.m. §§ 2279 I, 2080 I BGB
2. **Anfechtungsgrund**, §§ 2281 I, 2078 II BGB
3. **Anfechtungsfrist**, §§ 2279 I, 2082 BGB
4. **Kein Erlöschen des Anfechtungsrechts**, §§ 2283 ff. BGB
5. **Anfechtungserklärung**, §§ 2279 I, 2081 BGB

Abwandlung
Was ist S zu raten?
1. Rücktrittsvorbehalt**, § 2293 BGB**
2. Abänderungsvorbehalt
3. Auflösende Bedingung des Erbvertrags, § 158 II BGB

III. Lösung

In Betracht käme eine Beseitigung des Erbvertrags durch Anfechtung. Die Folge wäre nach **§ 142 I BGB** die **rückwirkende Nichtigkeit** des Erbvertrags.

1. Anfechtungsberechtigung, § 2285 BGB i.V.m. §§ 2279 I, 2080 BGB

S könnte den Erbvertrag anfechten, wenn er **anfechtungsberechtigt** wäre. Dritte können **nach dem Tod des Erblassers** den Erbvertrag anfechten (§ 2285 BGB). Anfechtungsberechtigt ist, **wem die Aufhebung der erbvertraglichen Verfügung unmittelbar zugute kommt (§§ 2279 I, 2080 BGB)**.

Anmerkung: Dieser Satz müsste Ihnen aus dem Testamentsrecht bekannt vorkommen. Beim Erbvertrag gelten bzgl. der Anfechtungsberechtigung die gleichen Grundsätze wie beim Testament. Wie dort ist hier nun ggf. die gesetzliche Erbfolge oder eine weitere Verfügung von Todes wegen inzident zu prüfen. Vermeiden Sie unnötiges Mehrfachlernen.

Ohne den Erbvertrag wäre S gesetzlicher Erbe des E zu ½, da er als Sohn des E dessen Abkömmling ist. Damit wäre er neben T als **gesetzlicher Erbe erster Ordnung** (§ 1924 I BGB) zur Erbfolge nach E berufen.

Folglich ist S anfechtungsberechtigt.

2. Anfechtungsgrund, §§ 2281 I, 2078 II BGB

Weiter müsste ein Anfechtungsgrund bestehen. In Betracht käme ein nach § 2078 II BGB **beachtlicher Motivirrtum** des E.

Die Vorschrift des § 2078 II BGB ist gem. § 2281 I BGB auch auf vertragsmäßige Verfügungen des Erbvertrags **anwendbar**.

E hat bei Abschluss des Erbvertrags erwartet, dass S ihn bis zu seinem Lebensende pflegen und versorgen würde. Dies hat S aber nicht getan. Folglich hat E sich über den Eintritt eines Umstandes **geirrt**. Somit liegt ein **beachtlicher Motivirrtum** vor.

Es ist auch anzunehmen, dass E die Erbeinsetzung nicht vorgenommen hätte, wenn er gewusst hätte, dass T ihn vernachlässigen und in ein Altersheim geben würde. Offensichtlich kam es ihm gerade auf die persönliche Pflege durch T an und diese wollte er durch die Erbeinsetzung erreichen. Der Irrtum war somit auch **kausal** für die Erbeinsetzung.

Der Anfechtungsgrund des § 2078 II BGB ist somit gegeben.

3. Anfechtungsfrist, § 2082 BGB

Die Anfechtung müsste noch **innerhalb der Anfechtungsfrist** erfolgen können. Dazu müsste die **Jahresfrist des § 2082 I, II BGB** noch laufen.

Hier hat S kurz nach dem Tod des E **Kenntnis vom Anfechtungsgrund** erlangt. Es ist davon auszugehen, dass die Jahresfrist deshalb noch läuft.

Anmerkung: Hier ist § 2082 BGB, nicht etwa § 2283 BGB anzuwenden. Letzterer gilt nur für den Erblasser. Für alle anderen Anfechtungsberechtigten gilt dagegen die allgemeine Regel des § 2082 BGB. § 2283 BGB spielt aber mittelbar eine Rolle wegen § 2285 BGB.

4. Kein Erlöschen des Anfechtungsrechts, §§ 2283 ff.

Schließlich dürfte das Anfechtungsrecht des S nicht erloschen sein. Fechten Dritte an, so bestimmt § 2285 BGB, dass deren **Anfechtungsrecht ausgeschlossen ist, wenn das Anfechtungsrecht des Erblassers nach §§ 2283, 2284 BGB ausgeschlossen ist**.

Hier hat E weder den **Erbvertrag bestätigt** (§ 2284 BGB), noch den Irrtum seinerseits erkannt, so dass die **Anfechtungsfrist** für ihn noch gar nicht lief (§ 2283 BGB).

Das Anfechtungsrecht des S ist deshalb nicht ausgeschlossen.

5. Anfechtungserklärung, §§ 2279 I, 2081 BGB

S müsste die Anfechtung gegenüber dem Nachlassgericht erklären.

Anmerkung: Ficht der Erblasser selbst an, ist § 143 BGB anwendbar, solange der Vertragspartner noch lebt. Danach gilt § 2281 II BGB als lex specialis.

6. Ergebnis des Grundfalls

S könnte den Erbvertrag anfechten und diesen so beseitigen. Dann würde die gesetzliche Erbfolge eintreten und S und T würden gesetzliche Miterben erster Ordnung zu je ½.

IV. Lösung Abwandlung

Was ist S zu raten?

Als Rechtsanwalt müsste man S mehrere Vorschläge machen, wie er die Bindungswirkung des Erbvertrags bei „Leistungsstörungen" durchbrechen kann.

Dabei ist davon auszugehen, dass Möglichkeiten gefunden werden müssen, die **nicht von einer Mitwirkungshandlung des Vertragspartners abhängig** sind.

Anmerkung: Einvernehmlich ist die Bindungswirkung leichter zu beseitigen:

1. Durch Abschluss eines **Aufhebungsvertrags**, § 2290.
2. **Formwirksame Einwilligung** des beachten Vertragspartners.
3. **Aufhebungstestament** nach § 2291 BGB mit Zustimmung des Vertragspartners.
4. **Gemeinschaftliches Aufhebungstestament** nach § 2292 BGB.

1. Rücktrittsvorbehalt, § 2293 BGB

S könnte sich den **Rücktritt vorbehalten**, § 2293 BGB. Dann könnte er sich durch **einseitige Erklärung** von seinen vertragsmäßigen Verfügungen lösen.

Vor der Ausübung des Rücktrittsrechts kann eine **Abmahnung nach § 242 BGB** erforderlich sein, insb. wenn der Umfang der übernommenen Verpflichtungen sehr ungenau festgelegt wurde.

2. Vereinbarung eines Abänderungsvorbehalts

S könnte einen **Abänderungsvorbehalt** vereinbaren. Dies ist nach dem Prinzip der **Vertragsfreiheit** möglich und zulässig. Allerdings müsste **mindestens eine vertragsmäßige Verfügung unabänderbar** bleiben, um dem Wesen des Erbvertrags, also seiner grds. Bindungswirkung, gerecht zu werden.

Bei Schlechtleistung könnte S dann aber immerhin einseitig die vertragsmäßige Verfügung abändern.

3. Auflösende Bedingung des Erbvertrags, § 158 II BGB

Am einfachsten wäre es, den Erbvertrag unter die **auflösende Bedingung der ordnungsgemäßen Erbringung der Gegenleistung** zu stellen. Eine solche Bedingung ist ohne weiteres zulässig. Bei Schlechtleistung wäre **ohne weitere Handlung** die vertragsmäßige Verfügung unwirksam.

IV. Zusammenfassung

Sound: Die Bindungswirkung des Erbvertrags ist – auch bei Schlechterfüllung – nur schwer zu durchbrechen. Eine wichtige Möglichkeit ist die Anfechtung durch den Erblasser oder Dritte. Deshalb gilt: der kluge Erblasser baut vor...

hemmer-Methode: In jüngster Zeit nehmen kautelarjuristische Klausuren (Anwaltsklausuren) stark zu, da die meisten Prüfungsordnungen eine stärkere Betonung auf die Anwaltssicht setzen als früher. Die Fallfrage ist dann in etwa so wie in der Abwandlung gestellt. Dann gilt es, sich in den potentiellen Mandaten hineinzuversetzen und seine Interessen zu erahnen.

V. Zur Vertiefung

- Hemmer/Wüst, Erbrecht, Rn. 94 und 100 f.

Kapitel IV: Die Rechtsstellung des Erben

Fall 20: Umfang der Erbschaft

Sachverhalt:

Der geschiedene E lebt seit langer Zeit in einer eheähnlichen Lebensgemeinschaft mit seiner Lebensgefährtin F in einer Mietwohnung des Vermieters V. Vertragspartner des V war allein E als Mieter der Wohnung. E ist Vater zweier erwachsener Kinder aus der ersten Ehe, die schon lange das Familienheim verlassen haben. Bei einem tragischen Verkehrsunfall kommt E ums Leben. V ist nun der Ansicht, F schnell „vor die Türe „setzen zu können. Zudem stehen noch alte Mietschulden des E offen. V interessiert nun auch, wer ihm jetzt dafür „gerade steht".

Welche Auskünfte können Sie V erteilen?

I. Einordnung

Dem deutschen Erbrecht liegt das Prinzip der **Universalsukzession** zugrunde. Dies besagt in positiver Hinsicht, vgl. **§ 1922 BGB**, sowie in negativer Hinsicht, vgl. **§ 1967 BGB**, dass das gesamte Vermögen des Erblassers auf den oder die Erben übergeht. Eine **Sonderrechtsnachfolge** hinsichtlich einzelner Vermögensgegenstände ist grundsätzlich nicht vorgesehen. Nur auf schuldrechtlicher Ebene ist eine Einzelzuwendung in Form eines Vermächtnisses möglich, vgl. §§ 2147 ff. BGB. Doch auch hier gilt: Keine Regel ohne Ausnahmen! Als wichtigste Ausnahmen sind insoweit das **Eintrittsrecht bei Mietwohnungen gem. § 563 BGB,** sowie die qualifizierte Nachfolgeklausel bei dem Übergang von Gesellschaftsanteilen zu nennen.

II. Gliederung

Auskünfte an V
1. Mietverhältnis grds. §§ 1922, 1967 BGB aber Einzelnachfolge gem. § 563 II S. 4 BGB
2. Mietschulden
a) § 1967 BGB
b) § 563b BGB

III. Lösung

Zu klären ist also, ob zwischen V und F ein Mietverhältnis besteht, das einer schnellen Räumung der Wohnung durch V entgegenstehen könnte. Darüber hinaus ist die rechtliche Lage bzgl. der aufgelaufenen Mietrückstände zu klären.

1. Mietverhältnis zwischen V und F

Fraglich ist also, ob zwischen V und F ein Mietverhältnis über Wohnraum gem. §§ 535 ff., 549 ff. BGB besteht, der einer Räumung entgegensteht, da dieser der F ein Recht zum Besitz vermitteln könnte.

a) Universalsukzession gem. §§ 1922, 1967 BGB

Wie bereits dargestellt, herrscht im deutschen Erbrecht grundsätzlich das Prinzip der Universalsukzession vor. Dies bedeutet, dass der oder die Erben vollständig in die Rechtspositionen des Erblassers einrücken. Dies gilt insbesondere auch für die schuldrechtlichen Verhältnisse des Erblassers. Erben des E sind hier gem. § 1924 I, IV BGB die beiden erwachsenen Kinder des E. Diese würden damit auch grundsätzlich wegen der §§ 1922, 1967 BGB in das schuldrechtliche Mietverhältnis einrücken.

Anmerkung: In den Fällen, in denen keine anderen Personen in den Mietvertrag einrücken, vgl. hierzu sogleich die folgenden Ausführungen, ist dann auf die außerordentliche Kündigungsmöglichkeit des § 564 S. 1 BGB zu achten. Dieses Recht steht dann gem. § 564 S. 2 BGB sowohl den Erben als Mieter, sowie auch dem Vermieter zu.

b) Einzelnachfolge gem. § 563 II S. 4 BGB

Fraglich ist aber, ob hier zugunsten der F eine Ausnahme greift. In einigen Fällen wird das Prinzip der Gesamtrechtsnachfolge durchbrochen. Derartige Ausnahmen finden sich insbesondere im Mietrecht bzgl. der Miete von Wohnraum gem. §§ 563 f. BGB.

Anmerkung: Bei Mietverhältnissen über Grundstücke oder andere Räume, die **keinen** Wohnraum darstellen, ist ebenfalls eine außerordentliche Kündigungsmöglichkeit gegeben, wenn der Mieter verstirbt, vgl. § 580 BGB. Auch hier gilt dieses Recht sowohl für die Erben als auch für den Vermieter.

aa) Fortsetzung gem. § 563a I BGB

Gem. § 563a BGB wird ein Mietverhältnis bei dem Tode eines der Mieter mit einem der Mieter dann fortgesetzt, wenn mehrere Personen gemeinsam Mieter sind. Aus dem Sachverhalt ergibt sich aber eindeutig, dass E und F gerade nicht gemeinsam Mieter gewesen sind. Der E ist vielmehr im Verhältnis zu V als alleiniger Vertragspartner aufgetreten; für eine Stellvertretung gem. §§ 164 ff. BGB ist ebenfalls nichts ersichtlich. Eine Fortsetzung gem. § 563a I BGB scheidet folglich aus.

bb) Eintritt nach § 563 BGB

Möglicherweise führt eine Variante des § 563 BGB zu einem Eintrittsrecht der F.

Da E und F nicht verheiratet waren, scheidet insoweit aber Eintrittsrecht gem. § 563 I S. 1 BGB aus.

Anmerkung: Besondere **Vorsicht** ist in solchen Fällen bei einer eventuellen analogen Anwendung von Vorschriften über Ehegatten auf derartige eheähnlichen Lebensgemeinschaften geboten. Schlagwortartig kann man sich insoweit merken, dass derjenige, der die rechtlichen Wirkungen einer Ehe nicht herbeiführen will, auch nicht durch die „Hintertür" einer analogen Anwendung in den Genuss der Regelungen über die Ehe kommen soll.

Allerdings könnte für F ein derartiges Eintrittsrecht gem. § 563 II S. 4 BGB in Betracht kommen. Hiernach besteht ein solches Eintrittsrecht für diejenigen Personen, die mit dem ursprünglichen Mieter einen auf Dauer angelegten gemeinsamen Haushalt führen. Aufgrund der Sachverhaltsangaben im Hinblick auf die Dauer und Festigkeit der Verbindung zwischen F und E kann hier vom Vorliegen dieser Voraussetzungen ausgegangen werden.

Vorrangige eintrittsberechtigte Personen gem. § 563 II S. 4 i.V.m. S. 3 BGB sind hier nicht existent, so dass folglich das Eintrittsrecht des § 563 II S. 4 BGB für F besteht. Die Fiktion des § 563 III BGB liegt gerade nicht vor, da keine derartige Erklärung seitens der F vorliegt.

cc) Außerordentliche Kündigungsmöglichkeit gem. § 563 IV BGB

Anmerkung: Es ist nun zwar festgestellt, dass F in den Mietvertrag eingetreten ist. Aber insoweit ist auch ein besonderes Augenmerk auf die Fallfrage zu richten. Ihr „Mandant" V will schließlich wissen, wie er schnellstmöglich an die Wohnung gelangen kann.

Möglicherweise gibt es trotz des Eintrittsrechts für V eine rasche Lösungsmöglichkeit. Gem. § 563 IV BGB könnte V innerhalb eines Monats dann außerordentlich kündigen, wenn in der Person der eingetretenen F ein wichtiger Grund vorläge. Hierzu hat V allerdings nichts vorgetragen, da die Mietrückstände des E grundsätzlich keine **in** der Person der F liegenden Gründe darstellen.

Damit besteht keine außerordentliche Kündigungsmöglichkeit gem. § 563 IV BGB für den V.

Anmerkung: Hinsichtlich der Wohnungsnutzung ist in ähnlichen erbrechtlichen Fallkonstellationen der sog. Dreißigste gem. § 1969 I BGB zu beachten. Aus § 1969 II BGB ergibt sich aber, dass diesem nur schuldrechtliche Wirkung zukommt, vgl. die Verweisung auf die Regelungen des Vermächtnisses gem. §§ 2147 ff. BGB.

2. Die Mietschulden von E

Fraglich ist aber weiterhin, was V hinsichtlich der Mietrückstände aus der Zeit des E zu raten ist.

a) § 1967 BGB

Die Univeralsukzession gilt auch in negativer Hinsicht. Gem. § 1967 I BGB haftet der Erbe auch für die Nachlassverbindlichkeiten. Wie sich auch aus § 1967 II BGB ergibt, fallen hierunter neben den sog. Erbfall- sowie Nachlasserbenschulden gerade auch die Schulden, die vom Erblasser selbst herrühren, sog. Erblasserschulden.

Hier greift mangels gewillkürter Erbfolge gem. § 1937 BGB die gesetzliche Erbfolge gem. § 1924 I, IV BGB hinsichtlich der beiden erwachsenen Kinder. Aufgrund der Scheidung besteht für die frühere Ehefrau kein Ehegattenerbrecht, vgl. § 1933 S. 1 BGB.

Somit kann sich V hinsichtlich des rückständigen Mietzinses jedenfalls gem. § 1967 I BGB an die beiden Erben halten.

b) § 563b BGB

Fraglich ist aber, ob der Vermieter V sich auch an die eintretende F hinsichtlich der Mietschulden des E halten kann.

Das Eintrittsrecht für solche Personen, mit denen ein Vermieter grundsätzlich gar keinen Vertag geschlossen hat und vielleicht auch gar nicht schließen wollte, bedeutet einen Eingriff in das Eigentumsrecht des Art. 14 GG und bedarf deshalb in gewisser Hinsicht eines Ausgleichs. Einen solchen bietet insoweit die Regelung des **§ 563b I S. 1 BGB**, wonach der Vermieter für aufgelaufene Mietrückstände in der nach § 563 BGB eintretenden Person neben den Erben einen weiteren Schuldner erhält. Im Außenverhältnis zum Vermieter haften die eintretende Person und die Erben als **Gesamtschuldner gem. §§ 421 ff. BGB**. Dies hat für den Vermieter insbesondere den Vorteil, dass er sich aussuchen kann, von wem er die ganze Leistung fordern kann, was gerade dann wichtig wird, wenn eine dieser Personen nicht zahlungsfähig ist.

Anmerkung: Die Regelung des § 563b I S. 1 BGB gilt aber nur im Außenverhältnis zum Vermieter. Im Innenverhältnis zwischen eintretender Person und den Erben aber bestimmt **§ 563b I S. 2 BGB**, dass die Erben alleine haften, wenn nichts anderes bestimmt ist. Hier könnte F also im Falle einer Inanspruchnahme durch V die gesamten Schulden von den beiden Erben verlangen.

c) Ergebnis

Damit kann V also mitgeteilt werden, dass er die rückständige Miete sowohl von den beiden Erben gem. § 1967 BGB verlangen kann, als auch gem. § 563b I S. 1 BGB von der eintretenden F. Gem. § 421 S. 1 BGB kann er sich insoweit den Schuldner, der leisten soll, nach Belieben aussuchen.

IV. Zusammenfassung

Als Ausnahme zum Prinzip der Gesamtrechtsnachfolge sind die §§ 563 ff. BGB zu beachten. Diese stellen insoweit neben der sog. qualifizierten Nachfolgeklausel im Gesellschaftsrecht die klausurrelevanteste Ausnahme für die Fälle der Einzelnachfolge dar.

V. Zur Vertiefung

- Hemmer/Wüst, Erbrecht, Rn. 6 ff. (Gesetzliche Erbfolge)

Fall 21: Annahme und Ausschlagung der Erbschaft (§§ 1942 ff. BGB)

Sachverhalt:

Ende März 2004 verstarb der Vater V der E, der kein Testament errichtet hatte. E war der einzige noch lebende Abkömmling des V.

Sie nahm deshalb sogleich den gesamten Nachlass des V in Besitz und sichtete ihn. Dabei entdeckte sie Anfang April 2004 auf dem Dachboden ein Gemälde, das sie so hässlich fand, dass sie es sofort veräußerte.

Ende April 2004 fand E Unterlagen, die eindeutig belegten, dass der Nachlass des V völlig überschuldet ist, was der E bis dahin nicht bekannt war. Sie erklärte daraufhin unverzüglich gegenüber dem Nachlassgericht, sie wolle „die Erbschaft wegen der Schulden nun doch nicht annehmen".

Im August 2004 verlangt ein Gläubiger G des V die Zahlung von 50.000,- € von E. Es ist unstreitig, dass diese Forderung besteht und dass sie Teil des Nachlasses ist.

Kann G von E Zahlung der 50.000,- € verlangen?

I. Einordnung

Im folgenden Kapitel sollen die **Rechtsfolgen der Erbschaft** erörtert werden. Diese treten bei jedem Erbfall ein, **unabhängig davon, ob die Erbenstellung auf gesetzlicher oder gewillkürter Erbfolge beruht**.

Die Erbschaft geht mit dem Erbfall automatisch auf den Erben über (Anfall, vgl. § 1922 BGB). Mit dem **Anfall der Erbschaft** (§ 1942 I BGB) wird der Berufene **vorläufiger Erbe**, bis er die Erbschaft entweder **annimmt** und dann **endgültiger Erbe** wird oder die Erbschaft **ausschlägt** (§§ 1943 ff. BGB) und die **Erbenstellung rückwirkend beseitigt** (vgl. § 1953 BGB). Unterläuft dem Berufenen dabei ein Irrtum, kann er die **Annahme oder die Ausschlagung anfechten** (§§ 119 ff. BGB i.V.m. §§ 1954 ff. BGB).

II. Gliederung

Kann G von E Zahlung der 50.000,- € verlangen?

1. **Anfall der Erbschaft**
   E jedenfalls vorläufige Erbin
2. **Ausschlagung der Erbschaft**, §§ 1943 ff. BGB
   a) **Form**, § 1945 BGB (+)
   b) **Frist**, § 1944 BGB (+)
   c) **Ausschlagung noch möglich**, § 1943 BGB
   Hier: Annahme durch Veräußerung
3. **Anfechtung der Annahme**, §§ 119 ff. BGB i.V.m. §§ 1954 f. BGB
   a) **Anfechtungserklärung**
   Auslegung ergibt, dass Anfechtung gewollt.
   b) **Form**, § 1955 S. 1 BGB (+)
   c) **Frist**, § 1954 I BGB (+)
   d) **Anfechtungsgrund**, §§ 119 ff. BGB
   Hier: § 119 I Alt. 1 BGB und § 119 II BGB (+)

III. Lösung

Da die bestehende Forderung Teil des Nachlasses ist, könnte G von E Zahlung verlangen, wenn E die Erbin des V geworden ist (vgl. § 1967 BGB).

1. Anfall der Erbschaft

Grundsätzlich erfolgt ein sofortiger **Anfall der Erbschaft** (§ 1942 I BGB) als **Vonselbsterwerb** (vgl. § 1922 BGB), wenn

- ein **Berufungsgrund** vorliegt, d.h. die Erbenstellung durch Gesetz oder Verfügung von Todes wegen eingeräumt ist,
- **Erbfähigkeit** gegeben ist,
- **kein Erbverzicht** (§§ 2346 ff. BGB) vorliegt.

Anmerkung: Es bedarf weder der Kenntnis vom Erbfall, noch einer weiteren Handlung des Erben.

Hier ist E **gesetzliche Alleinerbin** des V (§§ 1924 I, 1930 BGB), so dass ein Berufungsgrund vorliegt.

Durch den Anfall der Erbschaft wird E zur **vorläufigen Erbin** des V. Diese Erbenstellung berechtigt den G aber noch nicht, eine Forderung aus dem Nachlass gegen E geltend zu machen, **§ 1958 BGB**. Dies ist erst bei der Erlangung der Stellung als **endgültige Erbin** möglich.

Anmerkung: Der nur vorläufige Erbe haftet für seine Tätigkeit – etwa Notverfügungen, vgl. § 1959 II BGB – dem endgültigen Erben nach den Regeln der GoA. Diese Regelung ist lex specialis zu den §§ 2018 ff. BGB.

2. Ausschlagung der Erbschaft, §§ 1943 ff. BGB

E könnte die Erbschaft jedoch **ausgeschlagen** haben, als sie gegenüber dem Nachlassgericht erklärte, sie wolle nun doch nicht Erbin werden.

Anmerkung: Die Ausschlagung ist eine form- und fristgebundene Willenserklärung. Sie wirkt auf den Zeitpunkt des Anfalls zurück, § 1953 BGB. Der Ausschlagende ist zu behandeln, als sei er vorverstorben, also zum Zeitpunkt des Erbfalls nicht existent.

a) Form, § 1945 BGB

Die Ausschlagung erfolgt durch **Erklärung gegenüber dem Nachlassgericht**. Diese Form ist hier gewahrt.

b) Frist, § 1944 BGB

E müsste die **Ausschlagungsfrist** eingehalten haben. Die Ausschlagung ist nur **binnen sechs Wochen ab Kenntnis vom Erbfall und Berufungsgrund** möglich, anderenfalls wird die **Annahme der Erbschaft gesetzlich fingiert (§ 1943 BGB)**.

Hier gibt E die Erklärung bereits Ende April, also ca. vier Wochen nach dem Anfall der Erbschaft ab, so dass die Ausschlagungsfrist gewahrt ist.

c) Ausschlagung noch möglich, § 1943 BGB

Die Ausschlagung wäre aber ausgeschlossen, wenn E zu diesem Zeitpunkt die Erbschaft bereits **angenommen** hatte, **§ 1943 BGB**.

Anmerkung: Durch die Annahme wird der vorläufige Erbe zum endgültigen Erben. Sie beinhaltet gleichzeitig einen Verzicht auf das Ausschlagungsrecht des § 1942 I BGB. Es handelt sich um eine gestaltende Willenserklärung, die nicht vor dem Erbfall abgegeben werden kann (§ 1946 BGB).

Die Annahme kann **ausdrücklich** oder **konkludent** erfolgen oder **gesetzlich fingiert** werden (§ 1943 BGB).

E hat die Annahme nicht ausdrücklich erklärt. Sie könnte die Erbschaft jedoch konkludent angenommen haben. Dies wäre der Fall, wenn E **durch schlüssiges Verhalten objektiv zum Ausdruck gebracht hat, die Erbschaft behalten zu wollen**.

Hier könnte E die Erbschaft durch **Inbesitznahme des Nachlasses** angenommen haben. Die bloße Inbesitznahme ist allerdings grds. keine Annahme. Jedem vorläufigen Erben muss es möglich sein, den Nachlass zunächst zu sichten und dann zu entscheiden, ob er ihn annimmt oder ob er die Erbschaft ausschlägt.

Allerdings könnte in der **Veräußerung des Gemäldes** eine Annahme der Erbschaft liegen. **Verfügungen vor Annahme der Erbschaft** sind grds. zulässig und können auch wirksam sein (vgl. § 1959 II BGB). Tatsächlich bringt die Verfügung über einen Nachlassgegenstand **objektiv zum Ausdruck, den Nachlass für sich behalten zu wollen**. Etwas anderes gilt nur für **Verfügungen, die den Nachlass verwalten oder sichern** (z.B. Verkauf verderblicher Ware etc.). Diese wären regelmäßig nicht als Annahme zu deuten. Eine solche Verwaltungsmaßnahme lag hier aber nicht vor.

Anmerkung: Eine konkludente Annahme liegt auch in der Regel vor bei Beantragung eines Erbscheins, bei Aufnahme eines Rechtsstreits über den Nachlass, Geltendmachung des Erbschaftsanspruchs (§ 2018 BGB) etc.

Folglich hat E die Erbschaft durch Veräußerung des Gemäldes konkludent angenommen. Eine Ausschlagung der Erbschaft ist deshalb nicht mehr möglich gewesen.

3. Anfechtung der Annahme, §§ 119 ff. BGB i.V.m. §§ 1954 ff. BGB

E könnte die Annahme aber angefochten haben. Dies würde – über § 142 I BGB hinaus – **als Ausschlagung gelten**, **§ 1957 I BGB**.

a) Anfechtungserklärung

Dazu müsste E die Anfechtung erklärt haben. Dies muss nicht ausdrücklich geschehen. **Die unwirksame Erklärung der Ausschlagung ist nach §§ 133, 157 BGB in aller Regel als Anfechtungserklärung auszulegen**.

b) Form, § 1955 S. 1 BGB

Die Anfechtung müsste durch **Erklärung gegenüber dem Nachlassgericht** erfolgt sein. Dies ist hier der Fall.

c) Frist, § 1954 I BGB

Die Anfechtung müsste fristgerecht erfolgt sein. Sie kann nur **binnen sechs Wochen ab Kenntnis vom Anfechtungsgrund** erfolgen. Diese Frist ist hier gewahrt.

d) Anfechtungsgrund, §§ 119 ff. BGB

Schließlich müsste E einen Anfechtungsgrund haben. Die §§ 1954 ff. BGB enthalten keine eigenen Anfechtungsgründe und verweisen auch nicht auf die §§ 2078 ff. BGB, so dass nur die **allgemeinen Anfechtungsgründe der §§ 119 ff. BGB** in Betracht kommen.

Anmerkung: Beachten Sie aber auch den exotischen Anfechtungsgrund des § 2308 BGB (lesen!).

aa) Möglicherweise könnte hier ein **Inhaltsirrtum** der E gem. **§ 119 I Alt. 1 BGB** vorliegen. Diese hat nämlich mit der Veräußerung des Gemäldes die Annahme erklärt, obwohl ihr Wille auf etwas ganz anderes (nämlich allein die Veräußerung an und für sich) gerichtet war. Da die Erklärung somit nicht (nur) die erstrebten, sondern auch wesentlich davon unterschiedliche Rechtsfolgen erzeugt, liegt ein **beachtlicher Rechtsfolgenirrtum** vor.

bb) Weiter könnte ein **Eigenschaftsirrtum (§ 119 II BGB)** vorliegen. Dies wäre der Fall, wenn eine kausale und objektiv erhebliche Fehlvorstellung über eine verkehrswesentliche Eigenschaft des Nachlasses vorgelegen hätte. Dies trifft bei der Überschuldung des Nachlasses nach allgemeiner Ansicht jedenfalls zu. Somit liegt auch ein Eigenschaftsirrtum vor.

Anmerkung: Beachten Sie bitte, dass im Zweifelsfall dennoch genau zu differenzieren ist: ein beachtlicher Irrtum liegt nur vor, wenn der Erbe über das Vorhandensein von Passiva, also über die Zusammensetzung des Nachlasses irrt. Bewertet er nur die ihm bekannten Nachlassgegenstände falsch, liegt kein beachtlicher Irrtum vor.

e) Ergebnis zu 3.

E hat die Annahme wirksam angefochten.

4. Ergebnis

Mit der Anfechtung hat E die Erbschaft ausgeschlagen (§ 1957 I BGB). Somit ist sie nicht endgültige Erbin des V geworden. G kann folglich nicht Zahlung der 50.000,- € von ihr verlangen.

IV. Zusammenfassung

Sound: Erst der endgültige Erbe haftet für den Nachlass, es sei denn, er ficht die Annahme an. Dann gilt die Erbschaft als ausgeschlagen.

hemmer-Methode: Gerade hinsichtlich Annahme und Ausschlagung lassen sich viele Probleme durch Gesetzeslektüre lösen. Arbeiten Sie deshalb anlässlich dieses Falles aufmerksam den Gesetzestext der §§ 1942 ff. BGB durch und erleichtern Sie sich die Klausurlösung durch – nach Ihrer geltenden Prüfungsordnung zulässige – Kommentierungen.

V. Zur Vertiefung

- Hemmer/Wüst, Erbrecht, Rn. 177 ff. (Annahme und Ausschlagung der Erbschaft)

Fall 22: Die Haftung für Nachlassverbindlichkeiten (§ 1967 BGB)

Sachverhalt:

Alleinerbe A hat die Erbschaft des Erblassers E angenommen. In den Nachlass fällt auch eine Forderung des Gläubigers G aus einem mit E geschlossenen Vertrag. Zudem macht der Sohn S des E Pflichtteilsansprüche geltend. Mit S streitet A auch, wer die Beerdigungskosten zu tragen hat.

Muss A für die geltend gemachten Forderungen haften?

Abwandlung:

G betreibt einen Prozess gegen A. Im Nachlass sind nur noch 8.000,- € vorhanden.

Was kann A tun, wenn er nicht mit seinem persönlichen Vermögen haften will?

I. Einordnung

Mit dem Erbfall geht der gesamte Nachlass im Wege der Gesamtrechtsnachfolge (**Universalsukzession, §§ 1922, 1967 BGB**) auf den Erben über. Davon erfasst wird **das gesamte aktive und passive Vermögen** (vgl. insb. § 1967 BGB). Folglich haftet der Erbe gem. § 1967 I BGB grundsätzlich für „die Schulden des Erblassers", also für Nachlassverbindlichkeiten.

Nachlassverbindlichkeiten (vgl. § 1967 II BGB) sind:

- **Erblasserschulden**: vom Erblasser herrührende (gem. § 1922 BGB übergegangene) Schulden.
- **Erbfallschulden**: Verbindlichkeiten, die aus Anlass des Erbfalls bestehen.
- **Nachlasserbenschulden**: Verbindlichkeiten, die der Erbe in ordnungsgemäßer Verwaltung des Nachlasses eingegangen ist. Der Erbe haftet hierfür auch persönlich.

Die Nachlassverbindlichkeiten werden **ermittelt und geltend gemacht durch das Aufgebotsverfahren (§§ 1970 ff. BGB, §§ 946 ff., 989 ff. ZPO)**.

Die Haftung des Erben erstreckt sich **auf den Nachlass** und auf das **persönliche Vermögen**. Die Haftung ist somit grds. unbeschränkt (**Grundsatz der unbeschränkten Erbenhaftung**), aber auf den Nachlass **beschränkbar** (§§ 1975 ff. BGB).

Möglichkeiten der Haftungsbeschränkung sind (vgl. § 1975 BGB):

- **Nachlassverwaltung**, §§ 1981 ff. BGB.
- **Nachlassinsolvenz**.
- **Dürftigkeitseinrede**, § 1990 I BGB.

Durch die Haftungsbeschränkung tritt eine **Trennung von Nachlass und Eigenvermögen** ein. Nachlassgläubiger können nur noch in den Nachlass vollstrecken (vgl. § 1984 BGB).

> **Anmerkung:** Bedeutung erlangt die Haftungsbeschränkung erst richtig im Zwangsvollstreckungsverfahren. Ein Leistungsurteil wird regelmäßig mit dem Vorbehalt der Haftungsbeschränkung (§ 780 I ZPO) ergehen. Dies kann der Erbe mittels Vollstreckungsgegenklage geltend machen (§§ 785, 767ZPO).

Eine Haftungsbeschränkung tritt **gegenüber einzelnen Gläubigern** ein, wenn sie sich nicht rechtzeitig im Aufgebotsverfahren melden (§ 1973 I BGB).

Der Erbe **verliert das Recht zur Haftungsbeschränkung**, wenn er nicht ordnungsgemäß seine Pflichten erfüllt (vgl. §§ 1994 I, 2005 I S. 1 BGB).

II. Gliederung

Muss A für die Forderungen haften?

Haftung (+), wenn Nachlassverbindlichkeit, § 1967 BGB.

a) **Erblasserschuld**
b) **Erbfallschulden**

Abwandlung

Was kann A tun, um eine Haftung des persönlichen Vermögens zu verhindern?

Vorbehalt der Haftungsbeschränkung im Urteil gem. § 780 I ZPO.
Vollstreckungsgegenklage bei Vollstreckung in persönliches Vermögen, §§ 785, 767 ZPO.

III. Lösung

1. Muss A für die Forderungen haften?

Da A **endgültiger Erbe** des E geworden ist, ist **der gesamte aktive und passive Nachlass auf ihn übergegangen** (Universalsukzession, vgl. §§ 1922, 1967 BGB).

A würde somit für die Forderungen haften, wenn es sich dabei um **Nachlassverbindlichkeiten** handeln würde. Nachlassverbindlichkeiten sind **Erblasserschulden**, **Erbfallschulden** und **Nachlasserbenschulden**.

a) Erblasserschulden

Die Forderung des G könnte eine **Erblasserschuld** sein. Erblasserschulden sind **Verbindlichkeiten, die in der Person des Erblassers begründet wurden**.

Hier stammt die Forderung aus einem von E geschlossenen Vertrag. Damit liegt eine von E begründete Schuld vor.

Anmerkung: Erblasserschulden können gesetzliche oder vertragliche Verpflichtungen des Erblassers sein, z.B. Steuerschulden oder Prozesskosten.

Auch Verbindlichkeiten aus noch werdenden, schwebenden Rechtsbeziehungen fallen darunter, weil auch diese Rechtsbeziehungen auf den Erben übergehen.

Somit handelt es sich um eine Erblasserschuld.

b) Erbfallschulden

Die übrigen Verbindlichkeiten könnten **Erbfallschulden gem. § 1967 II BGB** sein. Erbfallschulden sind **Verbindlichkeiten, die aus Anlass des Erbfalls bestehen**.

Pflichtteilsansprüche (§§ 2303 ff. BGB) entstehen gerade erst mit und anlässlich des Erbfalls. Sie sind deshalb jedenfalls Erbfallschulden.

Die **Beerdigungskosten** trägt der Erbe, **§ 1968 BGB**. Auch sie sind Erbfallschulden.

Anmerkung: Weitere Beispiele für Erbfallschulden sind Vermächtnisse, Erbschaftssteuer und Zugewinnausgleich.

c) Ergebnis zu 1.

A muss für alle Forderungen haften, da es sich sämtlich um Nachlassverbindlichkeiten handelt. A haftet dabei mit dem Nachlass und seinem persönlichen Vermögen.

Anmerkung: Mehrere Erben haften als Gesamtschuldner, § 2058 BGB. Vor der Teilung des Nachlasses im Wege der Auseinandersetzung kann der Gläubiger Gesamtschuldklage (§ 2058 BGB) oder Gesamthandsklage (§ 2059 BGB) erheben, nach der Teilung nur noch Gesamtschuldklage.

IV. Lösung Abwandlung

Was kann A tun, um die Haftung mit dem persönlichen Vermögen zu verhindern?

A könnte versuchen, die **Haftung auf den Nachlass zu beschränken**. Hier käme die **Nachlassverwaltung** (§ 1975 Alt. 1 BGB i.V.m. §§ 1981 ff. BGB) in Betracht.

Anmerkung: Weitere Möglichkeiten der Haftungsbeschränkung sind die Nachlassinsolvenz (§ 1975 Alt. 2 BGB) und die Dürftigkeitseinrede (§ 1990 I BGB). Hier liegen aber keine Indizien für deren Voraussetzungen vor.

Die Beschränkung der Haftung wirkt sich aber im jetzigen Prozess, dem **zivilprozessualen Erkenntnisverfahren**, nicht aus. Gelingt dem G der Nachweis des Bestands und der Durchsetzbarkeit seiner Forderung gegen E, wird A verurteilt, an den G 10.000,- € zu bezahlen.

Anmerkung: Es ist völlig unerheblich, ob der Nachlass diese Forderung (noch) abdeckt.

Mit diesem Titel kann G dann die Zwangsvollstreckung gegen das gesamte Vermögen des A, also den Nachlass und das persönliche Vermögen, betreiben, vgl. **§ 778 ZPO**.

G könnte also versuchen, die fehlenden 2.000,- € aus dem persönlichen Vermögen des A zu erlangen.

Allerdings könnte A im Prozess die **Einrede der Haftungsbeschränkung durch Nachlassverwaltung** geltend machen. Dann ergeht das Urteil unter dem **Vorbehalt der Haftungsbeschränkung (§ 780 I ZPO)**. Dieser lautet in etwa: „Dem Beklagten bleibt die beschränkte Erbenhaftung vorbehalten".

Dieser Vorbehalt **hindert nicht die Zwangsvollstreckung in das persönliche Vermögen** des A (sofern dieser sie hinnimmt, **§ 781 ZPO**).

Allerdings kann A gegen die **Zwangsvollstreckung** in sein persönliches Vermögen die **Vollstreckungsgegenklage gem. §§ 785, 767 ZPO** erheben. Daraufhin würde die Zwangsvollstreckung in das persönliche Vermögen für unzulässig erklärt.

V. Zusammenfassung

Sound: Die Haftung des Erben ist grundsätzlich unbeschränkt, aber beschränkbar. Die Beschränkung wirkt sich jedoch erst bei der Zwangsvollstreckung aus.

hemmer-Methode: Sie glauben, dass sei ein exotisches Thema? Richtig, aber genau diese Normen (§§ 780, 781, 785, 767 ZPO) waren schon Gegenstand von Examensklausuren. Es ist deshalb sinnvoll, wenigstens die Grundzüge der Erbenhaftung zu kennen. Hier gilt insbesondere: Problem erkannt, Gefahr gebannt.

VI. Zur Vertiefung

- Hemmer/Wüst, Erbrecht, Rn. 216 ff. (Erbenhaftung – Nachlassverbindlichkeiten)

Fall 23: Die Miterbengemeinschaft (§§ 2032 ff. BGB)

Sachverhalt:

Der Erblasser E hat seinen Freund F testamentarisch zum Alleinerben eingesetzt. Den Söhnen A, B und C des E gelingt es nachzuweisen, dass E zum Zeitpunkt der Testamentserrichtung testierunfähig war. Sie verlangen nun von F den Nachlass heraus. Als F sich weigert, drohen A und B mit Klage.

Wie können A, B und C das Herausgabeverlangen gerichtlich durchsetzen?

Abwandlung:

A, B und C haben den Nachlass erlangt. Dazu gehört auch ein Haus, das bei einem Sturm am Dach beschädigt wurde. A beauftragt den Dachdecker D, den Schaden zu beheben. Außerdem beauftragt A den Malermeister M, abbröckelnden Putz zu erneuern.

Sind die getätigten Geschäfte wirksam?

I. Einordnung

Erben mehrere Personen, so bilden sie eine **Miterbengemeinschaft, §§ 2032 ff. BGB**.

Die Miterben bilden eine **Gesamthandsgemeinschaft**, d.h. das Eigenvermögen der Miterben bleibt vom Nachlass getrennt und jeder Miterbe hat einen quotenmäßig bestimmten Anteil am Nachlass. Der Nachlass wird **ungeteiltes gemeinschaftliches Sondervermögen der Miterben**. Träger von Rechten und Pflichten sind die Erben gemeinsam.

Anmerkung: Das BGB kennt nur drei Gesamthandsgemeinschaften. Die übrigen zwei sind die BGB-Gesellschaft und die Gütergemeinschaft.

Der einzelne Miterbe kann **nicht über einzelne Nachlassgegenstände verfügen** (vgl. §§ 2040 I, 2033 II BGB). Er kann aber über seinen Anteil am Nachlass (sog. **Erbteil**) verfügen, § 2033 I BGB.

Anmerkung: Dies ist ein Unterschied zur BGB-Gesellschaft und zur Gütergemeinschaft. Zum Schutz der Miterben wird diesen in solchen Fällen ein Vorkaufsrecht eingeräumt (§§ 2034, 464 I BGB).

Bis zur Teilung des Nachlasses müssen die Miterben diesen **gemeinschaftlich verwalten (§ 2038 I BGB)**. Diesbezügliche Maßnahmen müssen mit **Stimmenmehrheit** beschlossen werden (§§ 2038 II, 745 I BGB), es sei denn, es handelt sich um **dringend notwendige Maßnahmen** (§ 2038 I S. 2 BGB). **Verfügungen** sind nach § 2040 BGB nur durch alle Miterben gemeinsam möglich, wobei strittig ist, ob dann etwas anderes gilt, wenn die Verfügung durch ordnungsgemäßen Mehrheitsbeschluss beschlossen wurde (vgl. hierzu BGH, ZEV 2006, 24 = Life & Law 2006, S. 170; abweichend hiervon BGH, FamRZ 2006, 1026 = LNRB 2006, 15291).

Ziel der Miterbengemeinschaft ist ihre **Auseinandersetzung (§§ 2042 ff. BGB)**. Dazu erfolgt eine Abwicklung aller noch offenen Rechtsbeziehungen. Jeder Miterbe kann **jederzeit** die Auseinandersetzung verlangen, es sei denn die Auseinandersetzung ist **ausgeschlossen** (z.B. durch Anordnung des Erblassers gem. § 2044 BGB).

II. Gliederung

Geltendmachung von Nachlassansprüchen

a) Klage der Miterbengemeinschaft?
(-), nicht rechtsfähig.

b) Klage des Einzelnen möglich,
§ 2039 BGB

Abwandlung

Wirksamkeit der getätigten Geschäfte

a) **Das Dachdecken**
§ 2038 I S. 2 BGB (+)

b) **Das Verputzen**
§§ 2038 II, 745 I BGB (-)

III. Lösung

A, B und C müssten ihr Herausgabeverlangen gegen F gerichtlich durchsetzen. Fraglich ist, wer dabei als Prozesspartei auftritt.

a) Klage der Miterbengemeinschaft?

Möglicherweise müsste **die Miterbengemeinschaft selbst** klagen.

Die Miterbengemeinschaft ist jedoch nach h.M. grundsätzlich **nicht rechtsfähig**, d.h. Träger der Rechte und Pflichten sind die Erben. Wer jedoch nicht rechtsfähig ist, ist auch **nicht parteifähig** und kann auch keinen Prozess führen, § 50 I ZPO.

Fraglich ist, ob sich daran etwas durch die **Anerkennung der Rechtsfähigkeit der BGB-Außengesellschaft** durch den BGH geändert hat. Immerhin sind beides Gesamthandgemeinschaften.

Die Miterbengemeinschaft ist jedoch **nicht mit der BGB-Gesellschaft vergleichbar**, da sie **nicht durch Rechtsgeschäft sondern kraft Gesetzes entsteht** und auch **nicht auf Dauer, sondern auf Auseinandersetzung angelegt** ist (vgl. BGH, ZEV 2007, 30).

b) Klage des Einzelnen möglich, § 2039 BGB

Grundsätzlich können **nur alle Gesamthänder gemeinsam** eine Forderung geltend machen. Davon macht **§ 2039 BGB** aus Gründen der Praktikabilität eine Ausnahme. Danach kann jeder Miterbe prozessual und außergerichtlich Nachlassansprüche **alleine** geltend machen.

Klagt ein Miterbe, so liegt eine **gesetzliche Prozessstandschaft** vor.

§ 2039 BGB begründet aber ebenfalls ein **eigenes Recht des Miterben**, so dass er **auch gegen den Willen einzelner Miterben** tätig werden darf. Es ist deshalb unschädlich, wenn C nicht mit einem Prozess einverstanden ist.

A, B und C können ihr Herausgabeverlangen gerichtlich durchsetzen, wobei es ausreicht, dass einer von ihnen klagt.

IV. Lösung Abwandlung

Wirksamkeit der getätigten Geschäfte

Die Wirksamkeit der getätigten Geschäfte wäre nur gegeben, wenn A im Außenverhältnis alleine tätig werden durfte.

a) Das Dachdecken

Das Decken des Daches müsste eine **notwendige Maßnahme** zur Erhaltung des Hauses gewesen sein, **§ 2038 I S. 2 BGB**. Nur dann wäre A befugt gewesen, alleine tätig zu werden.

Dies ist hier der Fall, denn einem Haus ohne Dach drohen weitere schwere Beschädigungen.

D hat somit einen Anspruch gegen die Erbengemeinschaft.

b) Das Verputzen

Fraglich ist, ob A auch das Verputzen alleine in Auftrag geben durfte.

Hier liegt aber keine notwendige Maßnahme vor, sondern nur eine **Maßnahme der ordnungsgemäßen Verwaltung**. Solche Maßnahmen dürfen nur mit **Mehrheit der Erben** im **Innenverhältnis** beschlossen und ausgeführt werden, **§§ 2038 II, 745 I BGB**.

Da ein entsprechender Beschluss fehlt, bedeutet das, dass A **im Außenverhältnis nicht vertretungsberechtigt** war. Er handelte folglich als Vertreter ohne Vertretungsmacht, §§ 177 ff. BGB.

M hat deshalb nur Ansprüche gegen A gem. § 179 BGB.

V. Zusammenfassung

Sound: Die Miterbengemeinschaft ist nicht rechtsfähig. Die Rechte der Miterben kann aber ein Einzelner geltend machen.

hemmer-Methode: Die Miterbengemeinschaft ist ein beliebtes „Problem mehr" in der Klausur, das die Notendifferenzierung ermöglicht. Wegen § 2039 BGB kommt es in der Klausur oft aber nicht wirklich auf sie an.

VI. Zur Vertiefung

- Hemmer/Wüst, Erbrecht, Rn. 201 ff. (Miterbengemeinschaft)

Fall 24: Auslegungsvertrag über Erbenstellung

Sachverhalt:

Die Witwe E hinterlässt die drei Töchter A, B und C. Aufgrund eines Zerwürfnisses mit A formulierte E formgültig folgendes Testament: „Meine Erben sollen nur B und C sein, nicht die undankbare A.“ Die Geschwister A, B und C erscheinen zur Nachlassverhandlung und erklären, sie seien übereingekommen, dass jeder von ihnen Erbe zu je 1/3, ein diesbezüglicher Erbschein werde beantragt.

Kann A in den Erbschein aufgenommen werden?

I. Einordnung

Gem. §§ 2353, 2357 BGB sind auf einem gemeinschaftlichen Erbschein die Erben zu bezeichnen sowie ihre jeweiligen Erbquoten aufzuführen. Aufgenommen kann also nur derjenige, der auch wirklich Erbe ist. Dies bestimmt sich auf zwei Arten: entweder es greift die gesetzliche Erbfolge der §§ 1924 ff. BGB ein oder die **vorrangige** gewillkürte Erbfolge, vgl. § 1937 BGB. Die Erbfolge steht also folglich **nur zur Disposition des Erblassers**, nicht seiner potenziellen gesetzlichen Erben. Vereinbarungen zwischen diesen Erbanwärtern können aber **schuldrechtliche** Wirkungen zeitigen, § 311 BGB.

II. Gliederung

Aufnahme des A in den Erbschein gem. § 2353 BGB

1. Vorrangig: §§ 1937, 2064 BGB (-): Enterbung
2. Auslegungsvertrag: (-) keine Dispositionsbefugnis

Exkurs:
Schuldrechtliche Wirkungen des Auslegungsvertrages

III. Lösung

Zu klären ist also, ob A in den Erbschein gem. §§ 2353 ff. BGB aufgenommen werden kann. In Betracht kommt eine Aufnahme über eine eventuelle Erbenstellung oder aber über den Auslegungsvertrag zwischen A, B und C.

1. Erbenstellung nach E

Voraussetzung für die Erteilung eines Erbscheins ist gem. § 2353 BGB der Antrag eines Erben. Fraglich ist nun, wie die Stellung der A zu beurteilen ist.

Grundsätzlich ist A neben ihren beiden Geschwistern B und C gesetzliche Erbin zu je 1/3 gem. § 1924 I, IV BGB.

Allerdings ist ja bereits aus vorherigen Fällen hinreichend bekannt, dass die gewillkürte Erbfolge gegenüber der gesetzlichen Erbfolge vorrangig ist, vgl. § 1937 BGB. Hier hat E ein formgültiges Testament gem. §§ 1937, 2064, 2231 Nr. 2 BGB verfasst, welches somit grundsätzlich vorrangig ist.

Insoweit ist das Testament auch eindeutig; der Wortlaut lässt nur die Annahme einer Enterbung der A zu, so dass sich hieraus folglich keinesfalls eine Erbenstellung der A ergeben kann.

Anmerkung: Im Gegensatz zu dem hier vorliegenden Testament, ist auch ein reines Enterbungstestament ohne eigene positive Erbeinsetzung möglich, vgl. § 1938 BGB. Im Übrigen verbleibt es dann bei der gesetzlichen Erbfolge der §§ 1924 ff. BGB.

Somit ist eine Aufnahme in den Erbschein gem. § 2353 BGB mangels Erbenstellung insoweit nicht möglich.

2. Auswirkung des Auslegungsvertrages

Fraglich ist aber nun, wie sich die Vereinbarung zwischen A, B und C auf die vorliegende Problemkonstellation auswirkt.

Möglicherweise könnten die potenziellen gesetzlichen Erben im Wege dieser Vereinbarung bzw. dieses Auslegungsvertrages die von E getroffene Regelung umgehen und der A somit zu einer Erbenstellung verhelfen.

Dies führt aber zu einer grundsätzlichen Problematik, ob diesen Personen eine Dispositionsbefugnis bzgl. der Erbfolge einer anderen Person eingeräumt werden kann.

Wie schon aus der Testamentsauslegung bekannt, kommt es hier nur auf den Willen des Erblassers an, vgl. § 133 BGB. Keine Relevanz hat insoweit gerade der objektive Empfängerhorizont gem. § 157 BGB. Entscheidend ist allein der Erblasserwillen. Eine Vereinbarung der potentiellen gesetzlichen Erben kann somit auf die wahre Erbrechtslage keinen Einfluss haben. Dies stünde auch im Widerspruch zur verfassungsrechtlichen Garantie der Testierfreiheit, da sonst der Wille des Erblassers nachträglich geändert werden könnte.

Anmerkung: Im Rahmen eines Erbscheinsverfahrens ist auch eine Auslegung der antragsstellenden Beteiligten bei ungewisser Testamentslage für das Amtsgericht-Nachlassgericht nicht bindend, da in diesem Verfahren im Gegensatz zum zivilrechtlichen Verfahren nicht der Beibringungsgrundsatz, sondern der Amtsermittlungsgrundsatz gilt, vgl. § 2358 I BGB, § 12 FGG.

Entscheidend ist also im Ergebnis der wirkliche Wille des Erblassers, vgl. § 133 BGB. Die Vereinbarung zwischen A, B und C vermochte also die erbrechtliche Lage nicht zu verändern.

B und C sind folglich die Erben der E, während A enterbt und damit auch trotz dieser Vereinbarung keine Erbenstellung erlangt hat.

3. Ergebnis

Eine Aufnahme in den Erbschein gem. § 2353 BGB ist somit ausgeschlossen, da A keinesfalls Erbe nach E ist.

Exkurs:
Schuldrechtliche Auswirkungen des Auslegungsvertrages

Wie dargestellt, hat die Vereinbarung zwischen A, B und C keine Auswirkung auf die erbrechtliche, dingliche Lage. Fraglich ist aber, ob der Vertrag nicht zumindest zwischen diesen Personen Wirkungen entfaltet.

Zwar haben die Beteiligten keine Dispositionsbefugnis bzgl. der erbrechtlichen Lage als solcher. Dies hat aber keinerlei Auswirkungen auf das interne Verhältnis zwischen A, B und C. Die schuldrechtliche Lage ist somit der Disposition der Beteiligten zugänglich. Über diesen Weg ist letztlich sogar eine dingliche Annäherung an die angestrebte erbrechtliche Lage möglich. Dies geschieht im Wege einer entsprechenden anteiligen Erbteilsübertragung gem. § 2033 I S. 1 BGB, so dass im Ergebnis dem ursprünglich angestrebten Ziel sehr nahe gekommen werden kann.

Zu beachten ist allerdings, dass trotz der Übertragung gem. § 2033 I S. 1 BGB A nicht Erbe i.S.d. § 2353 BGB wird. Vorsicht also bei den Begrifflichkeiten!

Wie sooft können also Vereinbarungen auf verschiedenen Ebenen relevant werden. Hier sind die entscheidenden Wirkungen also erst in dem internen Verhältnis zwischen A, B und C zu konstatieren.

IV. Zusammenfassung

Der vorliegende Fall ist schon in einem Bereich anzusiedeln, der nicht mehr in einer „normalen“ Erbrechtsklausur zu finden sein dürfte. Allerdings vermittelt er insoweit ein gutes Verständnis für die Reichweite der Testierfreiheit. Zudem sind die Wirkungen auf verschiedenen Ebenen geradezu examenstypisch.

hemmer-Methode: Beachten Sie also, dass bei der Auslegung von Testamenten immer das entscheidende Kriterium der Erblasserwillen ist, vgl. § 133 BGB.

V. Zur Vertiefung

- Hemmer/Wüst, Erbrecht, Rn. 61 ff. (Testament als Willenserklärung)

Fall 25: Erbunwürdigkeitsklage gem. § 2342 BGB

Sachverhalt:

Der kinderlose Erblasser E setzt mit Testament aus dem Jahre 2000 seine beiden Neffen A und B zu Erben zu je ½ ein. Im Jahre 2003 schließlich verstirbt E. Kurz darauf stellt sich heraus, dass A im Jahre 1992 versucht hat, E zu ermorden. B ist deshalb der Ansicht, dass er damit per se Alleinerbe sei. Der A dagegen meint, dass der ihm längst verziehen habe, was man schon allein an der langen Zeitspanne zwischen Mordversuch und der Testamentserrichtung ersehen könne.

1. *Wer hat Recht?*
2. *Muss B weitere Schritte ergreifen?*

I. Einordnung

Das Pflichtteilsrecht der §§ 2303 ff. BGB schützt die Stellung der gesetzlichen Erben **zu Lasten der Testierfreiheit** des Erblassers in erheblichem Umfang. Schon aufgrund der verfassungsrechtlich garantierten Testierfreiheit, vgl. Art. 14 I GG, muss dieser Schutz auch seine Grenzen finden.

Zu nennen sind hier insbesondere die Möglichkeit der Entziehung des Pflichtteils nach den §§ 2333 ff. BGB sowie die **Erbunwürdigkeitsgründe des § 2339 BGB**. Zu beachten ist hier freilich immer, dass diese Gründe **abschließend** sind und damit einer analogen Anwendung nicht zugänglich sind. Dies beruht auf einer gesetzgeberischen Grundentscheidung zum Schutze der berechtigten Personen und ist deshalb so hinzunehmen.

Anmerkung: Hüten Sie sich in Klausuren vor unbekannten Analogien. Wenn Sie trotzdem eine solche Anwendung vornehmen, gehen Sie immer nach der bekannten Struktur (vergleichbare Interessenlage, planwidrige Regelungslücke) vor.

II. Gliederung

Erbunwürdigkeit und Geltendmachung

1. Erbunwürdigkeitsgründe nach § 2339 BGB
2. **Anfechtungsklage** gem. § 2342 BGB
   Berechtigung gem. § 2341 BGB
   Verzeihung gem. § 2343 (-)
   Frist gem. § 2340 BGB i.V.m. § 2082 BGB

III. Lösung

Zu klären ist zunächst, ob der Mordversuch des A an E sich unmittelbar auf eine mögliche Erbenstellung auswirkt oder ob insoweit weitere Schritte seitens des B notwendig sind.

1. Erbunwürdigkeit gem. § 2339 BGB

Zunächst ist zu klären, ob A überhaupt als Erbe nach E in Betracht kommt.

Hier liegt ein Testament gem. §§ 1937, 2064, 2231 Nr. 2, 2247 BGB vor, das A und B zu Erben zu je ½ bestimmt. Folglich besteht eine grundsätzliche Erbenstellung des A nach E.

Nun ist aber weiterhin zu prüfen, wie sich der Mordversuch des A an E auswirkt.

Es liegt auf der Hand, dass sich eine derartige schwere Straftat grundsätzlich in irgendeiner Art und Weise auswirken muss. Die gesetzliche Grundlage hierfür findet sich in § 2339 BGB, der die Gründe für eine Erbunwürdigkeit des potenziellen Erben abschließend regelt.

Anmerkung: Mit Straftat im Sinne der § 2339 I Nr. 1 und 4 BGB sind ausschließlich solche gegenüber dem Erblasser zu verstehen.

Mögliche Straftaten gegenüber den Erben bleiben jedenfalls außer Betracht. Auch hier muss eine Analogie ausscheiden, da angesichts der eindeutigen gesetzlichen Regelung schon keine Regelungslücke besteht. Zudem besteht keine vergleichbare Interessenlage, da der Gesetzeszweck nur darin besteht, Undank gegenüber dem Zuwendenden zu sanktionieren.

Laut Sachverhalt hat A einen vergeblichen Mordanschlag auf E verübt, hat diesen also vorsätzlich und widerrechtlich zu töten versucht, vgl. §§ 211, 212, 22, 23 I StGB. Damit liegt folglich ein Fall des § 2339 I Nr. 1 Alt. 1 BGB vor.

A ist damit grundsätzlich als erbunwürdig im Sinne der genannten Vorschrift anzusehen.

Anmerkung: Die Wirkung einer Erbunwürdigkeit ist gem. § 2344 I BGB, dass der Anfall der Erbschaft an A als nicht erfolgt gilt. B wäre damit von Anfang an als Alleinerbe anzusehen.

2. Anfechtungsklage gem. § 2342 BGB

Allerdings ist weiterhin fraglich, ob die Rechtsansicht des B zutrifft, dass er „per se" Alleinerbe sei.

Insoweit muss B aber widersprochen werden. § 2340 I BGB regelt eindeutig, dass es zur Geltendmachung der Erbunwürdigkeit einer besonderen Anfechtung bedarf.

Somit ist ferner zu prüfen, ob die Voraussetzungen des § 2340 ff. BGB vorliegen.

a) Erhebung einer Anfechtungsklage gem. § 2342 I BGB

Die Erbunwürdigkeit muss durch gerichtliche Gestaltungsklage geltend gemacht werden, vgl. § 2342 I S. 1, 2 BGB. B müsste also dahingehend noch tätig werden.

Anmerkung: Beachten Sie auch die Fälle der Vermächtnis- und Pflichtteilsunwürdigkeit gem. § 2345 I, II BGB.

Allerdings sind hierbei nur einzelne Vorschriften über die Erbunwürdigkeit für anwendbar erklärt worden. Wichtig ist vor allem, dass die Vermächtnis- und Pflichtteilsunwürdigkeit *nicht* klageweise geltend zu machen ist, da § 2345 I S. 2 BGB gerade nicht § 2342 BGB einschließt. Dies hat zur Folge, dass die allgemeinen Regeln der Anfechtung eingreifen, so dass eine formlose Anfechtungserklärung gem. § 143 I BGB gegenüber dem Anfechtungsgegner gem. § 143 IV BGB abzugeben ist.

b) Anfechtungsberechtigung gem. § 2341 BGB

Ferner müsste B auch **anfechtungsberechtigt gem. § 2341 BGB** sein. Anfechtungsberechtigt ist hiernach jeder, dem der Wegfall des Erbunwürdigen zustatten kommt. Folglich müsste B einen Vorteil aus einem Wegfall des A ziehen. Hier wären A und B laut Testament gemeinschaftliche Erben zu je $^1/_2$. Somit würde ein Wegfall des A zu einer Alleinerbschaft des B führen, so dass dies dem B folglich auch unmittelbar zustatten käme.

Anmerkung: Beachten Sie aber den weit gefassten Wortlaut des § 2341 BGB, der – im Gegensatz zu § 2080 BGB- gerade keinen unmittelbaren Vorteil fordert. Ausreichend ist vielmehr auch ein mittelbares Interesse. Noch weitergehend lässt der BGH sogar ausreichen, dass die unmittelbar bevorteilten Erben rein theoretisch die Erbschaft noch ausschlagen könnten und erst nach einer solchen Ausschlagung die anfechtende Person unmittelbar einen Vorteil ziehen würde.

c) Verzeihung gem. § 2343 BGB

Wie dargestellt, sind die §§ 2339 ff. BGB ausschließlich zum Schutze des Erblassers bestimmt. Folglich kann dieser auch auf den dargebotenen Schutz verzichten, indem er der an sich erbunwürdigen Person verzeiht, vgl. **§ 2343 BGB**.

Eine solche Verzeihung liegt dann vor, wenn der Erblasser zum Ausdruck gebracht hat, dass er die Kränkung, die er durch das in Rede stehende Verhalten erfahren hat, nicht mehr als solche empfindet, wenn er also die verletzende Wirkung als nicht mehr existent betrachtet.

Fraglich ist, wie sich insoweit die Argumentation des A auswirkt, dass schon allein die lange Zeitspanne zwischen Mordversuch und Testamentserrichtung die Verzeihung gem. § 2343 BGB beweise.

Aber schon aus der Bedeutung einer Verzeihung ergibt sich, dass eine solche begrifflich nur vorstellbar ist, wenn der „Verzeihende" Kenntnis von den zu verzeihenden Ereignissen hat. Ein langer Zeitablauf mag zwar ein Indiz für eine Verzeihung gem. § 2343 BGB sein, aber auch nur für den Fall, dass E selbst von dem Mordversuch Kenntnis gehabt hätte.

Laut Sachverhalt ist die Täterschaft des A hinsichtlich des Mordversuchs erst nach dem Tod des E bekannt geworden. Eine Kenntnis des E ist mangels anderer Hinweise somit auszuschließen.

Eine Verzeihung gem. § 2343 BGB liegt somit nicht vor.

Anmerkung: Selbst wenn eine Kenntnis des E bestünde, müsste A die wirkliche Verzeihung gem. § 2343 BGB nachweisen, da es sich bei § 2343 BGB um einen Ausnahmefall der grundsätzlich eintretenden Erbunwürdigkeit gem. § 2339 BGB handelt. A trägt also insoweit die Beweislast.

d) Anfechtungsfrist gem. § 2340 III BGB i.V.m. § 2082 BGB

Weiterhin ist die Anfechtung in der Frist des **§ 2340 III BGB i.V.m. § 2082 I BGB** geltend zu machen. Gem. § 2082 I BGB ist eine Anfechtung also nur binnen Jahresfrist möglich. Insoweit beginnt diese Frist gem. § 2082 II S. 1 BGB mit dem Zeitpunkt, in dem der Anfechtungsberechtigte von dem Anfechtungsgrund Kenntnis erlangt.

Hier hat B von dem Anfechtungsgrund des Mordversuchs hinsichtlich der Erbunwürdigkeitsanfechtung erst vor kurzem Kenntnis erlangt, so dass die Frist des § 2340 III BGB i.V.m. § 2082 I, II BGB jedenfalls noch nicht abgelaufen ist.

e) Ergebnis

B hat also noch alle Möglichkeiten, die Erbunwürdigkeit des A gem. § 2340 ff. BGB geltend zu machen. Damit kann er weiterhin die **Wirkung des § 2344 I BGB** herbeiführen, um so die Stellung des Alleinerben nach E zu erlangen.

IV. Zusammenfassung

Die Problematik der §§ 2339 ff. BGB lässt sich in nahezu jede erbrechtliche Klausur einbauen, um noch einige zusätzliche „Klippen" zu schaffen. Allerdings müssen Sie nahe am Gesetz bleiben und systematisch arbeiten, da das Gesetz in diesem Bereich sehr ausführlich und eindeutig gefasst ist.

Zu beachten sind dabei auch die Abweichungen in den Fällen, in denen die Vermächtnis- und/oder Pflichtteilsunwürdigkeit gem. § 2345 I, II BGB im Mittelpunkt einer Klausur stehen

V. Zur Vertiefung

- Hemmer/Wüst, Erbrecht, Rn. 175 f. (Entziehung des Pflichtteilsrechts)

Kapitel V: Pflichtteilsrecht

Fall 26: Grundfall zum Pflichtteilsrecht (§§ 2303 ff. BGB)

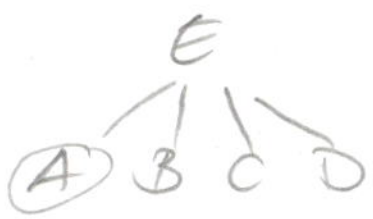

Sachverhalt:

Der verwitwete Erblasser E hat vier Kinder A, B, C und D. In seinem wirksam errichteten Testament setzte E seinen Lieblingssohn A als Alleinerben ein. Kurz vor seinem Tod hatte E gegenüber Dritten erklärt, dass C „nicht würdig sei, den Pflichtteil zu erhalten“ und deshalb nichts bekommen sollte. B verlangt von A die Übergabe diverser Nachlassgegenstände. D, der in Brasilen lebt, verlangt erst 3½ Jahre nach dem Erbfall von A „sein Geld“.

Wie ist die Rechtslage?

I. Einordnung

Das Pflichtteilsrecht schränkt die Testierfreiheit des Erblassers zugunsten der Verwandten bzw. der Ehefrau ein. Den Berechtigten **(§§ 2303 ff. BGB)** wird ein **schuldrechtlicher Geldanspruch** garantiert.

Anmerkung: Das Pflichtteilsrecht bildet einen Kompromiss zwischen der grundsätzlich unbeschränkten und unverzichtbaren Testierfreiheit und der gesetzgeberischen Vorstellung des Familienerbrechts. Es zeigt, dass den Erblasser eine über den Tod hinausgehende Sorgfaltspflicht für nahe Angehörige trifft.

II. Gliederung

Erbrechtslage nach E

1. **Alleinerbschaft des A**
   A testamentarisch bedacht.
2. **Pflichtteilsansprüche von B, C und D**

a) **Pflichtteilsberechtigung**
(+), da B, C und D Abkömmlinge des E sind, § 2303 I S. 1 BGB

b) **Höhe des Pflichtteilanspruchs**, § 2303 I S. 2 BGB

c) **Anspruchsgegner**, § 2303 I S. 1 BGB

d) **Verjährung**, § 2332 I BGB
(+) bei D

e) **Pflichtteilsentziehung** gem. §§ 2333 ff. BGB (-)

III. Lösung

Zu klären ist, wie sich die Rechtslage nach dem Tod des E darstellt.

1. Alleinerbschaft des A

A ist Alleinerbe des E, da er in einem wirksam errichteten Testament von diesem als Alleinerbe eingesetzt wurde (§ 1937 BGB).

Anmerkung: Schlägt ein berufener Erbe die Erbeinsetzung aus, verliert er grds. die Pflichtteilsberechtigung. Den Pflichtteil kann er trotz Ausschlagung nur unter den Voraussetzungen der §§ 1371 III, 2306 I S. 2 BGB verlangen.

2. Pflichtteilsansprüche von B, C und D

B, C und D könnten aber möglicherweise Pflichtteilsansprüche geltend machen.

a) Pflichtteilsberechtigung

Zuerst müssten B, C und D **pflichtteilsberechtigt** sein. Dies sind die **Abkömmlinge (§ 2303 I S. 1 BGB), die Eltern und der Ehegatte (§ 2303 II S. 1 BGB)** des Erblassers, sofern sie **durch Verfügung von Todes wegen von der Erbfolge ausgeschlossen** sind.

aa) B, C und D sind **Abkömmlinge** des E, da sie dessen Söhne sind.

Anmerkung: Beachten Sie, dass auch nichteheliche Kinder Abkömmlinge des Erblassers sind.

bb) Sie sind auch **durch Verfügung von Todes wegen von der Erbfolge ausgeschlossen worden**, da A testamentarischer Alleinerbe des E ist (s.o.).

Anmerkung: Leben die Kinder im Zeitpunkt des Erbfalls noch, sind die Enkel und Eltern nicht pflichtteilsberechtigt, da sie wegen § 1930 BGB kraft Gesetzes von der Erbfolge ausgeschlossen sind und nicht – wie § 2303 BGB es fordert – kraft Verfügung von Todes wegen.

b) Höhe des Pflichtteilsanspruchs

Fraglich ist weiter, in welcher Höhe der Pflichtteilsanspruch besteht. Nach **§ 2303 I S. 2 BGB** beträgt der Pflichtteilsanspruch die **Hälfte des gesetzlichen Erbteils**.

aa) Bei der Ermittlung des Erbteils sind alle Personen **mitzuzählen**, die wegen Ausschlagung, Enterbung oder Erbunwürdigkeit nicht erben (§ 2310 S. 1 BGB), nicht aber diejenigen, die einen (vollständigen) Erbverzicht erklärt haben (§ 2310 S. 2 BGB).

Hier beerben den E vier Abkömmlinge, also Erben der ersten Ordnung, die zu gleichen Teilen erben (§ 1924 I, IV BGB). Somit beträgt das gesetzliche Erbrecht eines jeden Sohnes $\frac{1}{4}$, der Pflichtteil dementsprechend $^1/_8$.

bb) Fraglich ist, ob B hier von A bestimmte Nachlassgegenstände zur Befriedigung des Anspruchs herausverlangen kann.

Der Pflichtteilsanspruch ist ein **Geldanspruch**. B kann deshalb keine konkreten Nachlassgegenstände fordern. Der Wert des Anspruchs richtet sich nach dem **Wert des Nachlasses im Zeitpunkt des Erbfalls, § 2311 BGB**.

Würde z.B. der Nachlass des E 80.000,- € Wert sein, so erhielte jeder 10.000,- € als Pflichtteilsanspruch.

Anmerkung: Die Ermittlung des Nachlasswerts kann den Pflichtteilsberechtigten vor unlösbare Schwierigkeiten stellen. Ihm steht deshalb gem. **§§ 2314 I S. 1, 260 BGB** ein **Auskunftsanspruch gegen den Erben** zu. Hat der Erblasser einen Dritten beschenkt, so dass ein Pflichtteilsergänzungsanspruch (dazu später) in Betracht kommt, hat der Berechtigte nach § 2314 I S. 1 BGB analog auch einen Auskunftsanspruch gegen diesen.

c) Anspruchsgegner

Der Anspruch richtet sich gem. § 2303 I S. 1 BGB **gegen den oder die Erben**, hier also gegen A. Mehrere Erben haften als **Gesamtschuldner** (§ 2058 BGB).

d) Verjährung

Der Anspruch des D könnte aber gem. **§ 2332 I BGB** verjährt sein. Danach verjährt der Pflichtteilsanspruch in **drei Jahren ab Kenntnis vom Erbfall**, im Übrigen spätestens nach 30 Jahren.

Somit ist der Anspruch hier verjährt.

e) Pflichtteilsentziehung

Möglicherweise hat E dem C den Pflichtteil entzogen. Dies ist aber nur aus **besonderen, abschließend im Gesetz aufgezählten Gründen (§§ 2333, 2335 BGB)** möglich, da andernfalls der Schutzzweck des Pflichtteilsrechts, wonach die Familie gerade auch gegen den Willen des Erblassers am Nachlass partizipieren soll, leer laufen würde.

Abgesehen davon, dass kein Grund i.S.d. § 2333 BGB vorliegt, hat E auch durch die nur mündliche Äußerung nicht die **gem. § 2336 BGB notwenige Form** gewahrt.

C wurde deshalb nicht der Pflichtteil entzogen.

3. Ergebnis

A ist Alleinerbe des E. B, C und D stehen Pflichtteilsansprüche in Höhe von $^{1}/_{8}$ des Nachlasses zu, wobei der Anspruch des D verjährt ist.

IV. Zusammenfassung

Sound: Der Pflichtteilsanspruch ist ein schuldrechtlicher Geldanspruch der nicht bedachten nahen Angehörigen gegen die Erben. Er beträgt die Hälfte des gesetzlichen Erbteils.

hemmer-Methode: Das Pflichtteilsrecht eignet sich hervorragend als Schlusspunkt oder Annex einer Klausur und ist ein eleganter Weg, die Grundregeln der gesetzlichen Erbfolge (über § 2303 I 2 BGB) abzufragen. Vermeiden Sie deshalb doppeltes Lernen und kombinieren Sie gedanklich beide Normenkomplexe.

V. Zur Vertiefung

- Hemmer/Wüst, Erbrecht, Rn. 164 ff. (Pflichtteilsrecht)

Fall 27: Der Pflichtteilsergänzungsanspruch (§§ 2325 ff. BGB)

Sachverhalt:

Der Erblasser E hinterließ bei seinem Tod 2005 seine Ehefrau F und zwei Kinder. In seinem wirksamen Testament setzte er F auf den gesetzlichen Erbteil ein. 2003 schenkte E seinem Neffen zur Gründung eines Unternehmens 100.000,- €. Im Jahre 1994 hatte er ihm bereits ohne Grund 10.000,- € geschenkt. Schon 2000 hatte E der F einen Betrag von 20.000,- € zugewendet. Zum Todeszeitpunkt hatte der Nachlass einen Wert von 100.000,- €.

Wie ist die Rechtslage hinsichtlich der F zu beurteilen?

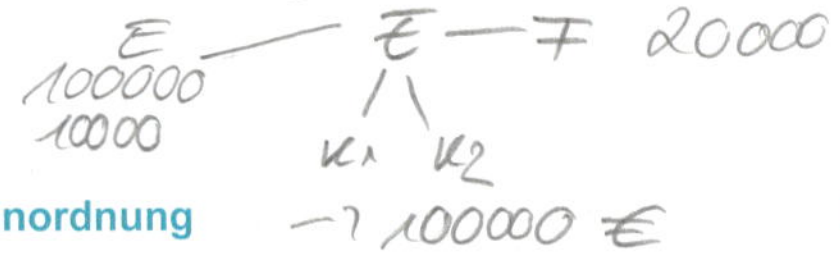

I. Einordnung

Der Erblasser kann zu Lebzeiten **grds. frei über sein Vermögen verfügen**. Dies birgt das Risiko, dass der Pflichtteilsanspruch faktisch entwertet wird, da es auf den Wert des Nachlasses im Zeitpunkt des Erbfalls (§ 2311 BGB) ankommt. Deshalb hat der Pflichtteilsberechtigte unter den Voraussetzungen des **§ 2325 BGB** einen Pflichtteilsergänzungsanspruch.

II. Gliederung

Rechtslage hinsichtlich der F

1. **Erbenstellung der F**
   a) **Erbquote**
   ½ gem. §§ 1931 I S. 1, III, 1371 I BGB.
   b) **Wert des Nachlasses**
2. **Pflichtteilsergänzungsanspruch der F**
   a) **Pflichtteilsberechtigung**
   (+), § 2303 II BGB
   b) **Beeinträchtigende Schenkung an Dritte**, § 2325 I BGB
   beachte Zehn-Jahres-Grenze des § 2325 III BGB
   c) **Zuwendung an F**, § 2327 I BGB
   d) **Anspruchshöhe**
   Berechnung aus dem großen Pflichtteil
   e) **Mehrwertabzug**, § 2326 I S. 2 BGB
   f) **Anrechnung eigener Zuwendungen**, § 2327 BGB

III. Lösung

Fraglich ist, welche Rechtspositionen F nach dem Tod des E innehat.

1. Erbenstellung der F

F könnte zunächst (Mit-)Erbin des E geworden sein.

a) Erbquote

Hier hat E die F testamentarisch auf ihr gesetzliches Erbrecht eingesetzt.

Gemäß **§ 1931 I S. 1 BGB** erbt der Ehegatte neben Verwandten der ersten Ordnung ¼.

Leben die Ehegatten so wie hier im gesetzlichen Güterstand der Zugewinngemeinschaft, erhöht sich dieser Erbteil gem. **§§ 1931 III, 1371 I BGB** pauschal um ¼.

Folglich wird F Miterbin zu ½.

b) Wert des Nachlasses

Da der Nachlass im Zeitpunkt des Todesfalls 100.000,- € wert ist, beträgt der Erbteil der F 50.000,- €.

2. Pflichtteilsergänzungsanspruch der F

F könnte außerdem ein **Pflichtteilsergänzungsanspruch gegen die Miterbengemeinschaft gem. §§ 2325 I, 2326 BGB** zustehen.

a) Pflichtteilsberechtigung

Zuerst müsste F **pflichtteilsberechtigt** sein. Als Ehegattin ist sie gem. **§ 2303 II S. 1 BGB** pflichtteilsberechtigt.

Anmerkung: Der Pflichtteilsergänzungsanspruch ist unabhängig vom Bestehen eines „normalen" Pflichtteilsanspruchs! Anspruchsberechtigt ist daher jeder, dem theoretisch Pflichtteilsansprüche zustehen können. Nach h.M. ist aber einschränkend zu verlangen, dass die Pflichtteilsberechtigung bereits im Zeitpunkt der Schenkung bestand. Der Anspruch aus § 2325 BGB entfällt demnach, wenn der Pflichtteilsberechtigte bspw. erst nach der Schenkung geboren wurde.

b) Beeinträchtigende Schenkung an Dritte, § 2325 I BGB

Weiter müsste eine beeinträchtigende **Schenkung an einen Dritten** vorliegen, **§ 2325 I BGB**. Hier hat E an N insgesamt 110.000,- € verschenkt.

Anmerkung: Schenkungen in diesem Sinn sind auch verschleierte oder gemischte Schenkungen. Auch unbenannte Zuwendungen unter Ehegatten fallen hierunter.

Allerdings bleibt die Schenkung aus dem Jahr 1994 unberücksichtigt, da seitdem **mehr als zehn Jahre vergangen sind, § 2325 III BGB**. Daher liegt nur eine beeinträchtigende Schenkung i.H.v. 100.000,- € vor.

c) Zuwendung an F, § 2327 I BGB

Fraglich ist, ob auch die Zuwendung an F selbst in Höhe von 20.000,- € irgendwie zu berücksichtigen ist.

Hierbei kann es offen bleiben, ob es sich dabei um eine **Schenkung i.S.d. § 516 BGB oder eine sog. unbenannte ehebedingte Zuwendung** gehandelt hat, da im Erbrecht insoweit eine **Gleichbehandlung** von beidem erfolgt.

Somit ist die Zuwendung an F ebenfalls zu berücksichtigen, **§ 2327 I BGB**.

d) Anspruchshöhe

Es ist nun die Höhe des Ergänzungsanspruchs auszurechnen. Dazu ist die **Differenz zwischen dem Pflichtteil aus dem tatsächlichen und dem Pflichtteil aus dem erhöhten Nachlass** zu bilden.

aa) Der Pflichtteilsanspruch der F beträgt grds. die **Hälfte ihres gesetzlichen Erbteils, § 2303 I S. 2 BGB**. Bei Ehegatten ist aber **§ 2303 II S. 2 BGB** zu berücksichtigen: Der Pflichtteil errechnet sich danach bei einem Ehegatten, der zum Erben berufen ist, aus der **Hälfte des gem. § 1371 I BGB erhöhten gesetzlichen Erbteils (sog. großer Pflichtteil, e contrario § 1371 II BGB)**. Der tatsächliche Pflichtteilsanspruch der F beträgt somit ¼, mithin also 25.000,- € ($^1/_4$ aus 100.000,- €).

bb) Erhöht man den Wert des Nachlasses um die Zuwendungen an N und F, ergibt sich ein **erhöhter Nachlasswert** von 220.000,- €. Der große Pflichtteil der F wäre also 55.000,- €.

cc) Somit ergibt sich ein Pflichtteilsergänzungsanspruch in Höhe von 30.000,- €.

Anmerkung: Das gleiche Ergebnis erhalten Sie, wenn Sie die Pflichtteilsquote ($^1/_4$) auf den Wert der Schenkung berechnen (120.000,- €).

e) Mehrwertabzug, § 2326 I S. 2 BGB

Davon ist aber ein **Mehrwertabzug gem. § 2326 S. 2 BGB** zu machen, da F testamentarisch **mehr als die Hälfte des gesetzlichen Erbteils** – nämlich der volle Erbteil – zugewandt wurde.

Es ist die Differenz zwischen dem ihr zustehenden Pflichtteil ($^1/_4$ aus 100.000,- € = 25.000,- €) und dem ihr tatsächlich Zugewandten ($^1/_2$ aus 100.000,- € = 50.000,- €) zu bilden (**Mehrwert**) und vom Pflichtteilsergänzungsanspruch abzuziehen.

Der Pflichtteilsergänzungsanspruch beträgt somit nur noch 5.000,- €.

f) Anrechnung der Zuwendung an F, § 2327 BGB

Auch die Zuwendung in Höhe von 20.000,- € muss sich F gem. **§ 2327 BGB** auf den Pflichtteilsergänzungsanspruch anrechnen lassen.

Somit reduziert sich der Anspruch auf Null.

g) Ergebnis zu 2.

Ein Pflichtteilsergänzungsanspruch der F besteht nicht.

3. Ergebnis

F ist Miterbin nach E zu ½ geworden. Weitergehende Ansprüche bestehen nicht.

IV. Zusammenfassung

Sound: Bei beeinträchtigenden Schenkungen an Dritte kommt grds. ein Pflichtteilsergänzungsanspruch in Betracht.

hemmer-Methode: In der Klausur kann man diesen Anspruch leicht übersehen – mit sehr nachteiligen Auswirkungen für die Punktzahl. So wird es Ihnen jetzt aber hoffentlich nicht mehr ergehen. Der Pflichtteilsergänzungsanspruch als solcher ist nicht schwierig: Aus dem Wert der Schenkung die Pflichtteilsquote berechnen! Schwieriger wird der vorliegende Fall dadurch, dass der Pflichtteilsberechtigte von Todes wegen als auch unter Lebenden vom Erblasser Zuwendungen erhält, die anzurechnen sind, §§ 2326 f. BGB. Wichtig ist, sich klarzumachen, dass für einen Anspruch aus § 2325 BGB der Anspruchsteller nur abstrakt zum Kreis der Pflichtteilsberechtigten gehören muss. Ein konkreter Pflichtteilsanspruch muss nicht bestehen, d.h. der Anspruchsteller muss gerade nicht vom Erblasser enterbt sein! Der Anspruch aus § 2325 BGB richtet sich dabei als Nachlassverbindlichkeit grundsätzlich gegen die Erben. Nur unter den Voraussetzungen des § 2329 BGB besteht ein Anspruch gegen den Beschenkten.

V. Zur Vertiefung

- Hemmer/Wüst, Erbrecht, Rn. 171

Fall 28: Ergänzungsfall zum Pflichtteilsrecht zu §§ 2307, 2315 BGB

Sachverhalt:

Die verwitwete Erblasserin E hinterließ im Wesentlichen ein Vermögen in Höhe von 55.000,- € sowie einen Diamantring im Werte von 5.000,- €. Ihren Nachlass hat E bzgl. ihrer drei Töchter A, B, C folgendermaßen testamentarisch geregelt: „A soll meine Alleinerbin sein. B vermache ich meinen Diamantring. C soll nichts mehr erhalten, da sie bereits letztes Jahr von mir 10.000,- € erhalten hat.“ Der letztgenannten Zuwendung lag keine Anrechnungsbestimmung auf den Pflichtteil zugrunde.

Was können B und C noch von ihrer Schwester A verlangen?

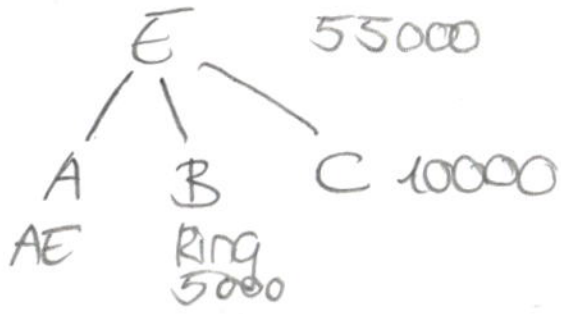

I. Einordnung

Abgesehen von den Problemen des Falles 26 sind im Rahmen des Pflichtteilsrechts durchaus weitere klausurrelevante Probleme anzutreffen. Insbesondere sind hier die Auswirkungen von Zuwendungen von Todes wegen zu nennen, vgl. **§ 2307 BGB**. Derartige Fälle liegen also dann vor, wenn gerade keine „vollständige“ Enterbung vorliegt.

Des Weiteren können im Pflichtteilsrecht auch Verfügungen **unter Lebenden** von Bedeutung sein, wenn sie **gerade in Ansehung** der Pflichtteilsberechtigung vorgenommen worden sind, vgl. **§ 2315 BGB**. Hier können vor allen Dingen Auswirkungen auf die Höhe des schuldrechtlichen Ausgleichsanspruchs des § 2303 I, II BGB auftreten.

II. Gliederung

Erbrechtslage nach E

1. **Alleinerbschaft der A, vgl. § 1937 BGB**
2. **Pflichtteilsansprüche B und C**

a) Berechtigung gem. § 2303 I S. 1 BGB

b) Höhe gem. § 2303 I S. 2 BGB

c) Auswirkung des § 2307 I BGB bei B

d) Auswirkung des § 2315 I BGB bei C

III. Lösung

Um beurteilen zu können, was B und C noch von ihrer Schwester A verlangen können, ist zunächst zu klären, wie sich die erbrechtliche Lage nach E darstellt. Sodann können dann eventuelle Ansprüche der B und C gegen A geprüft werden.

1. Alleinerbschaft der A

Bei Eingreifen der gesetzlichen Erbfolge wären A, B und C gem. § 1924 I, IV BGB zu je $^1/_3$ Miterben.

Hier liegt allerdings ein Testament gem. §§ 2064, 2231 Nr. 2, 2247 I BGB vor, so dass die gewillkürte Erbfolge vorrangig eingreift, vgl. § 1937 BGB.

Der Inhalt des Testaments spricht eindeutig für eine Alleinerbschaft der A. Zwar ist insbesondere bei von juristischen Laien gem. § 2231 Nr. 2 BGB verfassten Testamenten Vorsicht hinsichtlich der Begriffe walten zu lassen. Hier allerdings sind keine Hinweise zu erkennen, dass E nicht im vollen Bewusstsein der Bedeutung der Fachbegriffe gehandelt hat.

Somit ist die A Alleinerbin nach E.

2. Pflichtteilsansprüche von B und C

Fraglich ist nun weiterhin, ob B und C gegen ihre Schwester A anderweitige Ansprüche haben.

In Betracht kommen insbesondere Pflichtteilsansprüche aus **§ 2303 I S. 1 BGB**.

Da A, wie oben dargestellt, Alleinerbin nach E ist, sind eventuelle Pflichtteilsansprüche gegen sie als Teil der Nachlassverbindlichkeiten gem. **§ 1967 II BGB** zu richten.

Anmerkung: Der Pflichtteilsanspruch entsteht gem. § 2317 I BGB mit dem Erbfall. Hiernach ist dieser Anspruch dann auch frei vererblich und übertragbar, vgl. § 2317 II BGB.

a) Pflichtteilsberechtigung gem. § 2303 I S. 1 BGB

Voraussetzung für einen Pflichtteilsanspruch von B und C gegen A ist zunächst eine Pflichtteilsberechtigung gem. **§ 2303 I S. 1 BGB**. B und C sind als Töchter Abkömmlinge der Erblasserin E. Diese sind auch in Form eines Testaments durch Verfügung von Todes wegen von der Erbfolge ausgeschlossen.

Damit besteht die grundsätzliche Pflichtteilsberechtigung gem. § 2303 I S. 1 BGB.

b) Höhe des Pflichtteils gem. § 2303 I S. 2 BGB

Ferner ist zu klären, in welcher Höhe dieser Anspruch grundsätzlich besteht. Dies bestimmt sich nach **§ 2303 I S. 2 BGB**, wonach der Pflichtteilsanspruch in Höhe der Hälfte des gesetzlichen Erbteils besteht.

Wie bereits im vorigen Fall dargestellt, sind hier insbesondere die **§§ 2310, 2311 BGB** zu beachten.

So sind also folglich bei der Ermittlung des Erbteils gem. § 2310 S. 1 BGB alle Personen mitzuzählen, die wegen Ausschlagung, Enterbung und Erbunwürdigkeit nicht erben würden.

Anmerkung: Beachten Sie die Ausnahme für den Fall eines Erbverzichts i.S.d. § 2346 ff. BGB gem. § 2310 S. 2 BGB.

Hier wären grundsätzlich die drei Töchter A, B und C als gesetzliche Erben erster Ordnung gem. §§ 1924 I, IV BGB berufen, so dass das gesetzliche Erbrecht je ein $^1/_3$ beträgt. Folglich beträgt der Pflichtteil von B und C je $^1/_6$.

Hinsichtlich des Wertes ist gem. § 2311 I S. 1 BGB der Wert des Nachlasses zum Zeitpunkt des Erbfalles maßgeblich. Dieses bestand hier also insgesamt aus Werten in Höhe von 60.000,- € (55.000,- € zzgl. Diamantring).

Folglich betrüge die Höhe des jeweiligen Pflichtteilsanspruchs von B und C 10.000,- €.

Anmerkung: Gem. § 2311 I S. 2 BGB ist bei dieser Wertberechnung bei Abkömmlingen und Eltern der sog. Voraus gem. § 1932 BGB des überlebenden Ehegatten nicht in Ansatz zu bringen.

Als Nachlassverbindlichkeit gem. **§ 1967 II BGB** sind diese Ansprüche gegen die Alleinerbin A zu richten.

c) Auswirkung des § 2307 I BGB auf den Anspruch der B

Laut Testament der E soll die B den Diamantring erhalten. Fraglich ist nun insoweit, wie sich diese Zuwendung auf den Pflichtteilsanspruch gem. § 2303 I S. 1 BGB auswirkt.

Wie bereits mehrfach angedeutet, stellen die §§ 2303 ff. BGB eine Einschränkung der Testierfreiheit des Erblassers zum Schutze der Pflichtteilsberechtigten dar. Eines solchen Schutzes bedürfen diese Personen aber dann nicht, wenn der Erblasser sie bedacht hat, auch wenn sie nicht eine Erbenstellung erlangen.

Gem. **§ 2307 I S. 1 BGB** kann ein mit einem Vermächtnis gem. §§ 1939, 2147 ff. BGB bedachter Pflichtteilsberechtigter diesen Pflichtteil nur dann verlangen, wenn er das Vermächtnis ausschlägt gem. § 2180 II, III BGB i.V.m. § 1953 I BGB.

Hier soll B laut Testament den Diamantring im Werte von 5.000,- € erhalten. Es handelt sich hierbei um ein Vermächtnis gem. §§ 1939, 2147 ff. BGB, so dass insoweit § 2307 I S. 1 BGB zur Anwendung kommen kann.

Wendet man allein § 2307 I S. 1 BGB an, so könnte B es entweder bei dem Vermächtnis des Ringes belassen oder dieses Vermächtnis gem. **§ 2180 II, III BGB i.V.m. § 1953 I BGB** ausschlagen, um so den Pflichtteilsanspruch in Höhe von 10.000,- € gegen die Alleinerbin A zu erlangen.

Diese erste Lösung könnte also bei B dann zu einem „minus" in Höhe von 5.000,- € im Vergleich zu dem einfachen Pflichtteilsanspruch nach § 2303 I S. 1 BGB führen.

Allerdings eröffnet **§ 2307 I S. 2 BGB** eine Lösungsmöglichkeit für derartige Problemkonstellationen. Hiernach steht dem Pflichtteilsberechtigten bei Nichtausschlagung des Vermächtnisses der Pflichtteilsanspruch insoweit nicht zu, als der Wert des Vermächtnisses reicht.

Anmerkung: Bei der Berechnung des Wertes des Vermächtnisses ist gem. § 2307 I S. 2 HS 2 BGB zu beachten, dass die Beschränkungen und Beschwerungen des § 2306 BGB außer Betracht bleiben.

Dies bedeutet folglich, dass B einerseits gem. § 2174 BGB den Diamantring von A fordern kann.

Daneben kann B gem. §§ 2303 I S. 1, 2307 I S. 2 BGB weitere 5.000,- € fordern, also die Differenz zwischen dem Wert des Vermächtnisses und dem „normalen" Pflichtteilsanspruch aus §§ 2303 I S. 1, 2310 S. 1, 2311 I S. 1 BGB.

d) Auswirkung des § 2315 I BGB auf den Anspruch der C

Weiterhin ist fraglich, wie sich die Zuwendung unter Lebenden im Jahre vor der Testamentserrichtung in Höhe von 10.000,- € auf den Pflichtteilsanspruch der C gem. § 2303 I S. 1 BGB auswirkt.

Eines Schutzes bedarf die pflichtteilsberechtigte Person nämlich dann insoweit nicht, als schon durch eine Zuwendung unter Lebenden der Wert des Pflichtteilsrechts erfüllt ist, vgl. **§ 2315 I BGB**.

Allerdings ist ein solcher Schutz nur dann gerechtfertigt, wenn diese Zuwendung unter Lebenden gerade in Ansehung der Pflichtteilsberechtigung vorgenommen wird, indem eine ausdrückliche Bestimmung zur Anrechnung auf den Pflichtteil erklärt wird.

Gerade eine solche Bestimmung lag hier aber im Zeitpunkt der Zuwendung laut Sachverhalt nicht vor, so dass eine Anrechnung gem. § 2315 I BGB auf den Pflichtteilsanspruch der C gem. § 2303 I S. 1 BGB nicht vorzunehmen ist.

Damit verbleibt es bei dem Pflichtteilsanspruch der C in Höhe von 10.000,- € gem. § 2303 I S. 1 BGB gegen die Alleinerbin A.

Anmerkung: Für die Fälle, in denen eine Anrechnungsbestimmung gem. § 2315 I BGB vorliegt, ist für die Berechnung des Pflichtteils auf § 2315 II S. 1 BGB zu achten. Hiernach wird nämlich der Wert der Zuwendung unter Lebenden dem Nachlass hinzugerechnet, was also hier zu einem Nachlasswert als Grundlage des Pflichtteils in Höhe von 70.000,- € geführt hätte.

e) Ergebnis

B kann also von der Alleinerbin A gem. § 2174 BGB den Diamantring herausverlangen. Zusätzlich hierzu kann sie gem. §§ 2303 I S. 1, 2307 I S. 2 BGB einen gekürzten Pflichtteilsanspruch in Höhe von 5.000,- € fordern.

C kann dagegen den vollen Pflichtteilsanspruch gem. § 2303 I S. 1 BGB in Höhe von 10.000,- € geltend machen. Eine Anrechnung gem. § 2315 I BGB findet mangels Anrechnungsbestimmung im Sinne dieser Vorschrift nicht statt.

IV. Zusammenfassung

Die Regelungen der § 2303 ff. BGB sind immer unter Ansehung des Spannungsfeldes zwischen dem Schutz der Pflichtteilsberechtigten und der Testierfreiheit des Erblassers zu betrachten. Hieraus erklärt sich oftmals der Sinn der verschiedenen Bestimmungen.

Es lassen sich insoweit auch gut Argumentationshilfen für die eigene Klausur gewinnen. Überaus wichtig ist in diesem Bereich eine **saubere Subsumtion** und **genaues Arbeiten am Gesetzestext**. Insbesondere die Zuwendung eines Vermächtnisses gem. **§ 2307 I BGB** ist als durchaus klausurrelevant im Auge zu behalten.

Neben § 2315 BGB sollten Sie auch die Ausgleichung nach § 2316 BGB kennen. Diese Vorschrift kommt zur Anwendung, wenn der Erblasser Zuwendungen gemacht hat, die nach §§ 2050 ff. BGB auszugleichen sind. Anders als § 2315 BGB führt § 2316 BGB nicht zu einer Reduzierung der Pflichtteilslast, sondern nur zu einer Verschiebung der Ansprüche.

Bsp.: Der verwitwete Erblasser enterbt seine beiden Töchter A und B. Der Nachlass hat einen Wert von 400.000,- € erhalten. A bekam vom Erblasser den Kauf einer Anwaltskanzlei in Höhe von 100.000,- € finanziert, was nach § 2050 BGB auszugleichen ist.

Der Pflichtteilsanspruch beider Töchter beträgt eigentlich 100.000,- € (Pflichtteilsquote ¼ nach §§ 2303, 1924 IV BGB bei einem Nachlass von 400.000,- €). Allerdings ist noch die Zuwendung in Höhe von 100.000,- € auszugleichen, §§ 2316, 2050 BGB. Dazu ist von einem fiktiven Nachlass von 500.000,- € auszugehen (400.000,- €+ 100.000,- €). Der Erbteil beider Töchter beträgt somit eigentlich 250.000,- €. Der Pflichtteilsanspruch der B beläuft sich demnach auf 125.000,- €. Bei A hingegen ist zunächst die auszugleichende Zuwendung abzuziehen, so dass ihr Erbteil nur 150.000,- €, ihr Pflichtteil nur 75.000,- € beträgt.

V. Zur Vertiefung

- Hemmer/Wüst, Erbrecht, Rn. 164 ff. (Pflichtteilsrecht)

Kapitel VI: Der Erbschein

Fall 29: Der „doppelt gutgläubige Erwerb“ (§§ 2353 ff. BGB)

Sachverhalt:

Zum Zeitpunkt des Todes des Erblassers E lebte als einziger Verwandter nur noch dessen Sohn S. Dieser beantragte ordnungsgemäß einen Erbschein, den er auch erteilt bekam. Darin wurde S als unbeschränkter Alleinerbe ausgewiesen. S veräußerte ohne Vorlage des Erbscheins ein wertvolles Gemälde an den Kunstsammler K. Kurz danach fand sich ein wirksames Testament des E, in dem dieser seinen Freund F zum Alleinerben bestimmte. Zudem stellte sich heraus, dass E das Gemälde nur zufällig zur Schätzung seines Wertes in Besitz hatte und es eigentlich im Eigentum des Neureich stand. K ahnte von alledem nichts.

Ist K Eigentümer des Gemäldes geworden?

I. Einordnung

Der **Erbschein (§§ 2353 ff. BGB)** ist ein vom Nachlassgericht ausgestelltes **Zeugnis**, das die Person des Erben und den Umfang seines Erbrechts angibt. Er wird nur **auf Antrag** erteilt (§ 2353 BGB) und dient dem Erben zur **Legitimation im Rechtsverkehr**.

Anmerkung: Der Erbschein ändert nicht die Rechtslage! Allein die Bezeichnung als Erbe im Erbschein begründet noch lange nicht die tatsächliche Erbenstellung.

Bezüglich des Inhalts des Erbscheins besteht die **Vermutung der Richtigkeit und Vollständigkeit (§ 2365 BGB)**. Es wird positiv vermutet, dass der Genannte Erbe ist und negativ, dass er keinen (weiteren als den genannten) Beschränkungen unterliegt.

Der **öffentliche Gaube des Erbscheins (§§ 2366, 2367 BGB)** bezieht sich auf die Vermutungswirkung. Er reicht also nur soweit, wie die Vermutungswirkung des § 2365 BGB geht. Er **ermöglicht gutgläubigen Erwerb Dritter vom sog. „Scheinerben“**. Daneben bleiben die allgemeinen Gutglaubensvorschriften anwendbar.

Wurde ein **Erbschein unrichtig erteilt**, gibt es drei Möglichkeiten zu verfahren: **Einziehung** des Erbscheins (§ 2361 BGB), **Herausgabeverlangen** (§ 2362 BGB) oder **Beantragung eines neuen, eigenen Erbscheins**. Sobald und solange zwei Erbscheine existieren, entfaltet keiner von beiden die Wirkung der §§ 2365 ff. BGB.

II. Gliederung

Ist K Eigentümer des Gemäldes geworden?

1. **Einigung, § 929 S. 1 BGB** (+)
2. **Übergabe, § 929 S. 1 BGB** (+)
3. **Berechtigung des S**
   (-), da S weder Erbe, noch E Eigentümer.
   ⇨ Doppelte Gutgläubigkeit erforderlich.

a) **Öffentlicher Glaube des Erbscheins**, § 2366 BGB

b) **Gutgläubigkeit gem. § 932 II BGB**

III. Lösung

Fraglich ist, ob K Eigentümer des Gemäldes geworden ist. Dies wäre der Fall, wenn S das Gemälde wirksam gem. § 929 S. 1 BGB an den K übereignet hätte.

Anmerkung: Überraschung! Der Bearbeitervermerk klingt nach Sachenrecht pur, die Lösung spielt jedoch hauptsächlich im Erbrecht.

1. Einigung, § 929 S. 1 BGB

Zunächst müssten sich S und K über den Eigentumsübergang **geeinigt** haben, § 929 S. 1 BGB. Davon ist nach dem Sachverhalt auszugehen.

2. Übergabe, § 929 S. 1 BGB

Weiter müsste S das Gemälde an K **übergeben** haben, § 929 S. 1 BGB. Auch dies ist geschehen.

3. Berechtigung des S

Schließlich müsste S **Berechtigter** gewesen sein. Berechtigt ist, wer Eigentümer ist oder gem. § 185 BGB vom Eigentümer zur Verfügung ermächtigt wurde.

Hier könnte S Eigentum an dem Bild wegen der Erbschaft gem. **§ 1922 BGB** erlangt haben. Aber zum einen ist nicht S, sondern F Erbe des E geworden, zum anderen stand das Gemälde schon gar nicht im Eigentum des E, so dass ein Eigentumserwerb nach § 1922 BGB von vorneherein ausscheidet.

S ist folglich jedenfalls **Nichtberechtigter**, so dass nur ein **gutgläubiger Erwerb des K** in Betracht kommt.

a) Öffentlicher Glaube des Erbscheins, § 2366 BGB

Fraglich ist, ob der Erbschein die Berechtigung des S ändert, da er ihn immerhin als Erben des E ausweist.

Der Erbschein ersetzt nur das fehlende Erbrecht des Scheinerben. **Der gutgläubige Erwerber wird so gestellt, wie wenn er vom wahren Erben erwerben würde**.

Anmerkung: Zweck des § 2366 BGB ist dabei, §§ 857, 935 I BGB nicht zur Anwendung kommen zu lassen.

Folglich dürfte K, falls er gutgläubig wäre, S für den Erben des E halten, **§ 2366 BGB**. Da K die Unrichtigkeit des Erbscheins nicht kennt, ist er gutgläubig.

Dem könnte aber entgegenstehen, dass S den Erbschein bei der Veräußerung nicht vorgelegt hatte bzw. K den Erbschein gar nicht kennt. Allerdings tritt beim Erbschein die Gutglaubenswirkung **ohne Rücksicht darauf ein, ob der Dritte überhaupt von der Existenz des Erbscheins wusste**. § 2366 BGB ist kein Vertrauenstatbestand, sondern eine **Richtigkeitsgarantie**. Es kommt deshalb nur auf die objektive Lage an. Gäbe es z.B. auch einen Erbschein, der F als Alleinerben ausweist, so entfiele der öffentliche Glaube wieder, auch wenn K diesen Erbschein ebenfalls nicht kennt.

Anmerkung: Die Anwendbarkeit von § 2366 BGB erfährt mehrere Einschränkungen: wie jede Gutglaubensvorschrift gilt er nur für **Verkehrsgeschäfte**, d.h. es muss auf der Erwerberseite mind. eine Person stehen, die nicht auch auf der Veräußererseite steht. Zudem gilt er nur für Verfügungen, nicht dagegen für Verpflichtungsgeschäfte. Ist der Scheinerbe bereits in das Grundbuch eingetragen, gehen die §§ 892, 893 BGB vor.

b) Gutgläubigkeit gem. § 932 BGB

Weiter müsste K aber auch **gutgläubig hinsichtlich der Eigentümerstellung** des E bzw. seines Erben S gewesen sein, § 932 BGB.

Wegen § 2366 BGB wird K zwar gestellt, als hätte er vom wahren Erben des E erworben, der Erbschein fingiert jedoch nicht die Zugehörigkeit eines Gegenstandes zum Nachlass. Der veräußerte Gegenstand stand nie im Eigentum des Erblassers, so dass **auch der wahre Erbe Nichtberechtigter** ist.

Hier ist K aber auch diesbezüglich gutgläubig, da er weder weiß noch grob fahrlässig nicht weiß, dass das Gemälde nicht Eigentum des Erblassers E bzw. seines Erben S war.

Ein gutgläubiger Erwerb ist auch möglich, da das Bild dem N **nicht abhanden gekommen** war (§ 935 I BGB).

4. Ergebnis

K ist Eigentümer des Gemäldes geworden, da er es gutgläubig gem. §§ 2366, 932 BGB erworben hat.

IV. Zusammenfassung

Sound: Der Erbschein stellt den Erwerber so, als hätte er vom wahren Erben erworben. Unterscheiden Sie deshalb drei Konstellationen:

1. Der Scheinerbe veräußert einen Gegenstand, der zum Nachlass gehört: hier kommt es nur auf § 2366 BGB an.
2. Der wahre Erbe veräußert einen Gegenstand, der nicht zum Nachlass gehört: Hier kommt es nur auf § 932 BGB an.
3. Der Scheinerbe veräußert einen Gegenstand, der nicht zum Nachlass gehört: Hier kommt es auf § 2366 BGB und § 932 BGB an (doppelt gutgläubiger Erwerb).

hemmer-Methode: Die Bedeutung des Erbscheins wird oft nicht verstanden. Lernen Sie hier anhand problemorientierter Darstellung, was der Erbschein bewirkt (und was nicht).

V. Zur Vertiefung

- Hemmer/Wüst, Erbrecht, Rn. 224 ff. (Erbschein)
- Hemmer/Wüst, Sachenrecht II, Rn. 121 ff.

Fall 30: Der gutgläubige Grundstückserwerb

Sachverhalt:

Der Erblasser E war Bucheigentümer eines dem X gehörenden Grundstücks. Er hinterlässt nur einen Sohn S, der sich von dem Amtsgericht-Nachlassgericht einen Erbschein erteilen lässt. Eine Umschreibung des Grundbuchs auf S erfolgt nicht. Im Folgenden veräußert S das Grundstück an den Käufer K und lässt es ihm auch auf. Dieser wird später auch als Eigentümer eingetragen; von der wirklichen Situation bzgl. des Grundstücks hat K keine Kenntnis. Kurze Zeit später aber taucht ein Testament des E auf, das den Freund F zum Alleinerben bestimmt.

Kann der X die Berichtigung des Grundbuchs von K verlangen?

I. Einordnung

Der Erbschein gem. § 2353 BGB kann unter gewissen Voraussetzungen nicht nur im Mobiliarsachenrecht Bedeutung gewinnen, sondern auch im Immobiliarsachenrecht. Insoweit ist genau auf die **Grundbuchsituation** achtzugeben. Entscheidend für die Bedeutung des Erbscheins ist, ob noch der Erblasser als Bucheigentümer eingetragen ist oder ob der Scheinerbe eine Umschreibung auf ihn erwirkt hat. Hier ist die Regelung des **§ 40 I GBO** zu beachten, in deren Kontext der Erbschein gem. **§ 2366 BGB** zur Anwendung kommt.

Anmerkung: Es empfiehlt sich entsprechende Kommentierungen des § 40 I GBO vorzunehmen, wenn derartige Kommentierungen in Ihrer Prüfungsordnung zulässig sind.

II. Gliederung

Grundbuchberichtigungsanspruch gem. § 894 BGB

1. **Formelle Rechtslage**
   Eintragung des K
2. **Materielle Rechtslage**
   ursprünglicher Eigentümer = X
   Gutgläubiger Erwerb des K gem.
   §§ 2366, 873, 925, 892 BGB i.V.m. § 40 I GBO

III. Lösung

Fraglich ist, ob X von dem Käufer K die Berichtigung des Grundbuchs verlangen kann. Ein Anspruch darauf könnte sich aus **§ 894 BGB** ergeben.

Voraussetzung eines derartigen Grundbuchberichtigungsanspruchs gem. § 894 BGB ist, dass die formelle und die materielle Grundbuchlage divergieren.

1. Formelle Grundbuchlage

Die *formelle* Grundbuchsituation stellt sich hier dergestalt dar, dass der Käufer K als Eigentümer des fraglichen Grundstücks eingetragen ist.

2. Materielle Grundbuchlage

Fraglich ist aber nun, ob die *materielle* Grundbuchlage von der eben dargestellten formellen Grundbuchlage divergiert. Dies wäre dann der Fall, wenn der Käufer K nicht Eigentümer des Grundstücks geworden wäre. Somit ist also jetzt hier zu prüfen, wie sich die Eigentumslage an dem fraglichen Grundstück darstellt.

a) Ausgangslage

Der ursprüngliche Eigentümer des Grundstücks war der Anspruchssteller X, so dass diesem jedenfalls dann der Grundbuchberichtigungsanspruch aus § 894 BGB zusteht, wenn keine wirksame Rechtsänderung eingetreten ist.

b) Grundstückserwerb durch K

Möglicherweise hat aber der eingetragene Käufer K das Grundstück infolge der Rechtsgeschäfte mit S wirksam zu Eigentum erworben.

Der Erwerb von Grundeigentum erfordert gem. § 873 I BGB grundsätzlich die Einigung über die Rechtsänderung (Eigentumsübergang) sowie die Eintragung des Eigentumsübergangs in das Grundbuch. Für diese Einigung enthält das Gesetz in § 925 BGB Sondervorschriften für die **Form (§ 925 I BGB)** sowie den Inhalt (§ 925 II BGB).

aa) Auflassung gem. §§ 873 I, 925 I BGB

Zunächst müsste eine dingliche Einigung über den Eigentumsübergang hinsichtlich des Grundstücks vorliegen, die hier als Auflassung bezeichnet wird, vgl. §§ 873 I, 925 I BGB. Veräußerer und Erwerber müssen sich also dahingehend einig sein, dass das Eigentum am Grundstück übergehen soll.

Von einer formwirksamen Auflassung bei beiderseitiger Anwesenheit von S und K vor dem Notar gem. §§ 873 I, 925 I S. 1 BGB ist hier auszugehen.

Anmerkung: Die gleichzeitige Anwesenheit beider Teile erfordert aber nicht, dass sich Veräußerer und Erwerber persönlich im gleichen Raum aufhalten müssen. Erforderlich ist nur, dass die Einigungserklärungen gleichzeitig vor dem Notar abgegeben werden. Da Stellvertreter gem. §§ 164 ff. BGB jeweils eigene Willenserklärungen abgeben, ist folglich eine Stellvertretung im Rahmen der Auflassung möglich. Daraus folgt aber, dass keine Botenschaft möglich ist, da ein Bote nur eine fremde Willenserklärung übermittelt, die bereits vorher abgegeben worden ist, so dass hier keine Gleichzeitigkeit i.S.d. § 925 I S. 1 BGB vorliegt.

bb) Eintragung gem. § 873 I BGB

Die gem. § 873 I BGB notwendige Eintragung des Erwerbers K liegt hier laut Sachverhalt auch vor.

cc) Berechtigung des S

Weitere Voraussetzung eines wirksamen Rechtserwerbs ist grundsätzlich auch die Berechtigung des Veräußerers S. S aber war nicht Eigentümer des Grundstücks, sondern X, vgl. Sachverhalt. S war folglich nicht zur Eigentumsübertragung berechtigt. Auch eine Ermächtigung des S durch den wahren Berechtigten X gem. **§ 185 I BGB liegt nicht vor**, so dass auch insoweit ein wirksamer Eigentumserwerb des Käufers K ausscheiden muss.

dd) Erwerb vom Nichtberechtigten

Fraglich ist aber, ob K das Grundstück wirksam durch redlichen Erwerb gem. § 892 I S. 1 BGB i.V.m. § 2366 BGB erworben hat.

Insoweit sei auf die grundsätzlichen Voraussetzungen eines redlichen Grundstückserwerbs hingewiesen:

- Rechtsgeschäftlicher Erwerb

Anmerkung: In Fällen der vorweggenommenen Erbfolge durch den Bucheigentümer soll § 892 BGB nicht zur Anwendung kommen. Grund hierfür ist die Vermeidung von Wertungswidersprüchen, da ein Eigentumserwerb bei § 1922 BGB hier ja auch nicht möglich ist. Die fehlende Schutzwürdigkeit des Erwerbers lässt sich mit Unentgeltlichkeit des Erwerbs unterstreichen.

- Erwerb durch Verkehrsgeschäft

Anmerkung: Beachten Sie diese Voraussetzung, die sich nicht aus dem Wortlaut des § 892 I S. 1 BGB ergibt. Begründen lässt sich dieses Erfordernis mit dem Ansonsten drohenden Missbrauch der §§ 892 f. BGB. Ein solches Verkehrsgeschäft liegt dann vor, wenn auf der Erwerberseite mindestens eine Person beteiligt ist, die nicht auch der Veräußererseite angehört.

- Redlichkeit des Erwerbers

Anmerkung: Maßgeblicher Zeitpunkt für die Redlichkeit ist grundsätzlich die Vollendung des Rechtserwerbs. Beachten Sie aber die klausurrelevante Ausnahme des § 892 II BGB. Außerdem findet eine **Vorverlagerung des Zeitpunkts** auf den Zeitpunkt der Eintragung der Vormerkung **analog § 883 II BGB** statt (sog. große Lösung bei der Vormerkung).

Ein rechtsgeschäftlicher Erwerb in Form eines Verkehrsgeschäfts liegt hier zwischen S und K unzweifelhaft vor. Fraglich ist aber, ob seitens des Erwerbers K Redlichkeit i.S.d. § 892 I S. 1 BGB vorliegt.

Grundsätzlich ist zu beachten, dass gem. § 892 I S. 1 BGB i.V.m. § 891 I BGB für den Erwerber bei eingetragenen Rechten das Grundbuch als richtig gilt.

Hier aber nun ist problematisch, dass gerade nicht der Veräußerer S im Grundbuch eingetragen war, sondern der Erblasser E. Somit könnte daraus folgen, dass sich der Erwerber K gerade nicht auf die Vermutung des § 891 I BGB berufen kann, da gem. § 39 GBO grundsätzlich eine Voreintragung des Veräußerers notwendig ist.

Möglicherweise ergibt sich aber aus dem Umstand etwas anderes, dass der S Inhaber eines Erbscheins i.S.d. §§ 2353 ff. BGB war. Rechtsfolge eines Erbscheins ist aber zunächst, dass gem. **§ 2365 BGB** vermutet wird, dass der S auch Erbe des Erblasser E ist. Somit könnte dann auch der **öffentliche Glaube des § 2366 BGB** eingreifen, wonach zugunsten eines Erwerbers von einem Scheinerben der Inhalt des Erbscheins im Umfange des § 2365 BGB als richtig gilt. Diese Vermutung kann K auch zugute kommen, da wegen § 40 GBO eine Voreintragung des Erbscheininhabers S nicht notwendig ist.

Rechtsfolge aus diesen Ausführungen ist nun, dass K gem. §§ 2365, 2366 BGB i.V.m. § 40 GBO so gestellt wird, wie wenn er vom wahren Erben F erworben hätte. Von diesem hätte er aber bei Vorliegen der Redlichkeit gutgläubig erwerben können gem. §§ 891 I, 892 I S. 1 BGB.

Da hier im konkreten Fall weder ein Widerspruch gegen die Unrichtigkeit des Grundbuchs eingetragen ist, noch positive Kenntnis seitens des K hinsichtlich der wahren Rechtslage bzgl. des Grundstücks vorliegt, vgl. § 892 I S. 1 BGB, hat K somit auch das Grundstück wirksam zu Eigentum erworben.

ee) Ergebnis

K hat also gem. §§ 2365, 2366, 873 I, 925 I S. 1, 892 BGB i.V.m. § 40 GBO Eigentum an dem Grundstück erworben.

Die Folge daraus ist aber, dass die formelle und die materielle Rechtslage bzgl. des Grundstücks gerade nicht divergieren, sondern vielmehr übereinstimmen. Damit aber steht dem früheren Eigentümer X gegen den Erwerber K kein Anspruch aus § 894 BGB zu.

Anmerkung: Ist der Scheinerbe bereits im Grundbuch eingetragen, so sind für den gutgläubigen Erwerb nur noch die §§ 892 f. BGB, nicht aber die §§ 2366 f. BGB maßgeblich. Der öffentliche Glaube des Grundbuchs geht dem des Erbscheins vor.

IV. Zusammenfassung

Gem. § 40 I GBO kann der Erbe ein Grundstück veräußern, ohne vorher selbst eingetragen zu sein, sofern der Erblasser eingetragen ist. Dann richtet sich der redliche Grundstückserwerb nach der Kombination von § 2366 BGB i.V.m. § 892 I BGB.

Anmerkung: Prüfen Sie wegen des Vorrangs des Grundbuchs vor dem Erbschein immer zuerst, ob sich der redliche Erwerb allein nach §§ 892 f. BGB richten kann. Ist der Scheinerbe nämlich bereits eingetragen, liegt redlicher Erwerb vom Bucheigentümer und nicht vom Scheinerben vor.

V. Zur Vertiefung

- Hemmer/Wüst, Erbecht, Rn. 228 ff. (Öffentlicher Glaube des Erbscheins)
- Hemmer/Wüst, Sachenrecht III, Rn. 79 ff. (Der Erwerb vom Nichtberechtigten)

Kapitel VII: Schnittstellen des Erbrechts mit anderen Rechtsgebieten

Fall 31: Rechtsgeschäfte unter Lebenden auf den Todesfall

Sachverhalt:

Im August 2004 verstarb E. Alleinerbin gemäß wirksamen Testaments ist ihre Schwester S. Im Nachlass wird u.a. ein Sparbuch gefunden, das E bei der Sparkasse Würzburg auf den Namen ihrer Enkelin K hatte anlegen lassen. Sie hatte darauf insgesamt 40.000,- € eingezahlt. E hatte dieses Sparbuch aber behalten und K nichts davon gesagt. S nahm das Sparbuch in Besitz, unternahm im Übrigen aber nichts weiter.

K verlangte nun, nachdem ihr – entsprechend einer Anweisung der E – von der Sparkasse der Sachverhalt mitgeteilt wurde, von dieser die Auszahlung des Guthabens. Von S verlangte sie das Sparbuch heraus. Diese weigerte sich, weil sie mit dem Erbfall Eigentümerin des Sparbuchs geworden sei. Im Übrigen dürfe K das Guthaben ihr gegenüber auch gar nicht behalten; sie widerrufe vielmehr alle Erklärungen der E gegenüber der Sparkasse.

Welche Ansprüche hat K gegen S und die Sparkasse?

I. Einordnung

In Klausur und Praxis problematisch ist oft die Frage, ob eine **Schenkung unter Lebenden** oder eine **Schenkung von Todes wegen** vorliegt. Es ist anerkannt, dass der **echte Vertrag zugunsten Dritter** ein zulässiges Mittel zur Übertragung von Vermögenswerten im Hinblick auf den Tod neben den Verfügungen von Todes wegen ist.

Anmerkung: Die Reichweite des § 2301 BGB ist schon seit dem berühmten „Bonifatius-Fall" des Reichsgerichts (!) umstritten. Vgl. hierzu Martinek/Röhrborn, JuS 1994, 473 ff., 564 ff.

Kennzeichnend für die Schenkung von Todes wegen ist v.a. die **Überlebensbedingung**, d.h. es wird vereinbart, dass die Wirksamkeit der Schenkung davon abhängt, dass der Beschenkte den Schenker überlebt. Diese Bedingung ist im Einzelfall durch **Auslegung** zu ermitteln.

Findet § 2301 BGB Anwendung, kann ein **Formmangel nach § 2301 II BGB geheilt** werden, wenn die Schenkung „vollzogen" ist.

Nach h.M. muss der Schenker noch zu Lebzeiten alles getan haben, um den Rechtserwerb des Beschenkten ohne weitere Maßnahmen von selbst eintreten zu lassen. Der Erblasser, nicht erst der Erbe muss das Vermögensopfer erbringen.

II. Gliederung

1. Anspruch der K gegen die Sparkasse auf Auszahlung

a) Unregelmäßige Verwahrung, § 700 BGB

b) Echter Vertrag zugunsten Dritter, §§ 328 ff. BGB
Hier: Fall des § 331 BGB.

c) Form des § 2301 BGB?
Vertrag zwischen E und Sparkasse nicht formbedürftig.

2. Anspruch der K gegen S auf Herausgabe des Sparbuchs gem. § 985 BGB

a) Voraussetzungen des § 985 BGB
(+) wegen § 952 I BGB

b) Anspruch wegen § 242 BGB ausgeschlossen?

(P): **Unzulässige Rechtsausübung**, wenn S Anspruch gegen K gem. § 812 BGB hat.
Aber: Schenkung wirksam, da § 2301 BGB keine Anwendung findet (str.)

III. Lösung

1. Anspruch der K gegen die Sparkasse auf Auszahlung

Ein Anspruch der K könnte sich aus **§§ 488 I S. 2, 700, 331 BGB** ergeben.

E hat ein Sparbuch auf den Namen der K angelegt. Darin ist eine Vereinbarung mit der Sparkasse zu sehen, der K nach dem Tod der E den Anspruch auf das Guthaben gemäß § 331 BGB zuzuwenden.

Anmerkung: Das Sparbuch ist rechtlich ein **qualifiziertes Inhaberpapier** bzw. ein **hinkendes Legitimationspapier**.
Legitimationspapiere sind Urkunden, gegen deren Vorlage der Schuldner nicht zur Leistung verpflichtet ist, sich aber durch Leistung an den Inhaber befreien kann. Das Sparbuch ist insoweit **qualifiziert**, als der Berechtigte es zur Ausübung seines Rechts vorlegen muss.
Bei den „echten" **Inhaberpapieren** verspricht der Aussteller die Leistung dem jeweiligen Inhaber. Da die Durchsetzbarkeit des Anspruchs an den Besitz des Papiers geknüpft ist, findet die Übertragung nach sachenrechtlichen Grundsätzen durch Übertragung des Papiers statt (§§ 929 ff. BGB).
Das Sparbuch ist ein **hinkendes Inhaberpapier**, weil der Aussteller bei Vorlage des Sparbuchs nicht verpflichtet, sondern nur berechtigt ist, an den Inhaber zu leisten (§ 808 I S. 2 BGB). Die Forderung aus dem Sparvertrag wird durch Abtretung (§§ 398 ff. BGB) übertragen. Das Eigentum an dem Sparbuch geht gem. § 952 I BGB auf den neuen Gläubiger über.

a) Unregelmäßige Verwahrung, § 700 BGB

Korrespondierende Willenserklärungen über die Spareinlage liegen zwischen E und der Sparkasse vor.

Dieser Vertrag bildet das sog. **Deckungsverhältnis**.

Anmerkung: Die rechtliche Einordnung der Einlage von Sparguthaben ist str. Die h.M. sieht darin eine **unregelmäßige Verwahrung (§ 700 BGB)**. Dies ist ein typengemischter Vertrag, der Elemente des Gelddarlehensvertrags und des Verwahrvertrags beinhaltet.

Auf einen solchen Vertrag findet nach **§ 700 I S. 1 BGB** grds. **Darlehensrecht** Anwendung, so dass Anspruchsgrundlage der Auszahlung **§ 488 I S. 2 BGB** ist.

b) Echter Vertrag zugunsten Dritter

aa) Weiterhin müsste K aus dem Vertrag auch ein **eigenes Forderungsrecht** erworben haben, es müsste sich um einen **echten Vertag zugunsten Dritter** handeln.

Dies ist hier offensichtlich gewollt. Zwar ist es nicht ausreichend, dass das Sparbuch auf den Namen der K angelegt wurde, hier bestand aber der eindeutige Wille der E, der K ein eigenes Forderungsrecht einzuräumen. Dies ergibt sich aus der Weisung der E an die Sparkasse.

bb) Da die Leistung erst nach dem Tod der E erfolgen sollte, erwirbt K das Forderungsrecht nach der Auslegungsregel des **§ 331 BGB** erst **mit deren Tod**.

Anmerkung: Beim Vertrag zugunsten Dritter (VZD) unterscheidet man:

1. **Deckungsverhältnis**: Zwischen dem Versprechendem (hier: die Sparkasse) und dem Versprechensempfänger (hier: E). Dieses Verhältnis bestimmt die zu erbringende Leistung und die Person des Dritten.

2. **Valutaverhältnis**: Zwischen Versprechensempfänger und Drittem (hier: K). Dieses ist der Rechtsgrund für die Zuwendung an den Dritten.

3. **Vollzugsverhältnis**: Zwischen Versprechendem und Drittem.

c) Form des § 2301 BGB?

Fraglich ist, ob der Vertrag zwischen E und der Sparkasse zugunsten der K im Hinblick auf **§ 2301 BGB** formwirksam ist. Gemäß § 334 BGB könnte die Sparkasse der K die Formnichtigkeit (§ 125 BGB) entgegenhalten.

Nach ganz h.M. findet § 2301 BGB auf das Deckungsverhältnis zwischen Bank und Erblasser keine Anwendung. Umstritten ist diese Frage aber beim Valutaverhältnis (dazu sogleich).

d) Ergebnis zu 1.

K hat gegen die Sparkasse einen Anspruch auf Auszahlung des Guthabens gem. §§ 700 I, 488 I S. 2, 331 BGB.

2. Anspruch der K gegen S auf Herausgabe des Sparbuchs gem. § 985 BGB

K könnte gegen S einen Anspruch auf Herausgabe des Sparbuchs gem. § 985 BGB haben.

a) Voraussetzungen des § 985 BGB

Gemäß **§ 952 I BGB** steht der K mit der Inhaberschaft der Forderung (s.o.) auch das **Eigentum** am Sparbuch zu (vgl. oben).

S hat **unmittelbare Sachherrschaft** am Sparbuch. Als Erbin der E hat sie zudem (fiktiven) **Erbenbesitz gem. § 857 BGB**.

Ein **Recht zum Besitz nach § 986 I BGB** ist nicht ersichtlich.

b) Ausschluss des Anspruchs gem. § 242 BGB

Der Anspruch der K könnte aber wegen **unzulässiger Rechtsausübung gem. § 242 BGB** ausgeschlossen sein. **Danach handelt jemand arglistig, der etwas herausfordert, dass er sofort wieder zurückgeben muss** (dolo agit qui petit quod statim redditurus est). Dies könnte der Fall sein, wenn S gegen K ein **Anspruch aus Bereicherungsrecht** zusteht.

S könnte gegen K einen Anspruch auf Herausgabe des Sparbuchs gem. **§ 812 I S. 1 Alt. 1 BGB** haben.

aa) Erlangt hat K die Forderung gegen die Sparkasse aus dem Vertrag zugunsten Dritter und das Eigentum an dem Sparbuch.

bb) Dies geschah auch **durch Leistung** der E, die bewusst und zweckgerichtet das Vermögen der K mehren wollte.

cc) Fraglich ist aber, ob nicht ein **Rechtsgrund** für die Leistung gegeben ist. Dies wäre der Fall, wenn ein wirksames Valutaverhältnis bestünde. Im Betracht käme ein wirksamer **Schenkungsvertrag** zwischen K und E.

Anmerkung: Spätestens jetzt empfiehlt es sich, sich anhand einer Skizze die Rechtsbeziehungen zwischen den Beteiligten zu veranschaulichen.

(1) Zunächst müssten **korrespondierende Willenserklärungen** vorliegen (§§ 145 ff. BGB).

Das **Angebot** der E wurde von der Sparkasse als Bote an die K übermittelt. Dass E zu diesem Zeitpunkt schon tot war, hindert dessen wirksamen **Zugang** nicht (**§ 130 II BGB**). Der Widerruf der S (vgl. § 671 BGB bzw. § 130 I S. 2 BGB) kam zu spät, da das Angebot schon zugegangen war.

Die **Annahme** wurde wirksam erklärt (**§ 153 BGB**), wobei auf den Zugang der Annahmeerklärung konkludent verzichtet wurde (**§ 151 BGB**).

Somit liegen zwei korrespondierende Willenserklärungen vor.

(2) Fraglich ist aber, ob der Schenkungsvertrag **formwirksam** ist.

§ 518 I BGB greift nicht ein, weil der Beschenkte auch mit dem Tod des Schenkers die Forderung erwirbt und somit wegen Erfüllung Heilung eintritt (§ 518 II BGB). Die fehlende notarielle Beurkundung des Versprechens ist also geheilt.

Es könnte sich aber um eine **Schenkung von Todes wegen** handeln, so dass die besondere Formvorschrift des **§ 2301 BGB** Anwendung finden könnte.

Nach wohl h.M. ist die Anwendung des § 2301 BGB abzulehnen, weil **§ 331 BGB eine Sondervorschrift gegenüber dieser Regelung** darstellt.

Nach a.A. ist § 2301 BGB dagegen zum **Schutz der erbrechtlichen Formstrenge** anzuwenden.

Anmerkung: Bei Anwendung des § 2301 BGB müsste eine bestimmte Form eingehalten werden. Nach e.A. genügt die Form des Testaments (§ 2247 BGB), nach h.M. muss die Form des Erbvertrags (§ 2276 BGB) erfüllt sein, da § 2301 BGB im Abschnitt über den Erbvertrag steht.

Der h.M. ist zu folgen: denn einerseits wäre die Anwendung des § 2301 BGB im Alltagsgeschäft der Banken schon aufgrund der hohen Formanforderungen **kaum praktikabel**.

Aber auch **Sinn und Zweck des § 2301 BGB** gebieten hier nicht die Anwendung: Die Norm will letztlich Unklarheiten bei der Verteilung des Nachlasses vermeiden.

Deshalb soll möglichst alles, was mit der **Auseinandersetzung des Nachlasses** zu tun hat, schriftlich niedergelegt werden (der Erblasser, den man fragen müsste, ist ja tot). Die fragliche **Forderung ist jedoch nie Teil des Nachlasses gewesen**, da sie erst mit dem Tod des Erblassers entsteht.

§ 2301 BGB ist deshalb mit der h.M. nicht anzuwenden. Die Schenkung ist deshalb wirksam und stellt einen Rechtsgrund für den Forderungserwerb dar.

Dem Anspruch auf Herausgabe des Sparbuchs steht daher nicht § 242 BGB entgegen.

c) Ergebnis zu 2.

Somit besteht ein Anspruch der K gegen S auf Herausgabe des Sparbuchs gem. § 985 BGB.

IV. Zusammenfassung

Sound: § 331 BGB ist lex specialis zu § 2301 BGB. Das Valutageschäft des VZD ist deshalb nicht formbedürftig.

hemmer-Methode: Die Anwendung von § 2301 BGB ist ein sehr schwieriges, aber auch sehr altes Problem. Seine Kenntnis wird deshalb von den Korrektoren vorausgesetzt. Dieser Fall sollte zeigen, an welch versteckten Stellen schwierigste erbrechtliche Probleme auftauchen können. Nach der Durcharbeitung dieses Falles ist Ihr Auge hoffentlich dafür geschult, denn es gilt: Problem erkannt, Gefahr gebannt.

V. Zur Vertiefung

- Hemmer/Wüst, Erbrecht, Rn. 139 (Vermächtnis und Schenkung von Todes wegen)

Fall 32: Der Erbschaftsbesitz (§§ 2018 ff. BGB)

Sachverhalt:

Am 3. Januar 2004 verstarb die Witwe W. Neben einigen anderen Gegenständen hinterließ sie eine goldene Uhr und ein Grundstück im Wert von 200.000,- €. Von ihren Verwandten lebten zu diesem Zeitpunkt nur noch ihre Tochter T und ihr Bruder B. T nahm schließlich den kompletten Nachlass in Besitz.

Am 10. März 2004 veräußerte T das Grundstück an K für 200.000,- €. Dieser wurde als Eigentümer ins Grundbuch eingetragen.

Im Januar 2005 fand sich ein wirksames Testament der W, in dem sie B zum Alleinerben einsetzte.

Hat B Ansprüche gegen K und T?

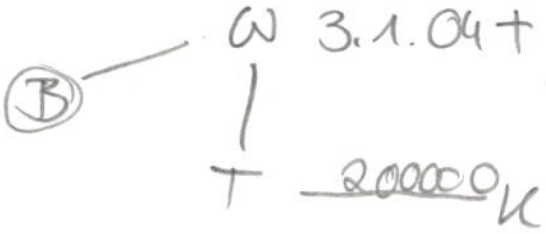

I. Einordnung

Herausgabeansprüche finden sich nicht nur im Sachenrecht (§§ 985, 861, 1007 BGB) oder Schuldrecht (§§ 812 ff., 823 ff. BGB), sondern **auch im Erbrecht**: dort findet sich der **Anspruch des wahren Erben gegen den Scheinerben** in § 2018 BGB.

Die **§§ 2018 ff. BGB** sind ein **Gesamtanspruch**, d.h. der wahre Erbe kann den gesamten Nachlass als solches herausverlangen.

Anmerkung: Dies ist ein großer Vorteil gegenüber den daneben anwendbaren Einzelansprüchen (z.B. § 985 BGB). Bei den Einzelansprüchen müsste der wahre Erbe jeden Nachlassgegenstand einzeln herausverlangen, so z.B. die Übereignung der Uhr nach § 985 BGB, die Übereignung des Grundstücks nach §§ 873, 925 BGB, ggf. die Abtretung einer Forderung nach § 398 BGB etc. Dies alles wird vereinfacht durch die Herausgabe des Nachlasses nach §§ 2018 ff. BGB.

Auch **prozessual** bietet der Gesamtanspruch eine Erleichterung: zwar muss der Erbe bei einer Klage wegen § 253 II Nr. 2 ZPO jeden Nachlassgegenstand einzeln benennen; er kann die Liste aber wegen **§ 264 Nr. 2 ZPO** jederzeit ergänzen, da sich der Streitgegenstand (= der Erbschaftsanspruch) nicht ändert. Zudem besteht ein **einheitlicher Gerichtsstand (§ 27 ZPO)**.

II. Gliederung

1. Ansprüche des B gegen K auf Herausgabe des Grundstücks

a) **§ 2018 BGB** (-)
K besitzt nicht als vermeintlicher Erbe.

b) **§§ 2030, 2018 BGB** (-)
Kein Erwerb der gesamten Erbschaft.

c) **§ 985 BGB** (-)
K ist Eigentümer geworden.

2. Ansprüche des B gegen T

a) **Herausgabe der goldenen Uhr (+)**.

b) **Herausgabe des Grundstücks**

aa) § 2018 BGB
Direkt zwar (-), aber § 2019 I BGB (+)

bb) § 985 BGB (+)

c) **Schadensersatzansprüche** (-)

III. Lösung

1. Ansprüche des B gegen K auf Herausgabe des Grundstücks

Fraglich ist, ob B gegen K Ansprüche auf Herausgabe des Grundstücks hat.

a) § 2018 BGB

In Betracht käme ein Herausgabeanspruch nach **§ 2018 BGB**, wenn K **Erbschaftsbesitzer** wäre.

Erbschaftsbesitzer ist, wer

- Erbschaftsgegenstände unter Berufung auf ein vermeintliches Erbrecht besitzt *oder*
- Erbschaftsgegenstände, die er irgendwie erlangt hat, unter Berufung auf ein vermeintliches Erbrecht verteidigt *oder*
- die Erbschaft als Ganzes von einem Erbschaftsbesitzer gekauft hat, § 2030 BGB.

Anmerkung: Der **vorläufige Erbe** ist dagegen nicht Erbschaftsbesitzer, wenn er die Erbschaft später ausschlägt. Für ihn sieht **§ 1959 BGB** als lex specialis eine **Haftung nach GoA** vor.

Hier passt keiner der Fälle auf K, denn dieser besitzt nicht aufgrund eines vermeintlichen Erbrechts. § 2018 BGB ist deshalb nicht anwendbar.

b) §§ 2030, 2018 BGB

Möglicherweise ist aber § 2018 BGB über **§ 2030 BGB** anwendbar, da K das Grundstück von T gekauft hat und das Grundstück den Großteil des Nachlasses ausmacht.

Allerdings meint § 2030 BGB nur den Fall, dass der Erwerber den **gesamten Nachlass** erwirbt, **nicht nur einzelne Nachlassgegenstände**. Eine wertende Betrachtung, etwa ob der Gegenstand nahezu den gesamten Nachlass bildet, so wie es im Rahmen der Einzeltheorie bei § 1365 BGB geschieht, findet hier nicht statt.

Somit ist auch § 2030 BGB nicht anwendbar.

c) § 985 BGB

Schließlich könnte B noch einen Herausgabeanspruch aus § 985 BGB haben. Dieser scheitert jedoch schon daran, dass K Eigentum am Grundstück erlangt hat.

Anmerkung: In der Klausur müssten Sie jetzt noch ausführlich weitere Herausgabeansprüche prüfen, was hier aus Platzgründen unterbleibt. Sie scheitern sämtlich: §§ 861, 1007 BGB, da B nie Besitz am Grundstück hatte; § 823 BGB, da kein Verschulden des K vorliegt; § 812 BGB, da mit dem Kaufvertrag ein Rechtsgrund besteht.

d) Zwischenergebnis

B hat keinerlei Herausgabeansprüche gegen K.

2. Ansprüche des B gegen T

Fraglich ist, ob B etwas von T verlangen kann.

a) Herausgabe der goldenen Uhr

Möglicherweise könnte B von T Herausgabe der goldenen Uhr verlangen.

aa) Ein Anspruch besteht gem. **§ 2018 BGB**, da T die Uhr **aufgrund eines vermeintlichen Erbrechts besitzt**. T nahm nämlich den Nachlass als vermeintliche gesetzliche Alleinerbin (vgl. §§ 1924 I, 1930 BGB) in Besitz.

bb) Ein Anspruch besteht auch gem. **§ 985 BGB**, da B Eigentum an der Uhr erworben hat (§ 1922 I BGB), T die Uhr besitzt und kein Recht zum Besitz hat.

Anmerkung: Sämtliche (schuld- oder sachenrechtlichen) Einzelansprüche bleiben neben den §§ 2018 ff. BGB anwendbar, werden aber ggf. in den Rechtsfolgen modifiziert (§ 2029 BGB) und an die Regeln über den Erbschaftsbesitz angepasst.

B kann die goldene Uhr von T herausverlangen.

b) Herausgabe des Geldes

Fraglich ist aber, ob B auch das Grundstück herausverlangen kann.

aa) § 2018 BGB

Ein Anspruch (nur) aus § 2018 BGB scheidet aus, weil T das Grundstück nicht mehr besitzt.

Jedoch erweitern die **§§ 2019, 2020 BGB** den Herausgabeanspruch auf **Surrogate** und **Nutzungen**.

Somit könnte B einen Anspruch auf Herausgabe der 200.000,- € haben, falls diese ein **Surrogat** des Grundstücks sind, **§§ 2018, 2019 I BGB**.

Die 200.000,- € sind das Surrogat für den Erbschaftsgegenstand „Grundstück", denn sie wurden **mit Mitteln der Erbschaft** – eben durch die Veräußerung des Grundstücks – **erworben**. Damit wurden die 200.000,- € automatisch durch **dingliche Surrogation** Bestandteil der Erbschaft.

bb) § 985 BGB

Daneben besteht ein Anspruch des B gem. § 985 BGB, da er durch die **dingliche Surrogation** des § 2019 I BGB Eigentum am Geld erlangt hat.

Anmerkung: Beachten Sie bitte, dass auch bereicherungsrechtliche Ansprüche (§ 816 I S. 1, II BGB) auf Herausgabe der 200.000,- in Betracht kommen. Von deren Darstellung wurde hier abgesehen.

c) Schadensersatzansprüche

Fraglich ist schließlich, ob B Schadensersatzansprüche gegen T zustehen.

aa) Da T **nicht bösgläubig** war, scheiden Ansprüche nach **§§ 2023, 2024 BGB** aus.

bb) Gleiches gilt für **§§ 989, 990 BGB**.

cc) Die **§§ 823 ff. BGB** sind wegen der **Sperrwirkung des § 2025** BGB nicht anwendbar.

Somit stehen B keine Schadensersatzansprüche zu.

IV. Zusammenfassung

Sound: Der wahre Erbe kann vom vermeintlichen Erben Herausgabe des gesamten Nachlasses gem. §§ 2018 ff. BGB, sowie Herausgabe jedes einzelnen Nachlassgegenstandes nach Einzelansprüchen (z.B. § 985 BGB) verlangen. Die Einzelansprüche werden ggf. durch die §§ 2018 ff. BGB modifiziert.

hemmer-Methode: Der Erbschaftsbesitz ist klausurrelevant, denn er ist „das Problem mehr" in der Klausur. Durch ihn lassen sich komplexe sachen- und erbrechtliche Probleme nebeneinander abprüfen.

V. Zur Vertiefung

- Hemmer/Wüst, Erbrecht, Rn. 187 ff. (Erbschaftsbesitzer)

Fall 33: Verwendungen des Erbschaftsbesitzers gem. § 2022 BGB

Sachverhalt:

Der verwitwete Erblasser E hinterließ nach seinem Tode einen umfangreichen Nachlass. Der größte Stolz des E war ein Oldtimer des Typs Mercedes Cabrio 180, Farbe babyblau. Sein einziger Sohn S nahm aufgrund des Glaubens an eine gesetzliche Alleinerbschaft den Nachlass samt Mercedes Cabrio 180, Farbe babyblau in Besitz. Er unternahm umfangreiche Reparaturmaßnahmen an dem Wagen, da E den Wagen im Alter doch recht vernachlässigt hatte.

Aufgrund eines Zufalls trat aber elf Jahre später ein Testament des E zu Tage, das den Freund F als Alleinerben auswies. Dieser verlangt nun von S den Nachlass heraus. S entgegnet, dass ihm doch wohl spätestens jetzt alles gehöre. Wenn dies nicht der Fall sein sollte, müsse der F ihm wenigstens die Reparaturkosten ersetzen.

Wie ist die Rechtslage?

I. Einordnung

Der Gesamtherausgabeanspruch des § 2018 BGB wirkt sich vor allem über die §§ 2026, 2029 BGB auch auf das „normale" Sachenrecht aus. So schließt **§ 2026 BGB** die Berufung auf die Ersitzung gem. § 937 BGB aus. Über **§ 2029 BGB** finden die Privilegierungen der §§ 2018 ff. BGB insbesondere Eingang in das EBV der §§ 987 ff. BGB. Die §§ 2018 ff. BGB regeln nicht ausschließlich Ansprüche des wahren Erben gegen den Erbschaftsbesitzer, sondern gewähren diesem umgekehrt auch einen Verwendungs- und Aufwendungsanspruch gegen den wahren Erben, vgl. **§ 2022 BGB**. Somit finden sich auch hier gewisse Parallelen zu dem EBV der §§ 987 ff. BGB.

II. Gliederung

Anspruch auf Herausgabe:

1. **Anspruch aus § 2018 BGB**
   - **a)** keine Berufung auf § 937 BGB, vgl. § 2026 BGB
   - **b)** ZBR gem. § 273 BGB wg. § 2303 BGB (-)
   - **c)** ZBR aus § 2022 BGB (+)
2. **Anspruch aus § 985 BGB**
   Beachte § 2029 BGB
3. **Anspruch aus § 861 BGB**
   aber § 864 BGB

III. Lösung

Fraglich ist, ob F von S Herausgabe des Wagens verlangen kann. Ist dies der Fall, ist darüber hinaus zu klären, ob S einem solchen Anspruch eigene Gegenrechte entgegenhalten kann.

1. Anspruch aus § 2018 BGB

Dem F könnte der Gesamtherausgabeanspruch aus § 2018 BGB zustehen, der auch den Einzelgegenstand des KFZ umfassen würde. Voraussetzung für diesen Herausgabeanspruch ist, dass „etwas aus der Erbschaft aufgrund eines vermeintlichen Erbrechts" erlangt wurde, vgl. § 2018 BGB. Wie im vorigen Fall bereits dargestellt, ist dies der Fall, wenn S den Wagen unter Berufung auf ein **vermeintliches Erbrecht** besitzt oder unter einer solchen Berufung gegen Ansprüche verteidigt.

Hier hält sich S für den gesetzlichen Alleinerben i.S.d. § 1924 I BGB, so dass dem wahren Erben F grundsätzlich der Herausgabeanspruch aus § 2018 BGB zusteht.

a) Auswirkung des § 937 BGB

Fraglich ist aber, wie der Einwand des S zu behandeln ist, dass er „ spätestens jetzt“ Eigentümer des Wagens sei. Er beruft sich also auf eine **Ersitzung nach § 937 I BGB**. Voraussetzung für eine solche Ersitzung ist, dass er eine bewegliche Sache gutgläubig, vgl. § 937 II BGB, im Eigenbesitz hat. Eigenbesitz liegt dann vor, wenn S den Mercedes als ihm gehörend besitzt, vgl. § 872 BGB. Ferner ist als Zeitmoment eine Zehn-Jahresspanne des gutgläubigen Eigenbesitzes notwendig. Da die wahre Rechtslage nur aufgrund eines Zufalls nach elf Jahren zu Tage getreten ist und S den Wagen auch als ihm gehörend besaß, vgl. die umfangreichen Reparaturmaßnahmen, liegen die Voraussetzungen einer Ersitzung nach **§ 937 I, II BGB i.V.m. § 872 BGB** mithin vor.

Anmerkung: Wie aus § 937 II BGB zu erkennen ist („...ist ausgeschlossen,...“), wird die Gutgläubigkeit vermutet, so dass der Gegner im Prozess die Vermutung widerlegen müsste.

Möglicherweise ist hier eine Berufung auf § 937 I BGB ausgeschlossen. In **§ 2026 BGB** findet sich für den Erbschaftsanspruch eine weitere Modifikation zum „normalen“ Sachenrecht. Hiernach ist eine Berufung auf § 937 I BGB dann verwehrt, wenn S die Sache als zur Erbschaft gehörend besitzt und der **Erbschaftsanspruch des § 2018 BGB noch nicht verjährt** ist.

S besitzt den Wagen auch aufgrund des vermeintlichen Erbrechts als zur Erbschaft gehörend. Ferner verjährt der Anspruch aus § 2018 BGB gem. **§ 197 I Nr. 2 BGB** erst nach 30 Jahren (Beginn der Frist, vgl. § 199 I BGB), so dass hier dieser Anspruch jedenfalls noch nicht verjährt ist. Folge hieraus ist, dass sich S aufgrund des § 2026 BGB nicht auf § 937 I BGB berufen kann.

Beachte: In erbrechtlichen Fallkonstellationen kann auch die Ablaufhemmung gem. § 211 BGB Bedeutung erlangen, so dass sich eine entsprechende Kommentierung empfiehlt, soweit dies von der jeweiligen Prüfungsordnung Ihres Bundeslandes zugelassen ist.

b) ZBR aus § 273 I BGB i.V.m. § 2303 I BGB

Ferner ist zu klären, ob S ein Zurückbehaltungsrecht aus § 273 I BGB gegen den Herausgabeanspruch aus § 2018 BGB zusteht. Ein solches könnte sich grundsätzlich aus **§ 2303 I BGB** ergeben, da S als Pflichtteilsberechtigter gem. § 2303 I BGB einen schuldrechtlichen Anspruch gegen den wahren Erben F hat.

I.R.d. Anspruchs aus § 2018 BGB kann ein solches ZBR gerade **nicht** anerkannt werden. Grund hierfür ist, dass S sich erst nach Inbesitznahme einen Überblick verschaffen kann und auch erst dann in der Lage ist, den Umfang des Pflichtteils zu berechnen. Ein ZBR würde damit eine Erbschaftsregulierung gerade verhindern und ist daher abzulehnen.

c) ZBR aus § 2022 I BGB

In Betracht kommt allerdings ferner ein Zurückbehaltungsrecht aus **§ 2022 I S. 1, 2 BGB i.V.m. § 1000 S. 1 BGB** wegen auf den Nachlass gemachter **Verwendungen**.

Voraussetzung ist also, dass es sich bei der Reparatur des Mercedes um Verwendungen i.S.d. § 2022 I BGB handelt. Unter Verwendung versteht man in Anwendung des *engen Verwendungsbegriffs* des BGH willentliche Vermögensaufwendungen, die der Sache zugute kommen sollen, ohne die Sache grundlegend zu verändern. Die Reparaturkosten stellen insoweit sogar notwendige Verwendungen i.S.d. § 994 I BGB dar, da sie zum Erhalt des Wagens objektiv erforderlich waren. Zu beachten ist allerdings, dass es auf die Notwendigkeit im Rahmen des § 2022 I BGB im Gegensatz zu § 994 ff. BGB gerade nicht ankommt.

Anmerkung: Erst ab dem Zeitpunkt der Rechtshängigkeit bzw. ab Bösgläubigkeit wird diese Unterscheidung relevant, vgl. die Verweisungen der §§ 2023 II, 2024 BGB auf das EBV.

Damit kann S also die Herausgabe der Erbschaftsgegenstände gem. § 2022 I BGB i.V.m. § 1000 S. 1 BGB verweigern, bis F ihm die Reparaturkosten ersetzt.

2. Anspruch aus § 985 BGB

Daneben kommt auch hinsichtlich der Herausgabe der Einzelanspruch aus § 985 BGB in Betracht, wie sich insbesondere aus **§ 2029 BGB** ergibt.

Dieser Anspruch steht dem wahren Erben als Eigentümer auch zu. Fraglich ist allerdings, wie sich die Modifikationen der § 2018 ff. BGB auf den Einzelanspruch auswirken. Zur Regelung dieser Problematik ist auf § 2029 BGB zu achten. Konsequenz daraus ist, dass auch insoweit über § 2029 BGB eine Berufung auf die Ersitzung gem. § 937 I BGB wegen § 2026 BGB ausgeschlossen ist, da sonst die Privilegierungen der §§ 2018 ff. BGB ins Leere laufen würden.

Allerdings kann S dem Anspruch aus § 985 BGB auch das Zurückbehaltungsrecht gem. **§§ 2029, 2022 I S. 1, 2 BGB i.V.m. § 1000 S. 1 BGB** entgegenhalten.

3. Anspruch aus § 861 BGB

Über die Fiktion des **§ 857 BGB** war der wahre Erbe F Besitzer, so dass ein Anspruch aus § 861 I BGB wegen Besitzentziehung in Frage kommt. § 857 BGB bewirkt, dass der Erbe in genau die Besitzposition einrückt, die auch der Erblasser innehatte. Da E der unmittelbare Besitzer i.S.d. § 854 I BGB war, wurde somit auch F unmittelbarer Besitzer, so dass hier folglich auch **verbotene Eigenmacht gem. § 858 I BGB** grundsätzlich vorliegt. Damit ist auch ein Anspruch aus § 861 I BGB gegeben.

Die Besitzschutzansprüche sind allerdings für rasche Beseitigungen für Besitzbeeinträchtigungen gedacht, so dass insoweit auch verkürzte Ausschlussfristen gelten. Nach § 864 I BGB erlischt der Anspruch aus § 861 I BGB mit Ablauf eines Jahres nach Ausübung der verbotenen Eigenmacht. Diese Ausschlussfrist ist auch von Amts wegen zu beachten. Somit ist hier nach elf Jahren der Anspruch aus § 861 I BGB gem. § 864 I BGB erloschen.

Anmerkung: Weitere Ansprüche, etwa aus §§ 1007 I, II, 812 I S. 1 Alt. 2 BGB, wären im Falle einer klausurmäßigen Bearbeitung auch zu prüfen, was hier aber aus Platzgründen unterbleibt. Wichtig ist, dass auch hier § 2029 BGB beachtet wird.

IV. Zusammenfassung

Die §§ 2018 ff. BGB weisen vielfältige Parallelen zu §§ 987 ff. BGB auf. Es gilt hier nur auf die jeweiligen Besonderheiten zu achten, so dass überflüssiges Lernen vermieden werden kann.

Im Verhältnis zu den Einzelansprüchen muss immer § 2029 BGB im Auge behalten werden, um nicht die gesetzliche Wertung der §§ 2018 ff. BGB aus den Angeln zu hebeln.

V. Zur Vertiefung

- Hemmer/ Wüst, Erbrecht, Rn. 187 (Erbschaftsbesitzer)

Fall 34: Die Erbnachfolge in Personengesellschaften

Sachverhalt:

A, B und C betrieben einen Großhandel für Elektrogeräte. In ihrem wirksamen Gesellschaftsvertrag heißt es u.a.: „Im Falle des Todes von Gesellschafter A tritt seine Frau F automatisch an seine Stelle".

A hat außerdem einen Sohn S, dem er die Nachfolge als Gesellschafter nicht zutraut, da es dem S an Reife mangelt. Im Herbst 2004 verstarb A, ohne ein Testament zu hinterlassen.

Wer ist Gesellschafter in Nachfolge des A geworden?

I. Einordnung

Die Erbnachfolge in Personengesellschaften ist ein klassisches Problem, in dem sich die **Problemkreise des Gesellschafts- und Erbrechts** überschneiden.

II. Gliederung

Wer ist Nachfolger des A?

1. **Reine Fortsetzungsklausel**
   (-), da F einrücken soll.
2. **Eintrittsklausel**
   (-), da automatischer Eintritt gewollt.
3. **Nachfolgeklausel**

a) **„Gesellschaftsrechtliche Lösung"**

b) **„Erbrechtliche Lösung"**

aa) **Grundsätzliche Bedeutung der „erbrechtlichen Lösung"**

bb) **(P): Miterbengemeinschaft**

cc) **Qualifizierte Nachfolgeklausel**

III. Lösung

Vorab ist klarzustellen, dass die **Gesellschaft** über den Tod des A hinaus **fortbesteht**, wie ein Umkehrschluss aus **§ 131 III S. 1 Nr. 1 HGB** ergibt.

Anmerkung: Anwendbar ist vorliegend das **Recht der offenen Handelsgesellschaft (OHG), §§ 105 ff. HGB**, da A, B und C ein Handelsgewerbe – welches kein Kleingewerbe i.S.d. § 1 II HGB ist – betreiben. Es ist dabei zulässig, im Gesellschaftsvertrag Regelungen über die Nachfolge eines verstorbenen Gesellschafters zu treffen, da § 131 HGB, wie sich aus dem Wortlaut ergibt, **dispositiv** ist.

Der Gesellschafterbestand hängt davon ab, wie die Klausel in dem Gesellschaftsvertrag auszulegen ist.

1. Reine Fortsetzungsklausel

Es könnte sich um eine reine Fortsetzungsklausel handeln.

Eine solche Klausel beinhaltet, dass die **Gesellschaft unter den Überlebenden** (hier also B und C) **fortgesetzt** wird. Den Erben steht dann grds. ein **schuldrechtlicher Anspruch auf Abfindung** in Höhe des Kapitalwertes gem. § 105 III HGB, § 738 I S. 2 BGB zu.

Abgesehen davon, dass solche Klauseln durch § 131 HGB **überflüssig** geworden sind, ist hier ganz offensichtlich beabsichtigt, dass F in die OHG einrückt.

Es handelt sich folglich nicht um eine Fortsetzungsklausel.

2. Eintrittsklausel

Es könnte sich aber um eine Eintrittsklausel handeln.

Eine Eintrittsklausel liegt vor, wenn vereinbart wird, dass nach dem Tod eines Gesellschafters **der oder die Erben oder ein Dritter das Recht hat, in die Gesellschaft einzutreten**.

Hierbei handelt es sich um einen **echten Vertrag zugunsten Dritter auf den Todesfall (§§ 328, 331 BGB)**, so dass der Dritte nach dem Tod **das Recht, nicht aber die Pflicht hat, in die Gesellschaft einzutreten**. Der Eintritt erfolgt dann durch Rechtsgeschäft unter Lebenden.

Hier spricht der Wortlaut der Klausel klar gegen diese Auslegung. Das Einrücken sollte automatisch und sofort mit dem Tod stattfinden.

Es liegt deshalb auch keine Eintrittsklausel vor.

3. Nachfolgeklausel

Schließlich käme eine Nachfolgeklausel in Betracht.

Eine Nachfolgeklausel ist eine Klausel, nach der beim Tod eines Gesellschafters dessen **Erben, einer der Miterben oder ein Dritter ohne weiteres** als Rechtsnachfolger in die Gesellschaft einrücken soll. Dem Nachfolger wird nicht nur ein Anspruch zugewandt, sondern **der Gesellschaftsanteil selbst**.

Hier spricht der Wortlaut der Klausel (*„automatisch“*) dafür, dass eine Nachfolgeklausel gewollt ist.

Fraglich ist aber, **ob und wie eine solche Klausel möglich und zulässig ist**.

a) „Gesellschaftsrechtliche Lösung“

Fraglich ist, ob der Eintritt völlig losgelöst von der erbrechtlichen Situation möglich ist. Dies wäre der Fall, wenn die Klausel **rein gesellschaftsrechtlich als Vertrag zugunsten Dritter** wirken würde (ähnlich wie die Eintrittsklausel).

aa) An dieser Stelle wird häufig mit **§ 139 HGB** argumentiert. Nach wohl h.M. meint § 139 HGB aber einen **ganz anderen Fall**: Er setzt nämlich einen **bereits erfolgten wirksamen Beitritt** voraus, sagt aber gerade nichts über die Zulässigkeit der Beitrittskonstruktion.

bb) Problematisch ist nun, dass die Zuwendung des Gesellschaftsanteils kein Verpflichtungsgeschäft, sondern eine **Verfügung** ist. Die **§§ 328 ff. BGB** wären somit nur **analog** anwendbar.

Jedoch fehlt es nach h.M. an der **vergleichbaren Interessenlage**, da es sich zugleich um einen **unzulässigen Vertrag zu Lasten Dritter** handeln würde. Die Gesellschafterstellung bringt nämlich nicht nur Rechte mit sich, sondern auch Pflichten und Risiken (vgl. §§ 128 ff. HGB).

Anmerkung: Weiter wird argumentiert, schon die Stellung der §§ 328 ff. BGB im Gesetz hindere eine analoge Anwendung auf Verfügungen. Auch der Wortlaut (*„fordern“*) spreche klar gegen die Analogie. Verfügungen zugunsten Dritter sind dem BGB fremd.

Kein Problem sieht die h.M. dagegen in § 2301 BGB: Nach Ansicht des BGH geht § 331 BGB nämlich als lex specialis vor, die Norm ist somit gar nicht anwendbar.

Die analoge Anwendung der §§ 328 ff. BGB („gesellschaftsrechtliche Lösung“) ist deshalb abzulehnen.

b) „Erbrechtliche Lösung“

Möglich ist nach h.M. einzig die sog. „erbrechtliche Lösung“. Die gesellschaftsrechtliche Nachfolge ist danach **grds. von der erbrechtlichen Lage abhängig**.

aa) Grundsätzliche Bedeutung der erbrechtlichen Lösung

Die Nachfolgeklausel macht den Gesellschaftsanteil vererblich und eröffnet somit den Anwendungsbereich des Erbrechts. Nachfolger kann deshalb nur werden, wer **in der Nachfolgeklausel genannt** wird und **zugleich Erbe des verstorbenen Gesellschafters** wird.

Als Ehegattin ist F gesetzliche Erbin des A (§ 1931 BGB). Daneben ist S ebenfalls Erbe des A, da er dessen Abkömmling ist (§ 1924 I BGB).

Anmerkung: Die h.M. verlangt, dass der Nachfolger überhaupt Erbe wird, mit welchem Anteil ist egal. Wird in der Nachfolgeklausel eine Person genannt, die nicht Erbe ist, kommt die **Umdeutung der Nachfolgeklausel gem. § 140 BGB** in eine Eintrittsklausel in Betracht.

bb) Problem: Miterbengemeinschaft

Fraglich ist, ob es Auswirkungen hat, dass F nicht Alleinerbin des A ist, sondern mit S zusammen eine Miterbengemeinschaft bildet. Nähme man einen absoluten Vorrang des Erbrechts an, müsste streng genommen die Miterbengemeinschaft Mitglied der OHG werden.

Allerdings lehnt die h.M. die Möglichkeit der Gesellschafterstellung der Miterbengemeinschaft ab. Zum einen hindert das Einstimmigkeitserfordernis (§§ 2038 I S. 1, 2040 BGB) eine effektive Geschäftsführung, zum anderen beeinträchtigt das jederzeitige Auseinandersetzungsrecht (§§ 2042 ff. BGB) die persönliche Verbundenheit der Gesellschafter.

cc) Qualifizierte Nachfolgeklausel

Fraglich ist nun, welcher Situation – dem Gesellschaftsvertrag oder dem Erbrecht – der Vorrang zukommt.

Denkbar wäre zum einen, den Gesellschafteranteil des A zu halbieren und jedem Erben einen ungebundenen halben Anteil zukommen zu lassen.

Denkbar ist aber auch, dass die im Vertrag vorgesehene Person den Anteil ganz alleine bekommt (**qualifizierte Vollnachfolge**).

Nach h.M. erlangt die im Gesellschaftsvertrag genannte Person den Gesellschaftsanteil alleine, denn wenn es dem Gesellschafter schon möglich ist, den Gesellschaftsanteil vererblich zu machen, dann muss es ihm auch möglich sein, die nachfolgenden Personen selbst abschließend festzulegen.

Anmerkung: „Gesellschaftsrecht bricht Erbrecht!" Es handelt sich hier um eine **Ausnahme vom Prinzip der Gesamtrechtsnachfolge (§ 1922 BGB)**. Der Gesellschaftsanteil geht im Wege der Sonderrechtsnachfolge auf den Erben über.

3. Ergebnis

Die Klausel ist als qualifizierte Nachfolgeklausel zu verstehen. Somit wird F Nachfolgerin des A.

Übersteigt der zugewendete Gesellschaftsanteil wertmäßig die Erbquote, so steht den Miterben ein **Ausgleichsanspruch nach § 242 BGB** zu.

IV. Zusammenfassung

Sound: Gesellschaftsrecht bricht Erbrecht: Die Nachfolge in Gesellschaftsanteile ist einer von zwei klausurrelevanten Ausnahmefällen vom Grundsatz der Gesamtrechtsnachfolge.

hemmer-Methode: Das hier dargestellte Problem eignet sich hervorragend als erbrechtliches Sonderproblem in einem gesellschaftsrechtlichen Fall und ermöglicht so die Notendifferenzierung. Sie müssen deshalb sicher mit den Begrifflichkeiten umgehen können und diese natürlich auch zu erklären wissen.

V. Zur Vertiefung

- Hemmer/Wüst, Erbrecht, Rn. 10
- Hemmer/Wüst, Gesellschaftsrecht, Rn. 205 ff.
  (Nachfolgeprobleme beim Tod eines Gesellschafters)

Kapitel VIII: Die erbrechtlichen Beschränkungen

Fall 35: Die Abgrenzung von Ersatz- und Nacherbe

Sachverhalt:

Der Erblasser E setzt formgültig ein Testament mit folgender Verfügung auf: „Zunächst soll mein Neffe A mein Erbe sein. Sollte dieser aber verstorben sein, so soll der Cousin B alles erhalten."

E verstirbt bald darauf. Doch auch der A kann sich nicht lange an dem gewonnenen Reichtum erfreuen, da ihn kurz darauf dasselbe Schicksal ereilt. Der verwitwete A hinterlässt seine Tochter T. B ist nun der Ansicht, dass jetzt der Nachlass des E ihm zustehe. Die T hingegen meint, dass alles, was dem A gehört habe, nun auch ihr gehöre. Wer ist denn nun der „glückliche" Erbe?

Abwandlung: A hat ein Grundstück aus dem Nachlass des E an den K aufgelassen und dieser wurde auch als Eigentümer im Grundbuch eingetragen. Unterstellt, der A sei nur Vorerbe gewesen, könnte B von K Berichtigung des Grundbuchs verlangen?

I. Einordnung

Die Abgrenzung der Ersatzerbschaft im Sinne des **§ 2096 BGB** von der Nacherbschaft gem. **§§ 2100 ff. BGB** ist oftmals schwer zu treffen. Erst wenn die Auslegung gem. § 133 BGB zu keinem eindeutigen Ergebnis führt, kann auf die **Auslegungsregelungen des § 2102 I, II BGB** zurückgegriffen werden.

Klausurrelevanz kann sich insbesondere daraus ergeben, dass bei Annahme einer Ersatzerbschaft gem. § 2096 BGB der zunächst Bedachte **nicht** den **Beschränkungen eines Vorerben gem. § 2113 ff. BGB** unterliegt, so dass insoweit also gerade keine Verfügung eines Nichtberechtigten vorliegt.

II. Gliederung

Erbrechtslage nach E

1. Ersatz- oder Nacherbschaft des B gem. §§ 2096, 2100 BGB
2. Abgrenzung gem. § 133 BGB, wenn (-) ⇨ beachte § 2102 I, II BGB

Abwandlung

Anspruch gem. § 894 BGB

Vor. Divergenz von formeller und materieller Grundbuchlage

§ 2112 BGB, aber Ausnahme des § 2113 I BGB

Redlicher Erwerb gem. § 2113 BGB i.V.m. § 892 BGB

III. Lösung

Zunächst ist also zu klären, wie sich die erbrechtliche Lage nach dem Erblasser E darstellt.

1. Ersatz- oder Nacherbschaft des B gem. §§ 2096, 2100 BGB

Zunächst ist festzustellen, dass sich die erbrechtliche Lage nach dem Erblasser E wegen **§ 1937 BGB** nach dem wirksamen Testament i.S.d. §§ 2231 Nr. 2, 2247 BGB richtet.

Hiernach war jedenfalls A Alleinerbe des Erblassers E. Strittig ist nun aber, ob das Testament des E auch über den Tod des A hinaus Wirkungen hinsichtlich des vom Erblasser E stammenden Nachlasses zeitigt.

T selbst kann auf keinen Fall direkt am vom E stammenden Nachlass beteiligt sein. Grund hierfür ist nämlich, dass die Anordnung des Erblassers E in Bezug auf den Cousin B entweder als Anordnung einer **Nacherbenstellung** des B gem. **§ 2100 BGB** oder als **Ersatzerbeneinsetzung** gem. **§ 2096 BGB** aufzufassen ist.

Nur für den letzteren Fall ist es möglich, dass T als Alleinerbin des A gem. § 1924 I BGB indirekt vom Nachlass des Erblassers E profitiert.

Um die **Unterschiede** besser verdeutlichen zu können, sollen insoweit zunächst die Rechtsfolgen der jeweiligen Konstruktion dargestellt werden.

a) Rechtsfolgen bei Nacherbschaft gem. § 2100 BGB

Wenn man die Verfügung des Erblassers E als Anordnung der Nacherbschaft gem. § 2100 BGB auffasst, so ist zu beachten, dass B dann gerade nicht Erbe des Vorerben A ist, sondern Erbe des E. Der Eintritt der Nacherbfolge wäre dann hier laut Anordnung des E der Tod des A. Dasselbe Ergebnis würde sich auch bei Anwendung der gesetzlichen **Auslegungsregel des § 2106 I BGB** ergeben.

Konsequenz im konkreten Fall wäre dann, dass A nur Vorerbe geworden wäre. Der Nachlass des E konnte dann nicht von A auf seine Erbin T übergehen, sondern durch Eintritt des Nacherbfalls, vgl. § 2106 I BGB, auf den Nacherben B, § 2100 BGB.

Anmerkung: Mit dem Erbfall nach E erwirbt der Nacherbe bereits ein Anwartschaftsrecht am Nachlass. Dieses ist auch vererblich und veräußerlich, vgl. § 2108 II BGB.

b) Rechtsfolgen bei Ersatzerbschaft gem. § 2096 BGB

Ersatzerbe dagegen ist, wer vom Erblasser für den Fall zum Erben eingesetzt ist, dass ein anderer Erbe vor oder nach dem Eintritt des Erblassers wegfällt, vgl. § 2096 BGB. Der Ersatzerbe ist also nur unter der aufschiebenden Bedingung zum Erben eingesetzt, dass der zuerst Berufene nicht Erbe wird. Der Ersatzerbe ist dann insbesondere auch nicht durch die Verfügungsbeschränkungen der §§ 2113 ff. BGB geschützt, da der ursprünglich Bedachte nämlich Vollerbe geworden ist.

Konsequenz ist hier nun, dass B nur dann zum Zuge gekommen wäre, wenn der von E eingesetzte Erbe A vor dem Erbfall wegfällt.

Hier hat A aber als erbfähige Person, vgl. **§ 1923 I BGB**, den Erbfall erlebt, ein späterer Tod ändert hieran nichts. A wurde also „normaler“ Alleinerbe und damit wäre dann B von der Erbfolge nach E vollständig ausgeschlossen. Der Nachlass des E wäre dann mit dem Vermögen des A verschmolzen, so dass T auch indirekt über das Vermögen des A den Nachlass des E erhalten würde.

2. Abgrenzung Ersatz- oder Nacherbschaft

Aus den obigen Ausführungen wird nun aber deutlich, dass eine Entscheidung für die eine oder die andere Art der Erbanordnung weitreichende, sehr unterschiedliche Konsequenzen hat.

Wegen dieser Folgen, also insbesondere auch das eventuelle Eingreifen der §§ 2113 ff. BGB, muss eine Abgrenzung zwischen der Ersatzerbschaft gem. § 2096 BGB und der Vor- bzw. Nacherbschaft gem. § 2100 BGB erfolgen.

a) Abgrenzung anhand des Erblasserwillens gem. § 133 BGB

Maßgebliches Kriterium für eine solche Abgrenzung ist auch hier der **Erblasserwillen**, der gem. **§ 133 BGB** durch Auslegung zu ermitteln ist. Nur wenn diese Auslegung nicht zu einem eindeutigen Ergebnis führt, kann auf die **Auslegungsregel des § 2102 II BGB** zurückgegriffen werden. Hiernach gilt bei Zweifeln, ob ein Ersatz- oder ein Nacherbe eingesetzt ist, der Bedachte als Ersatzerbe.

Anmerkung: Der Grund für diese Vermutung ist darin zu sehen, dass der zunächst Bedachte weniger beschwert ist. Denn während einem Nacherben die Erbschaft sicher zufällt, kommt der Ersatzerbe nur zum Zuge, wenn der eigentlich Bedachte noch vor dem Erbfall wegfällt, § 2096 BGB.

Fraglich ist nun, wie sich hier im konkreten Fall die Abgrenzung zwischen Ersatz- und Nacherbschaft darstellt.

Zunächst ist anzunehmen, dass der A Vollerbe sein und gerade keinen Verfügungsbeschränkungen gem. §§ 2113 ff. BGB unterliegen sollte. Für einen dahingehenden Willen des Erblassers E für einen solchen Ausnahmefall ist aus dem Testament nichts zu entnehmen. Vor- und Nacherbschaft wird darüber hinaus meist dann angeordnet, wenn durch die Erbschaft mehrere Personen „versorgt" werden sollen oder der Nachlass über Generationen in der Familie gehalten wird. Eine derart weitgehende Zweckrichtung ist hier aber kaum festzustellen. Vielmehr lag es dem Erblasser am Herzen, dass sein „Hab und Gut" nur in die Hände fällt, die er zuvor bestimmt hat. Hierzu ist aber nicht die Anordnung der weiterreichenden Nacherbschaft notwendig, sondern dieses Ziel ist auch durch die Verfügung einer Ersatzerbschaft gem. § 2096 BGB erreichbar.

Selbst wenn ein Bearbeiter aber dieser Auslegung gem. § 133 BGB nicht folgt, so ist doch hier die Auslegungsregel des § 2102 II BGB zu beachten. Eine eindeutige Anordnung einer Nacherbschaft lässt sich jedenfalls nicht konstatieren, so dass Zweifel bestehen und damit § 2102 II BGB für eine Ersatzerbschaft „entscheidet".

b) Ergebnis

Damit ist der Cousin B „nur" als Ersatzerbe eingesetzt gewesen, vgl. § 2096 BGB. Neffe A ist somit zunächst Vollerbe geworden, wodurch dann die Anordnung der Ersatzerbschaft hinsichtlich des B hinfällig geworden ist.

Anmerkung: Die Formulierung in § 2096 BGB (Wegfall vor oder *nach* Eintritt des Erbfalles) ist missverständlich. Ein Wegfall i.S.d. § 2096 BGB liegt regelmäßig nur vor, wenn ein Erbe vorher wegfällt. Ein nachträglicher Wegfall liegt nur dann vor, wenn dieser auch **Rückwirkung** hat. Wichtigster Anwendungsfall ist dabei die Ausschlagung, § 1953 BGB. Stirbt der Erstberufene erst nach dem Erbfall, wie auch hier, so ist dies gerade kein Wegfall, da dieser keine rückwirkende Wirkung hat.

Die Erbschaft geht damit folglich auf den Erben des zunächst berufenen Vollerben A über.

Hier ist die Tochter T gem. § 1924 I BGB Alleinerbin des A, so dass also die „Erbstreitigkeit" zwischen T und B zugunsten der T zu entscheiden ist.

IV. Lösung Abwandlung

Hier ist nun zu prüfen, ob B von K gem. § 894 BGB Berichtigung des Grundbuchs verlangen kann.

1. Anspruch gem. § 894 BGB

Voraussetzung eines Anspruchs aus § 894 BGB ist, dass die formelle und materielle Rechtslage auseinander fallen.

a) Formelle Rechtslage

Laut Sachverhalt weist das Grundbuch den Erwerber K als Eigentümer des fraglichen Grundstücks aus.

b) Materielle Rechtslage

Fraglich ist nun, ob die materielle Rechtslage von dieser formellen Rechtslage abweicht.

aa) Ausgangslage

Ursprünglicher Eigentümer des Grundstücks war der Erblasser E.

bb) Erbfall nach E

Wegen der Universalsukzession des § 1922 BGB ist A mit dem Tode des Erblassers E Eigentümer des Grundstücks geworden. Daran ändert auch der Umstand nichts, dass A nur Vorerbe geworden ist.

cc) Erwerb durch K

Mit dem Eintritt der Nacherbfolge, also hier mit dem Tode des A gem. § 2106 I BGB, wäre dann grundsätzlich der Nacherbe B Eigentümer geworden, so dass dann der Anspruch aus § 894 BGB grundsätzlich gegeben wäre.

Möglicherweise hat aber K das Grundstück wirksam durch die Vorgänge mit A gem. §§ 873 I, 925 I BGB erworben.

Die dingliche Einigung der Auflassung gem. §§ 873 I, 925 I S. 1 BGB liegt genauso wie die nach § 873 I BGB erforderliche Eintragung vor.

Durch die Universalsukzession des § 1922 BGB verfügte der A auch als Berechtigter.

Fraglich ist aber, ob A hinsichtlich des Grundstücks auch verfügungsberechtigt war. Nach der **Grundregel des § 2112 BGB** ist der Vorerbe grundsätzlich unbeschränkt verfügungsberechtigt. Allerdings werden explizit die Ausnahmen der **§§ 2113 - 2115 BGB** hervorgehoben.

Hier könnte die Regelung des § 2113 BGB für Grundstücke eingreifen. Insbesondere hat der Erblasser E **keine Befreiung nach § 2136 BGB** angeordnet.

Anmerkung: Beachten Sie, dass gem. § 2136 BGB nur eine Befreiung von § 2113 I BGB möglich ist, während eine Befreiung von einer unentgeltlichen Verfügung nach § 2113 II BGB gerade nicht angeordnet werden kann.

Nach § 2113 I BGB ist eine Verfügung eines Vorerben über ein Grundstück insoweit unwirksam, als diese das Recht des Nacherben vereiteln oder beeinträchtigen würde. Da der B alleiniger Nacherbe ist, vereitelt somit die fragliche Verfügung insoweit das Nacherbenrecht des B. Diesbezüglich läge insoweit eine relative Unwirksamkeit im Verhältnis zu dem Nacherben vor, so dass dem B auch der Anspruch aus § 894 BGB gegen den eingetragenen Erwerber K zustünde.

Allerdings ist zu beachten, dass **§ 2113 III BGB** einen gesetzlich angeordneten Fall darstellt, in dem die fehlende Verfügungsbefugnis gutgläubig überwunden werden kann, vgl. die Verweisung auf die **entsprechende Anwendbarkeit der §§ 892 f. BGB.**

Gutgläubigkeit liegt gem. §§ 2113 III, 892, 893 BGB dann vor, wenn der Erwerber keine Kenntnis von der Nacherbfolge hatte, den Verfügungsgegenstand als nicht zum Nachlass gehörig betrachtete oder irrtümlich von einer Befreiung (§ 2136 BGB) ausging.

Die Voraussetzungen dieser Gutgläubigkeit liegen vor, insbesondere war die Nacherbschaft nicht trotz der Regelung des **§ 51 GBO** in das Grundbuch eingetragen, so dass folglich jedenfalls keine positive Kenntnis seitens des Erwerbers K vorlag.

Damit hat K das Grundstück wirksam gem. §§ 2113 III, 892, 893 BGB gutgläubig erworben.

2. Ergebnis

Im Ergebnis divergieren somit die formelle und die materielle Rechtslage nicht voneinander. Ein Anspruch des Nacherben B gem. § 894 BGB gegen den Erwerber K auf Berichtigung des Grundbuchs besteht nicht, da dieser wirksam das Eigentum an dem Grundstück erworben hat.

V. Zusammenfassung

Die Abgrenzung zwischen Ersatz- und Nacherbschaft erfolgt in erster Linie anhand des Erblasserwillens gem. § 133 BGB, hilfsweise kann auf die Auslegungsregel des § 2102 II BGB zurückgegriffen werden.

In Fällen der Nacherbschaft ist für die eingeschränkte Verfügungsbefugnis für Grundstücke auf die Möglichkeit des gutgläubigen Erwerbs gem. §§ 2113 III, 892, 893 BGB zu achten.

VI. Zur Vertiefung

- Hemmer/Wüst, Erbrecht, Rn. 117 ff. (Anordnung der Vor- und Nacherbschaft)

Fall 36: Die Testamentsvollstreckung gem. §§ 2197 ff. BGB

Sachverhalt:

Der verwitwete Erblasser E errichtet folgendes eigenhändig geschriebenes und unterschriebenes Testament: „Alleinerbe soll mein Neffe S sein. Da dieser als Biologiestudent einfach noch zu unreif ist, soll mein Nachlass bis zu seinem dreißigsten Geburtstag von meinem juristisch gebildeten Freund A verwaltet werden.“ Zu dem umfangreichen Nachlass gehören insbesondere ein Hausgrundstück und eine wertvolle chinesische Ming-Vase. Das Grundbuch wird in der folgenden Zeit auf den S umgeschrieben, eine Eintragung der Testamentsvollstreckung aber unterbleibt durch ein Versehen. Aufgrund seines ausschweifenden Lebensstils benötigt der S dringend Geld. Deshalb veräußert er das Grundstück an den etwas vergeistigten Professor B, der von der Testamentsvollstreckung allerdings nichts weiß. Es erfolgt auch eine Eintragung des B im Grundbuch. Der A dagegen versetzt die Ming-Vase an M, die vom Inhalt der Testamentsvollstreckung nichts weiß, für einen „Freundschaftspreis“.

Wie ist die Eigentumslage bzgl. des Hausgrundstücks und der Ming-Vase?

I. Einordnung

Der Erblasser ist in seinen Verfügungen nicht nur auf die bloße Zuordnung seines Nachlasses verwiesen. Er kann vielmehr den Erben mit einer ganzen Anzahl von Beschränkungen beschweren.

Als klausurrelevanteste Beispiele sind insoweit die Anordnung von **Vor- und Nacherbschaft gem. § 2100 ff. BGB** sowie die Anordnung der **Testamentsvollstreckung gem. § 2197 ff. BGB** anzuführen.

Mithilfe der Testamentsvollstreckung kann dem Erben, der zwar Eigentümer der Nachlassgegenstände wird, in bestimmtem Umfang das Verwaltungs- und Verfügungsrecht über den Nachlass entzogen werden, vgl. § 2211 I BGB.

II. Gliederung

Eigentumslage der Nachlassgegenstände

1. **Grundstück**
   Vor. §§ 873 I, 925 I S. 1 BGB
   (P): Verfügungsbefugnis des S
   Redlichkeit des B gem. § 2211 II BGB
2. **Ming-Vase**
   Vor. § 929 S. 1 BGB
   Verfügungsbefugnis des A grds.
   § 2205 S. 2 BGB, aber § 2205 S. 3 BGB

III. Lösung

Zu prüfen ist also, wie sich die Eigentumslage hinsichtlich des Hausgrundstücks und der Ming-Vase im Einzelnen nun darstellt.

1. Eigentumslage bzgl. Grundstück

Fraglich ist zuerst, wer Eigentümer des fraglichen Hausgrundstücks ist.

a) Ausgangslage

Der ursprüngliche Eigentümer war der Erblasser E. Hier liegt ein Testament vor, so dass die gewillkürte Erbfolge nach § 1937 BGB eingreift. Hiernach ist S im Wege der Universalsukzession gem. § 1922 BGB Eigentümer geworden. Daran ändert auch keinesfalls die angeordnete Testamentsvollstreckung gem. §§ 2197 ff. BGB etwas.

b) Eigentumserwerb des B

Möglicherweise hat S das Eigentum an dem Grundstück aber durch die Vorgänge mit B wieder verloren.

Die grundsätzlichen Voraussetzungen eines Eigentumserwerb an Grundstücken stellen die dingliche Einigung in Form der Auflassung gem. **§§ 873 I, 925 I S. 1 BGB** sowie eine Eintragung in das Grundbuch gem. **§ 873 I BGB** dar.

Vom Vorliegen dieser Voraussetzungen ist auszugehen.

Auch die Berechtigung des Veräußerers S ist gegeben, da dieser, wie dargestellt, im Wege der Universalsukzession gem. § 1922 BGB Eigentümer geworden ist.

Fraglich ist aber, ob S auch die notwendige Verfügungsbefugnis innegehabt hat. Eine dahingehende Beschränkung könnte sich aus **§ 2211 I BGB** ergeben. Hiernach kann der Erbe über einen der Testamentsvollstreckung unterliegenden Gegenstand nicht verfügen.

Anmerkung: Die Testamentsvollstreckung ist ein Mittel des Erblassers, möglichst lange seinen eigenen Willen hinsichtlich des Nachlasses zur Geltung zur bringen. Sie stellt eine der weitreichendsten und „lästigsten" Beschränkungen des Erben dar. Beachten Sie deshalb in diesem Kontext die Vorschrift des § 2306 I S. 1 BGB (Lesen!).

Hier bezieht sich die Testamentsvollstreckung auf den gesamten Nachlass und somit auch auf das Hausgrundstück. Damit fehlte dem S aber auch die Verfügungsbefugnis gem. § 2211 I BGB, so dass B grundsätzlich kein Grundeigentum hat erwerben können.

Eine direkte Anwendung der §§ 892 f. BGB scheidet aus, da insoweit nur der gute Glaube an das Eigentum geschützt ist und gerade nicht der gute Glaube an die Verfügungsbefugnis.

Allerdings ordnet **§ 2211 II BGB** hierfür eine **entsprechende Anwendung der §§ 892 f. BGB** an. Hiernach werden gutgläubige Dritte dann geschützt, wenn sie entweder die angeordnete Testamentsvollstreckung nicht kannten oder gutgläubig angenommen haben, dass der Gegenstand nicht zum Nachlass gehört bzw. nicht der Verwaltung des Testamentsvollstreckers unterliegt.

Hier sind keine Anzeichen dafür ersichtlich, dass der Erwerber B irgendwelche Erkenntnisse bzgl. der Nachlasszugehörigkeit oder Testamentsvollstreckung hatte. Insbesondere war auch kein Testamentsvollstreckervermerk gem. § 52 GBO in das Grundbuch eingetragen, der eine Gutgläubigkeit seitens des B hätte verhindern können.

c) Ergebnis

B hat somit gutgläubig gem. **§§ 873 I, 925 I S. 1 BGB i.V.m. §§ 2211 II, 892 f. BGB** das Eigentum an dem Hausgrundstück erworben.

2. Eigentumslage bzgl. Ming-Vase

Fraglich ist weiterhin, wie sich die Eigentumslage bzgl. der Ming-Vase darstellt.

a) Ausgangslage

Auch hinsichtlich der Ming-Vase ist zunächst S im Wege der Universalsukzession Eigentümer geworden.

b) Eigentumserwerb der M

Möglicherweise hat S das Eigentum an der Ming-Vase wieder verloren. Da er selbst keinerlei Veräußerungen vorgenommen hat, woran er grundsätzlich wegen § 2211 II BGB auch gehindert gewesen wäre, kommt ein Eigentumsverlust nur im Wege der Vorgänge zwischen A und M in Betracht.

Von einer dinglichen Einigung zwischen dem Testamentsvollstrecker A und der Erwerberin M und einer Übergabe der Ming-Vase gem. § 929 S. 1 BGB kann insoweit ausgegangen werden.

Mangels Eigentümerstellung des A ist aber die Berechtigung für die Verfügung fraglich. Eine Einwilligung i.S.d. § 185 I BGB liegt nicht vor.

Allerdings könnte hier die gesetzliche Verfügungsbefugnis nach § 2205 S. 2 BGB eingreifen. Hiernach ist der Testamentsvollstrecker berechtigt, unbeschränkt über Nachlassgegenstände zu verfügen.

Anmerkung: Beachten Sie zudem, dass der Testamentsvollstrecker gem. §§ 2212 f. BGB auch ein umfassendes Prozessrecht hat. Dabei agiert er als sog. Partei kraft Amtes und gerade nicht als Vertreter des Erblassers oder des Erben. Eine ähnliche Konstruktion findet sich auch bei dem Insolvenzverwalter, vgl. § 116 S. 1 Nr. 1 ZPO, § 80 InsO.

Die Ming-Vase ist auch ein Nachlassgegenstand, so dass die Verfügung grundsätzlich wirksam ist und M damit auch Eigentümerin geworden ist.

c) Einschränkung gem. § 2208 I S. 1 BGB

Da auch im Rahmen einer Testamentsvollstreckung immer der **Erblasserwillen gem. § 133 BGB** das maßgebliche Kriterium darstellen muss, ordnet **§ 2208 I S. 1 BGB** an, dass die Rechte aus §§ 2203 - 2206 BGB dem Testamentsvollstrecker nur soweit zustehen sollen, als dies nach dem Erblasserwillen der Fall sein soll.

Hier können dem Testament allerdings keine Anhaltspunkte entnommen werden, die zu einer vom gesetzlich vorgesehenen Normalfall der unbeschränkten Verfügungsbefugnis gem. § 2205 S. 2 BGB abweichenden Auslegung führen können.

d) Einschränkung gem. § 2205 S. 3 BGB

Möglicherweise ergibt sich aber aus **§ 2205 S. 3 BGB** eine Einschränkung der unbeschränkten Verfügungsbefugnis des § 2205 S. 2 BGB. Hiernach ist der Testamentsvollstrecker dann nicht zu einer Verfügung berechtigt, wenn sie unentgeltlich erfolgt.

Anmerkung: Als Ausnahme der Ausnahme sind von § 2205 S. 3 BGB Anstandsschenkungen ausgenommen.

Hier hat der Testamentsvollstrecker A die Ming-Vase zu einem „Freundschaftspreis“ an M veräußert, d.h. also zu einem Preis deutlich unter dem Verkehrswert. Damit liegt aber eine sog. gemischte Schenkung vor. Der Regelung des § 2205 S. 3 BGB unterliegen aber zum **Schutze des Erben** solche Verfügungen, die ohne den Zufluss einer adäquaten Gegenleistung den Nachlass schmälern. Damit unterfällt auch eine sog. gemischte Schenkung dem § 2205 S. 3 BGB. Da auch keine Einwilligung des Erben S vorliegt, ist demgemäß die Verfügung grundsätzlich unwirksam.

Um aber den Regelfall des § 2205 S. 2 BGB nicht zu sehr zu begrenzen, ist für eine Anwendung des § 2205 S. 3 BGB zu fordern, dass der Testamentsvollstrecker erkannte oder hätte erkennen müssen, dass die Gegenleistung unzulänglich war. Hier aber hat A die Ming-Vase grade zu einem „Freundschaftspreis“ veräußert, so dass ihm die Unzulänglichkeit der Gegenleistung sogar positiv bekannt war. Eine Einschränkung der Rechtsfolgen des § 2205 S. 3 BGB über diese subjektiven Kriterien ist also nicht angezeigt.

Ein gutgläubiger Erwerb der M kommt ebenfalls nicht in Betracht, da der Testamentsvollstrecker A in dieser Funktion verfügt hat und der gute Glaube an die Verfügungsbefugnis auch hier nicht geschützt ist.

e) Ergebnis

M hat somit wegen § 2205 S. 3 BGB kein Eigentum an der Ming-Vase erworben. Damit bleibt es bei dem Eigentum des Alleinerben S.

IV. Zusammenfassung

Die Testamentsvollstreckung gem. §§ 2197 ff. BGB lässt sich in Klausuren mit sachenrechtlichem Bezug gut einbauen. Wichtig sind hier vor allem die hier im Fall behandelte Verfügungsbefugnis des Testamentsvollstreckers nach § 2205 S. 2, 3 BGB und die damit im Ergebnis korrespondierende Verfügungsbeschränkung des Erben nach § 2211 I BGB.

V. Zur Vertiefung

- Hemmer/Wüst, Erbrecht, Rn. 142 ff. (Anordnung der Testamentsvollstreckung)

Die Zahlen beziehen sich auf die Nummern der Fälle.

N

O

P

R

S

T

U

V

W

Z

Die wichtigsten Fälle

nicht nur für Anfangssemester

hemmer/wüst
Verlagsgesellschaft mbH

Der hemmer Tipp!

Die wichtigsten 42 Fälle GoA, BereicherungsR

Geschäftsführung ohne Auftrag und Bereicherungsrecht sind neben Deliktsrecht und EBV die wichtigsten gesetzlichen Schuldverhältnisse. Examens- und Prüfungsklausuren streifen diese Gebiete häufig aufgrund der Nähe zum Vertragsrecht. Hier bedarf es solider Grundkenntnisse für die immer wiederkehrenden Problemkonstellationen. Erarbeiten Sie sich diese Probleme examenstypisch anhand der vorliegenden Fälle. Verschaffen Sie sich so einen Überblick über die Gesamtsystematik des Schuldrechts. Dies ist im Zivilrecht eine unabdingbare Voraussetzung für eine erfolgreiche Ausbildung.

Artikel-Nr.: 115.24

Die wichtigsten Fälle

nicht nur für Anfangssemester

hemmer/wüst
Verlagsgesellschaft mbH

Der hemmer Tipp!

Artikel-Nr.: 115.39

Die wichtigsten 39 Fälle Arbeitsrecht

Arbeitsrecht ist in einigen Bundesländern schon im ersten Staatsexamen Pflichtstoff. In anderen Ländern taucht es erstmals im zweiten Staatsexamen auf. Aber auch in der späteren anwaltlichen Praxis sind Grundkenntnisse des Arbeitsrechts unerläßlich. Hier auf Lücke zu setzen, wäre deshalb mehr als fahrlässig. Dieses Skript soll Ihnen einen Einstieg in die oftmals als unübersichtlich und schwierig empfundene Materie des Individualarbeitsrechts ermöglichen. Es behandelt die entscheidenden Fragen nach dem Bestehen eines Arbeitsverhältnisses, der Wirksamkeit einer Kündigung, den sonstigen Beendigungstatbeständen (wie Anfechtung, Auslauf einer Befristung, Aufhebungsvertrag) sowie den wesentlichen Ansprüchen des Arbeitnehmers und des Arbeitgebers aus dem Arbeitsverhältnis. Die wichtigsten examensrelevanten Probleme des Arbeitsrechts werden anhand von 39 kurzen Fällen dargestellt und gelöst. Die Darstellung erfolgt dabei klausurorientiert – das beste Wissen ist unnütz oder sogar schädlich, wenn es nicht an der richtigen Stelle angewandt wird. Besonderes Gewicht wird daher auf Problemaufbau und klausurgerechte Argumentationsweise gelegt – schließlich sollen Sie nicht theoretisch Wissen sammeln, sondern praktisch Fälle lösen.

Die wichtigsten Fälle

nicht nur für Anfangssemester

hemmer/wüst
Verlagsgesellschaft mbH

Der hemmer Tipp!

Artikel-Nr.: ***115.31***

Die wichtigsten 50 Fälle SachenR I

Das Sachenrecht von den Profis mit der Jahrzehnte langen Unterrichtserfahrung als Repetitoren! Nur wer in Kenntnis der Prüfungsanforderungen sein Programm erstellt, weiß, worauf es in der Klausur ankommt. Zivilrecht besteht, öffentliches Recht vergeht! Dies gilt besonders für das Sachenrecht. Die klassischen Fälle muss man kennen. So sind der Besitzschutz, §§ 858 ff. BGB und § 1007 BGB, die Übereignung nach §§ 929 ff. BGB (insbesondere die Sicherungsübereignung und der gutgläubige Erwerb), das Eigentümer-Besitzerverhältnis, §§ 985 ff. BGB immer dankbar für eine Klausur oder Hausarbeit. Denken Sie frühzeitig an den Ersteller und Korrektor und überzeugen Sie ihn durch Ihre systematische Fallbearbeitung. Abstrakte Erörterungen bringen für Ihre Klausur und Hausarbeit wenig. So sind auch ehemalige Kursteilnehmer inzwischen Professoren im Zivilrecht. Durch die ständige Diskussion mit unseren Kursteilnehmern wissen wir auch, wo es „hakt". Die Fallsammlung ist verständlich und knapp gehalten. Die Einordnung bietet einen Überblick über den jeweiligen Schwerpunkt des Falles. Die Gliederung ermöglicht die exakte Einordnung der Probleme in der Lösung. Die Lösung ist Formulierungsvorschlag für Ihre Klausur. Mit der Fallsammlung lernen Sie anwendungsspezifisch. Vereinfachen Sie sich auf diese Art das Sachenrecht.

Aus dem Inhalt:

- **Besitzschutz, §§ 1007, 858 ff. BGB**
- **Übereignung beweglicher Sachen, §§ 929 ff. BGB**
- **Eigentümer-Besitzerverhältnis, §§ 985 ff. BGB**

hemmer/wüst
Verlagsgesellschaft mbH

Verlagsprogramm 2007

Jura mit den Profis

WWW.HEMMER-SHOP.DE

Liebe Juristinnen und Juristen,

Auch beim Lernmaterial gilt:
„Wer den Hafen nicht kennt, für den ist kein Wind günstig“ (Seneca).
Häufig entbehren Bücher und Karteikarten der Prüfungsrealität. Bei manchen Produkten stehen ausschließlich kommerzielle Interessen im Vordergrund. Dies ist gefährlich: Leider kann der Student oft nicht erkennen wie gut ein Produkt ist, weil ihm das praktische Wissen für die Anforderungen der Prüfung fehlt.
Denken Sie deshalb daran, je erfahrener die Ersteller von Lernmaterial sind, um so mehr profitieren Sie. Unsere Autoren im Verlag sind alle Repetitoren. Sie wissen, wie der Lernstoff richtig vermittelt wird. Die Prüfungsanforderungen sind uns bekannt.
Unsere Zentrale arbeitet seit **1976** an examenstypischem Lernmaterial und wird dabei von hochqualifizierten Mitarbeitern unterstützt.
So arbeiteten z.B. ehemalige Kursteilnehmer mit den Examensnoten von 16,0; 15,54; 15,50; 15,25; 15,08; 14,79; 14,7; 14,7; 14,4; 14,25; 14,25; 14,08; 14,04 ... als Verantwortliche an unserem Programm mit. Unser Team ist Garant, um oben genannte Fehler zu vermeiden.
Lernmaterial bedarf ständiger Kontrolle auf Prüfungsrelevanz. Wer sonst als derjenige, der sich täglich mit Examensthemen beschäftigt, kann diesem Anforderungsprofil gerecht werden.

Gewinnen Sie, weil

- gutes Lernmaterial Verständnis schafft
- fundiertes Wissen erworben wird
- Sie intelligent lernen
- Sie sich optimal auf die Prüfungsanforderungen vorbereiten
- Jura Spaß macht

und Sie letztlich unerwartete Erfolge haben, die Sie beflügeln werden.

Damit Sie sich Ihre eigene Bibliothek als Nachschlagewerk nach und nach kostengünstig anschaffen können, schlagen wir Ihnen speziell für die jeweiligen Semester Skripten und Karteikarten vor. Bildung soll für jeden bezahlbar bleiben, deshalb der studentenfreundliche Preis.

Viel Spaß und Erfolg beim intelligenten Lernen.

Karl Edmund Hemmer   Achim Wüst

Grundwissen

- Skripten „Grundwissen"
- Die wichtigsten Fälle
- Sonderband - Die 23 wichtigsten Fälle im neuen Schuldrecht
- Musterfälle für die Zwischenprüfung
- Lexikon, die examenstypischen Begriffe

Basiswissen

- Die Basics
- Die Classics

Examenswissen

- Skripten Zivilrecht
- Skripten Strafrecht
- Skripten Öffentliches Recht
- Skripten Schwerpunkt
- Die Musterklausuren für´s Examen

Karteikarten

- Die Shorties
- Die Karteikarten
- Übersichtskarteikarten

Assessor-Skripten/-karteikarten

BWL-Skripten

Intelligentes Lernen/Sonderartikel

- Garantiert erfolgreich lernen
- Coach dich - Psychologischer Ratgeber
- Lebendiges Reden - Psychologischer Ratgeber
- Lernkarteikartenbox
- Der Referendar
- Klausurenblock
- Gesetzesbox
- Wiederholungsmappe
- Jurapolis - das hemmer-Spiel

Life&LAW - die hemmer-Zeitschrift

Alle Preise gültig ab 01/2007

HEMMER Skripten - Logisch aufgebaut!

Intelligentes Lernen
schnell & effektiv

Randbemerkung
Zur schnellen Rekapitulation des Skripts

hemmer-Methode
Zur richtigen Einordnung des Gelernten in der Klausurlösung

III. Ausgeübte Gestaltungsrechte

Gestaltungsrechte ⇨Primäranspruch scheitert

Das Scheitern eines Primäranspruches kann sich auch aus der Ausübung eines dem Schuldner zustehenden Gestaltungsrechtes ergeben. Unter einem Gestaltungsrecht wird das einer bestimmten Person zustehende Recht verstanden, durch einseitigen Gestaltungsakt (meist eine empfangsbedürftige Willenserklärung) ein Rechtsverhältnis zwischen ihr und einer anderen Person entweder zustande zu bringen oder inhaltlich näher zu bestimmen, es zu ändern oder aufzuheben.[120] *302*

Im folgenden soll nur die letzte Möglichkeit interessieren. Zu den Gestaltungsrechten, die zur Aufhebung eines Rechtsverhältnisses führen können, zählen der Widerruf, die Anfechtung, der Rücktritt und die Kündigung.

hemmer-Methode: Kein Gestaltungsrecht ist hingegen die Wandelung, § 462. Hierbei handelt es sich vielmehr um einen *Anspruch* (vgl. Legaldefinition in § 194), der erst durch das Einverständnis des Verkäufers (§ 465) zur Rückabwicklung des Vertrages führt. Diese wiederum erfolgt dann aber nach den Vorschriften über den vertragsmäßigen Rücktritt, §§ 467, 346 ff. Zu diesem Problemkreis ausführlich Hemmer/Wüst, Gewährleistungsrecht, Rn. 27 ff.

Systematische Verweise
Isoliertes Lernen vermeiden! Zusammenhänge verstehen. Unsere Skriptenreihe – der große Fall

Rand-nummern
Für zielgenaues Arbeiten mit Stichwortverzeichnis und Wiederholungsfragen

1. Widerruf

a) Allgemeines

Widerruf von Erklärung

Unter Widerruf wird allgemein die Rückgängigmachung einer Erklärung verstanden. *303*

- *§ 130 I 2*

Grundsätzlich kommt dem Widerruf die Bedeutung zu, eine noch nicht endgültig wirksame Willenserklärung von Anfang an zu beseitigen (z.B. § 130 I 2).

- *Ausnahme v. Grds. d. Beständigkeit*

Daneben verwendet das Gesetz den Begriff "Widerruf" an verschiedenen Stellen als Ausnahme von dem Grundsatz der Beständigkeit an sich wirksamen rechtlichen Handelns (z.B. § 530). Hier kommt der Widerruf der Sache nach einer Kündigung gleich.

Freiraum
Viel Platz für eigene Anmerkungen

Schemata
Übersichtliches Lernen

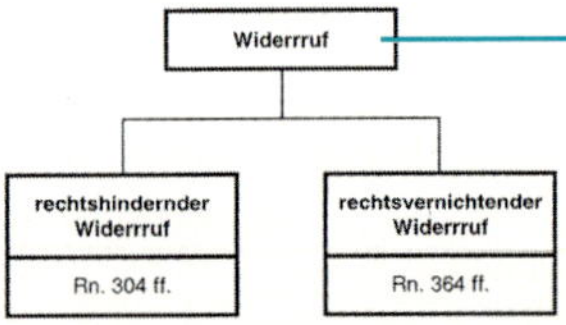

hemmer-Methode: Da der Widerruf in seiner erstgenannten Form dazu führt, daß ein Primäranspruch schon gar nicht erst (vollwirksam) entsteht, gehört er - streng genommen - eigentlich zu den rechtshindernden Einwendungen. Er läßt sich daher auch als "*rechtshindernder Widerruf*" bezeichnen.

Fußnoten
Vertiefende Literatur und Rechtsprechung

120 Larenz, AT, § 13 II 7.

examenstypisch - anspruchsvoll - umfassend

Grundwissen

Für Ihr Jurastudium ist es nötig, sich schnell mit dem notwendigen Grundwissen einen Überblick zu verschaffen. Was aber ist wichtig und richtig? Bei der Fülle der Ausbildungsliteratur kann einem die Lust auf Jura vergehen. Wir beschränken uns in dieser Ausbildungsphase auf das Wesentliche. Weniger ist mehr.

Skripten Grundwissen

Die Reihe „Grundwissen" stellt die theoretiscche Ergänzung unserer Reihe „die wichtigsten Fälle" dar.

Mit ihr soll das notwendige Hintergrundwissen vermittelt werden, welches für die Bewältigung der Fallsammlungenerforderlich ist. Auf diese Art und Weise ergänzen sich beide Reihen ideal.Hilfreich dabei sind Verweisungen auf die jeweiligen Fälle der Fallsammlungen, so dass man das Erlernte gleich klausurtypisch anwenden kann.Die Darstellung erfolgt bewusst auf sehr einfachem Niveau. Es werden also für die Bewältigung der Ausführungen keine Kenntnisse vorausgesetzt. Ebenso wird bewusst auf Vertiefungshinweise verzichtet. Eine Vertiefung kann erfolgen, wenn die Kenntnisse anhand der Fälle wiederholt wurden. Dazu werden Hinweise in den Fallsammlungen gegeben.

Grundwissen und kleine Fälle sind so das ideale Lernsystem für eine klausur- und damit prüfungstypische Arbeitsweise.

Grundwissen Zivilrecht

BGB AT (111.10) 6,90 €

Schuldrecht AT (111.11) 6,90 €
vorraussichtlich erhältlich ab Frühjahr 2007

Schuldrecht BT I (111.12) 6,90 €

Schuldrecht BT II (111.13) 6,90 €

Sachenrecht I (111.14) 6,90 €

Sachenrecht II (111.15) 6,90 €

Grundwissen Strafrecht

vorraussichtlich erhältlich ab Frühjahr 2007

Strafrecht AT (112.20) 6,90 €

Strafrecht BT (112.21) 6,90 €

Grundwissen Öffentliches Recht

Staatsrecht (113.30) 6,90 €

Verwaltungsrecht (113.31) 6,90 €

Die wichtigsten Fälle

Die vorliegende Fallsammlung ist für Studenten in den ersten Semestern gedacht. Gerade in dieser Phase ist es wichtig, bei der Auswahl der Lernmaterialien den richtigen Weg einzuschlagen.
Die Gefahr zu Beginn des Studiums liegt darin, den Stoff zu abstrakt zu erarbeiten. Ein problemorientiertes Lernen, d.h. ein Lernen am konkreten Fall, führt zum Erfolg. Das gilt für die kleinen Scheine/die Zwischenprüfung genauso wie für das Examen. Wer gelernt hat, sich die Probleme des Falles aus dem Sachverhalt schnell zu erschließen, schreibt die gute Klausur.
Bei der Anwendung dieser Lernmethode sind wir Marktführer. Profitieren Sie von der 30-jährigen Erfahrung des Juristischen Repetitoriums hemmer im Umgang mit Examensklausuren. Diese Erfahrung fließt in sämtliche Skripten des Verlages ein. Das Repetitorium beschäftigt ausschließlich Spitzenjuristen, teilweise Landesbeste ihres Examenstermins. Die so erreichte Qualität in Unterricht und Skripten werden Sie woanders vergeblich suchen. Lernen Sie mit den Profis!
Ihre Aufgabe als Jurist wird es einmal sein, konkrete Fälle zu lösen. Diese Fähigkeit zu erwerben ist das Ziel einer guten juristischen Ausbildung. Nutzen Sie die Chance, diese Fähigkeit bereits zu Beginn Ihres Studiums zu trainieren. Erarbeiten Sie sich das notwendige Handwerkszeug anhand unserer Fälle. Sie werden feststellen:
Wer Jura richtig lernt, dem macht es auch Spaß. Je mehr Sie verstehen, desto mehr Freude werden Sie haben, sich neue Probleme durch eigenständiges Denken zu erarbeiten. Wir bieten Ihnen mit unserer juristischen Kompetenz die notwendige Hilfestellung.
Fallsammlungen gibt es viele. Die Auswahl des richtigen Lernmaterials ist jedoch der entscheidende Aspekt. Vertrauen Sie auf unsere Erfahrungen im Umgang mit Prüfungsklausuren. Unser Beruf ist es, alle klausurrelevanten Inhalte zusammenzutragen und verständlich aufzubereiten. Prüfungsinhalte wiederholen sich. Wir vermitteln Ihnen das, worauf es in der Prüfung ankommt
– verständlich – knapp – präzise.

BGB AT (115.21)	12,80 €
Schuldrecht AT (115.22)	12,80 €
Schuldrecht BT (115.23)	12,80 €
GOA-BereicherungsR (115.24)	12,80 €
Deliktsrecht (115.25)	12,80 €
Verwaltungsrecht (115.26)	12,80 €
Staatsrecht (115.27)	12,80 €
Strafrecht AT (115.28)	12,80 €
Strafrecht BT I (115.29)	12,80 €
Strafrecht BT II (115.30)	12,80 €
Sachenrecht I (115.31)	12,80 €
Sachenrecht II (115.32)	12,80 €
ZPO I (115.33)	12,80 €
ZPO II (115.34)	12,80 €
Handelsrecht (115.35)	12,80 €
Erbrecht (115.36)	12,80 €
Familienrecht (115.37)	12,80 €
Gesellschaftsrecht (115.38)	12,80 €
Arbeitsrecht (115.39)	12,80 €
StPO (115.40)	12,80 €

Sonderband Der Streit- und Meinungsstand im neuen Schuldrecht

Der hemmer/wüst Verlag stellt mit dem vorliegenden Werk die umstrittensten Problemkreise in 23 Fällen des neuen Schuldrechts dar, zeigt den aktuellen Meinungsstand auf und schafft so einen Überblick. Es wird das notwendige Wissen vermittelt.

115.20 *14,80 €*

Musterfälle für die Zwischenprüfung

Exempla docent - an Beispielen lernen. Die Fälle zu den Basics! Nur wer so lernt, weiß was in der Klausur verlangt wird.
Die Fallsammlungen erweitern unsere Basics und stellen die notwendige Fortsetzung für das Schreiben der Klausur dar. Genau das, was Sie für die Scheine brauchen - nämlich exemplarisch dargestellte Falllösungen. Wichtige, immer wiederkehrende Konstellationen werden berücksichtigt.
Profitieren Sie von der seit 1976 bestehenden Klausurerfahrung des Juristischen Repetitoriums hemmer. Über 1000 Klausuren wurden für die Auswahl der Musterklausuren auf ihre „essentials" analysiert

Musterklausur für die Zwischenprüfung Zivilrecht

Ein Muss: Klassiker wie die vorvertragliche Haftung (c.i.c.), die Haftung bei Pflichtverletzungen im Schuldverhältnis (§ 280), Vertrag mit Schutzwirkung, Drittschadensliquidation, Mängelrecht, EBV, Bereicherungs- und Deliktsrecht werden klausurtypisch aufbereitet. Auf „specials" wie Saldotheorie, Verarbeitung, Geldwertvindikation, Vorteilsanrechnung und Nebenbesitz wird eingegangen. So entsteht wichtiges Grundverständnis.

16.31 *14,80 €*

Musterklausur für die Zwischenprüfung Strafrecht

Auch hier wieder prüfungstypische Fälle mit genauen Aufbauhilfen. Die immer wiederkehrenden „essentials" der Strafrechtsrechtsklausur werden in diesem Skript abgedeckt: Von der Abgrenzung von dolus eventualis und bewusster Fahrlässigkeit über die Irrtumslehre bis hin zu Problemen der Täterschaft und Teilnahme, u.v.m. Wer sich die Zeit nimmt, diese Musterfälle sorgfältig durchzuarbeiten, besteht jede Grundlagenklausur.

16.32 *14,80 €*

Musterklausur für die Zwischenprüfung Öffentliches Recht

Dieses Skript enthält die wichtigsten, in der Klausur immer wiederkehrenden Problemkonstellationen für die Bereiche Verfassungs- und Verwaltungsrecht. Im Verfassungsrecht werden die Zulässigkeitsvoraussetzungen von Verfassungsbeschwerden, Organstreitverfahren sowie abstrakter und konkreter Normenkontrolle erörtert. Im Rahmen der Begründetheitsprüfung werden die klausurrelevanten Grundrechte ausführlich erläutert. Gleichzeitig werden auch staatsorganisationsrechtliche Problemfelder aufbereitet. Die Klausuren zum Verwaltungsrecht zeigen die optimale Prüfung von Anfechtungs-, Verpflichtungs- und Fortsetzungsfeststellungsklagen sowie von Widerspruchsverfahren. Standardprobleme wie die Rücknahme oder der Widerruf eines Verwaltungsaktes und die Behandlung von Nebenbestimmungen eines VA sind u.a. Gegenstand der Begründetheitsprüfung.

16.33 *14,80 €*

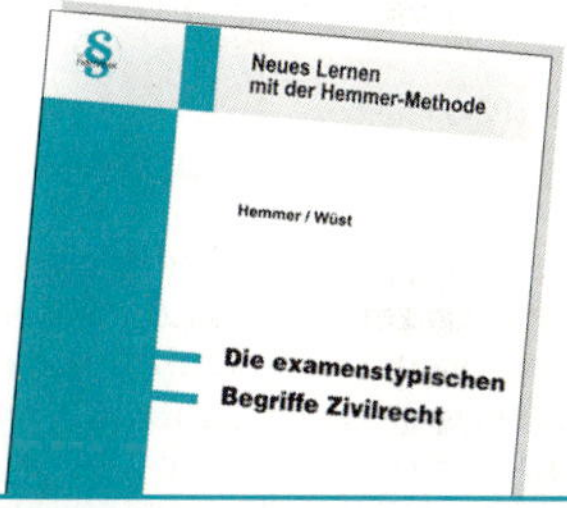

Die examenstypischen Begriffe/ ZivilR.

Das Grundwerk für die eigene Bibliothek. Alle examenstypischen Begriffe in diesem Nachschlagewerk werden anwendungsspezifisch für Klausur und Hausarbeit erklärt. Das gesammelte Examenswissen ist eine optimale schnelle Checkliste. Zusätzlicher Nutzen: Das große Stichwortverzeichnis. Neben der Einbettung des gesuchten Begriffs in den juristischen Kontext finden Sie Verweisungen auf entsprechende Stellen in unserer Skriptenreihe. Begriffe werden transparenter. Sie vertiefen Ihr Wissen. So können Sie sich schnell und auf anspruchsvollem Niveau einen Überblick über die elementaren Rechtsbegriffe verschaffen.

14.01 *14,80 €*

Sie sind Jurastudent in den mittleren Semestern und wollen die großen Scheine unter Dach und Fach bringen. Wenn Sie sich in dieser Phase mit tausend Meinungen beschäftigen, besteht die Gefahr, sich im Detail zu verlieren. Wir empfehlen Ihnen, schon jetzt das Material zu wählen, welches Sie nicht nur durch die Scheine, sondern auch durch das Examen begleitet.

Die „Basics" - Reihe

Die Klassiker der hemmer-Reihe. So schaffen Sie die Universitätsklausuren viel leichter. Die Basics vermitteln Ihnen Grundverständnis auf anspruchsvollem Niveau, sie sind auch für die Examensvorbereitung ideal.
Denn: Wissen wird konsequent unter Anwendungsgesichtspunkten erworben.
Die Basics dienen auch der schnellen Wiederholung vor dem Examen oder der mündlichen Prüfung, wenn Zeit zur Mangelware wird.

Basics-Zivilrecht I

BGB-AT/ Vertragliche Schuldverhältnisse mit dem neuen Schuldrecht

Im Vordergrund steht die Vermittlung der Probleme des Vertragsschlusses, u.a. das Minderjährigenrecht und die Stellvertretung. Neben rechtshindernden (z.B. §§ 134, 138 BGB) und rechtsvernichtenden Einwendungen (z.B. Anfechtung) werden auch die Klassiker der Pflichtverletzung nach § 280 BGB wie Unmöglichkeit (§§ 280 I, III, 283), Verzug (§§ 280 I, II, 286) und Haftung bei Verletzung nicht leistungsbezogener Nebenpflichten i.S.d. § 241 II BGB (früher: pVV bzw. c.i.c. jetzt: § 280 I bzw. § 280 I i.V.m. § 311 II BGB) behandelt. Ausführlich wird auf die wichtige Unterscheidung von Schadensersatz nach § 280 I BGB und Schadensersatz statt der Leistung nach §§ 280 I, III, 281-283 bzw. § 311a II BGB eingegangen. Nach Mängelrecht, Störung der GG und Schadensrecht schließt das Skript mit dem nicht zu unterschätzenden Gebiet des Dritten (z.B. Abgrenzung § 278 / § 831 / § 31; § 166; Vertrag mit Schutzwirkung zugunsten Dritter; DriSchaLi) im Schuldverhältnis ab.

110.0011 *14,80 €*

Basics-Zivilrecht II

Gesetzliche Schuldverhältnisse, Sachenrecht

Das Skript befasst sich mit dem Recht der GoA, dem Bereicherungsrecht und dem Recht der unerlaubten Handlungen als immer wieder klausurrelevante gesetzliche Schuldverhältnisse. Der Einstieg in das Sachenrecht wird mit der Abhandlung des Besitzrechts und dem Erwerb dinglicher Rechte an beweglichen Sachen erleichtert, wobei der Schwerpunkt auf dem rechtsgeschäftlichen Erwerb des Eigentums liegt. Über das für jede Prüfung unerlässliche Gebiet des EBV gibt das Skript einen ausführlichen Überblick.
Eine systematische Aufbereitung des Pfandrechts und des Grundstückrechts führen zum richtigen Verständnis dieser prüfungsrelevanten Gesetzesmaterie.

110.0012 *14,80 €*

Basics-Zivilrecht III

Familienrecht/ Erbrecht

Die typischen Probleme des Familienrechts: Von der Ehe als Klassiker für die Klausur (z.B. § 1357; GbR; Gesamtschuldner; Gesamtgläubiger; §§ 1365; 1369 BGB) zum ehelichen Güterrecht bis hin zur Scheidung.
Gegenstand des Erbrechts sind die gesetzliche und gewillkürte Erbfolge, die möglichen Verfügungen (Testament bzw. Erbvertrag) des Erblassers und was sie zum Inhalt haben (z.B. Erbeinsetzung, Vermächtnis, Auflage), Annahme und Ausschlagung der Erbschaft sowie neben Fragen der Rechtsstellung des Erben (z.B. im Verhältnis zum Erbschaftsbesitzer) auch das Pflichtteilsrecht und der Erbschein.
Fazit: Das Wichtigste in Kürze für den schnellen Überblick.

110.0013 *14,80 €*

Basics-Zivilrecht IV

Zivilprozessrecht (Erkenntnisverfahren und Zwangsvollstreckungsverfahren)

Wegen fehlender Praxis ist in der Regel die ZPO dem Studenten fremd. Von daher wurde hier besonders auf leichte Verständlichkeit Wert gelegt. Der Schwerpunkt im Erkenntnisverfahren liegt neben den immer wiederkehrenden Problemen der Zulässigkeitsvoraussetzungen (z.B. Zuständigkeit, Streitgegenstand) auf den typischen Problemen des Prozesses, wie z.B. Versäumnisurteil, Widerklage und Klagenhäufung. Die Beteiligung Dritter am Rechtsstreit wird im Hinblick auf die Klausur und die examensrelevante Verortung erklärt.
Das Kapitel der Zwangsvollstreckung befasst sich vor allem mit dem Ablauf der Zwangsvollstreckung und den möglichen Rechtsbehelfen von Schuldner, Gläubiger und Dritten.
Dieses Skript gehört daher zur „Pflichtlektüre", um sich einen vernünftigen Überblick zu verschaffen!

110.0014 14,80 €

Basics-Zivilrecht V

Handels- und Gesellschaftsrecht

Im Vordergrund steht: Wie baue ich eine gesellschaftsrechtliche Klausur richtig auf. Häufig geht es um die Haftung der Gesellschaft und der Gesellschafter. Eine systematische Aufbereitung führt durch das Recht der Personengesellschaften, also der GbR und OHG, sowie der KG. Das Recht der Körperschaften, wozu der rechts- und nichtrechtsfähige Verein, die GmbH sowie die AG zählen, wird ebenso im Überblick dargestellt.
Auf dem Gebiet des Handelsrechts als Sonderrecht des Kaufmanns dürfen typische Problemkreise wie Kaufmannseigenschaft, Handelsregister, Wechsel des Unternehmensträgers und das kaufmännische Bestätigungsschreiben nicht fehlen. Abschließend befasst sich das Skript mit den Mängelrechten beim Handelskauf, der auch häufig die Schnittstelle zu BGB-Problemen darstellt.

110.0015 14,80 €

Basics-Zivilrecht VI

Arbeitsrecht

Das Arbeitsrecht gehört in den meisten Bundesländern zum Pflichtprogramm in der Examensvorbereitung. Hier tauchen immer wieder die gleichen Fragestellungen auf, die in diesem Skript knapp, präzise und klausurtypisch aufbereitet werden, wie die Zulässigkeit der Kündigungsschutzklage, Kündigungsschutz nach dem KSchG, innerbetrieblicher Schadensausgleich, fehlerhafter Arbeitsvertrag und die Reaktionsmöglichkeiten des Arbeitnehmers auf Änderungskündigungen. Ferner bildet auch das Recht der befristeten Arbeitsverhältnisse nach dem TzBfG einen Schwerpunkt.

110.0016 14,80 €

Basics-Strafrecht

Je besser der Einstieg, umso besser später die Klausuren. Weniger ist häufig mehr. Alle klausurwichtigen Probleme und Fragestellungen des materiellen Strafrechts auf einen Blick: Vom StGB-AT bis hin zum StGB-BT finden Sie all das dargestellt, was als Grundlagenwissen im Strafrecht angesehen wird. Außerdem werden die wichtigsten Aufbaufragen zur strafrechtlichen Klausurtechnik - an denen gerade Anfänger häufig scheitern - in einem eigenen Kapitel einfach und leicht nachvollziehbar erläutert.

110.0032 14,80 €

Basics-Öffentliches Recht I

Verfassungsrecht/ Staatshaftungsrecht

Materielles und prozessuales Verfassungsrecht bilden zusammen mit wichtigen Problemstellungen des Staatshaftungsrechts die Grundlage für dieses Skript. Öffentlich-rechtliches Wissen wird konsequent unter Anwendungsgesichtspunkten erworben.

110.0035 14,80 €

Basics-Öffentliches Recht II

Verwaltungsrecht

Grundfragen des allgemeinen und besonderen Verwaltungsrechts werden im Rahmen der wichtigsten Klagearten der VwGO verständlich und einprägsam dargestellt. Zusammen mit dem Skript Ö-Recht I werden Sie sich in der öffentlich rechtlichen Klausur sicher fühlen.

110.0036 *14,80 €*

Basics-Steuerrecht

Die Basics im Steuerrecht für einen einfachen, aber instruktiven Einstieg in das materielle Einkommensteuer- und Steuerverfahrensrecht. Die notwendigen Bezüge des Einkommensteuerrechts zum Umsatz- und Körperschaftssteuerrecht werden dargestellt sowie auf examens- und klausurtypische Konstellationen hingewiesen. Ein ideales Skript für alle, die sich erstmals mit der Materie befassen und die Grundstrukturen verstehen wollen. Es wird der Versuch unternommen, den Einstieg so verständlich wie möglich zu gestalten. Dazu werden immer wieder kleine Beispiele gebildet, die das Erlernen des abstrakten Stoffs vereinfachen sollen.

110.0004 *14,80 €*

Basics-Europarecht

Neben unserem Hauptskript nun die Basics zum Europarecht. Verständlicher Einstieg oder schnelle Wiederholung der wesentlichen Probleme? Für beides sind die Basics ideal. Wer in die Tiefe gehen möchte, kann dies mit unserem Klassiker, dem Hauptskript Europarecht. In Verbindung mit den Classics Europarecht und der Fallsammlung auf Examensniveau sind Sie somit gerüstet für die Prüfung in Ausbildung und Examen. Vernachlässigen Sie dieses immer wichtiger werdende Prüfungsgebiet nicht!

110.0005 *14,80 €*

Skripten Classics

In den Classics haben wir für Sie die wichtigsten Entscheidungen der Obergerichte, denen Sie während Ihres Studiums immer wieder begegnen, ausgewählt und anschaulich aufbereitet. Bestimmte Entscheidungen müssen bekannt sein. In straffer Form werden der Sachverhalt, die Entscheidungssätze und die Begründung dargestellt. Die hemmer-Methode ordnet die Rechtssprechung für die Klausuren ein. Rechtsprechung wird so verständlich, Seitenfresserei vermieden.
Hiermit bereiten Sie sich auch gezielt auf die mündliche Prüfung vor.

BGH-Classics Zivilrecht

Rechtskultur und Verständnis des Gesetzes werden in weiten Teilen von der Rechtsprechung geprägt. Nicht umsonst spricht man von der Rechtsprechung als der normativen Kraft des Faktischen. Die wegweisenden Entscheidungen müssen Student, Referendar und Anwalt bekannt sein. Auf leicht erfaßbare, knappe, präzise Darstellung wird Wert gelegt. Die hemmer-Methode sichert den für die Klausur und Hausarbeit notwenigen „background" ab.

15.01 *14,80 €*

BGH-Classics Strafrecht

Auch die Entscheidungen im Strafrecht in ihrer konkreten Aufbereitung führen zur richtigen Einordnung der jeweiligen Problematik. Es wird die Interessenslage der Rechtsprechung erklärt. Im Vordergrund steht oft Einzelfallgerechtigkeit. Deswegen vermeidet die Rechtsprechung auch allzu dogmatische Entscheidungen.
Effizient, und damit in den wesentlichen Punkten knapp und präzise, wird die Entscheidung selbst wiedergegeben. So sparen Sie sich Zeit und erleiden nicht den berühmten Informationsinfarkt. Sowohl in der Examensvorbereitung, als auch in Klausur und Hausarbeit dienen die Classics als schnelles Lern- und Nachschlagewerk.

15.02 *14,80 €*

In der letzten Phase sollten Sie sich mit voller Kraft auf das Examen vorbereiten. Besonders wichtig ist jetzt fundiertes Wissen auf Examensniveau! unser Filetstück: die Hauptskripten. Konfronierten Sie sich frühzeitig mit dem, was Sie im Examen erwartet. Examenswissen unter professioneller Anleitung.

Classics Öffentliches Recht

Das Skript umfasst die Dauerbrenner aus den Bereichen der Rechtsprechung zu den Grundrechten, zum Staatsrecht, Verwaltungsrecht AT und BT sowie zum Europarecht. Neben der inhaltlichen Darstellung der Entscheidung werden mit Hilfe knapper Anmerkungen Besonderheiten und Bezüge zu anderen Problematiken hergestellt und somit die Fähigkeit zur Verknüpfung geschärft.

15.03 *14,80 €*

Classics Europarecht

Anders als im amerikanischen Recht gibt es bei uns kein reines „case-law". Gleichwohl hat die Rechtsprechung für Rechtsentwicklung und -fortbildung eine große Bedeutung. Gerade im Europarecht kommt man ohne festes Basiswissen in der europäischen Rechtsprechung nur selten zum Zuge. Auch für das Pflichtfach ein unbedingtes Muss!

15.04 *14,80 €*

Zivilrecht BGB-AT I-III

Die Aufteilung der Unwirksamkeitsgründe nach den verschiedenen Büchern des BGB (z.B. BGB-AT, Schuldrecht AT usw.) entspricht nicht der Struktur des Examensfalls. Wegen der klassischen Einteilung wird der Begriff BGB-AT/ Schuldrecht AT beibehalten. Unsere Skripten BGB-AT I - III unterscheiden entsprechend der Fallfrage in Klausur und Hausarbeit (Anspruch entstanden? Anspruch untergegangen? Anspruch durchsetzbar?) zwischen wirksamen und unwirksamen Verträgen, zwischen rechtshindernden, rechtsvernichtenden und rechtshemmenden Einwendungen. Damit stellen sich diese Skripten als großer Fall dar und dienen auch als Checkliste für Ihre Prüfung. Schon das Durchlesen der Gliederung schafft Verständnis für den Prüfungsaufbau.

BGB-AT I

Entstehen des Primäranspruchs

Besteht der Vertrag, so kann der Anspruchsteller Erfüllung, z.B. Übereignung, Überlassung der Mietsache etc. verlangen. Dies setzt unter anderem Rechtsfähigkeit der Vertragspartner, eine wirksame Willenserklärung, Zugang und ggf. Bevollmächtigung voraus. Nur wenn ein wirksamer Vertrag vorliegt, entsteht die Leistungspflicht des Schuldners und deren Folgeproblematik wie Rücktritt und Schadensersatz. Konsequent befasst sich das Skript daher auch mit den Problemkreisen der Stellvertretung sowie der Einbeziehung von AGB´en.

0001 *14,80 €*

BGB-AT II

Scheitern des Primäranspruchs

Scheitert der Vertrag von vornherein, so entfallen Erfüllungsansprüche. Die Unwirksamkeitsgründe sind im Gesetz verstreut, wie z.B. § 125, § 134, § 2301. Als konsequentes Rechtsfolgenskriptum sind alle klausurtypischen rechtshindernden Einwendungen zusammengefasst.

0002 *14,80 €*

BGB-AT III

Erlöschen des Primäranspruchs

Der Primäranspruch (bzw. Leistungs- oder Erfüllungsanspruch) kann nachträglich wegfallen, z.B. durch Erfüllung, Aufrechnung, Anfechtung, Unmöglichkeit. Nur wer Unwirksamkeitsgründe im Kontext des gescheiterten Vertrags einordnet, lernt richtig. Die rechtshemmenden Einreden (z.B. Verjährung, § 214 BGB) bewirken, dass der Berechtigte sein Recht nicht (mehr) geltend machen kann.

0003 *14,80 €*

Die klassischen Rechtsfolgeskripten zum Schadensersatz - „klausurtypisch!“

Schadensersatzrecht I

Das Skript erfasst neben Allgemeinem zum Schadensersatzrecht zunächst den selbstständigen Garantievertrag als Primäranspruch auf Schadensersatz. Daneben wird die gesetzliche Garantiehaftung behandelt. Ebenfalls enthalten sind die Sachmängelhaftung im Kauf- und Werk-, Miet- und Reisevertragsrecht sowie die Rechtsmängelhaftung.

0004 *14,80 €*

Schadensersatzrecht II

Umfassende Darstellung des Leistungsstörungsrechts, rechtsfolgenorientierte Darstellung der Sekundäransprüche-Schadensersatzansprüche.

0005 *14,80 €*

Schadensersatzrecht III

Befasst sich schwerpunktmäßig mit dem Anspruchsinhalt, d.h. mit der Frage des Umfangs der Ersatzpflicht, also dem „wie viel“ eines dem Grunde nach bereits bestehenden Anspruchs. Drittschadensliquidation, Vorteilsausgleichung und hypothetische Schadensursachen dürfen nicht fehlen.

0006 *14,80 €*

Schuldrecht

Die Reihe Schuldrecht orientiert sich an der Klausurrelevanz des Schuldrechts. In nahezu jeder Klausur ist nach Schadensersatzansprüchen des Gläubigers bei Leistungsstörungen des Schuldners, nach bereicherungsrechtlichen Ansprüchen oder nach der deliktischen Haftung gefragt.
Die Schuldrechtsskripten eignen sich hervorragend sowohl zur erstmaligen Aneignung der Materie als auch zur aufgrund der Schuldrechtsreform notwendigen Neustrukturierung bereits vorhandenen Wissens.

Schuldrecht I

Das allgemeine Leistungsstörungsrecht war schon immer äußerst klausurrelevant. Dies hat sich durch die Schuldrechtsreform in erheblichem Maße verstärkt, zumal das Besondere Schuldrecht nun häufig Rückverweisungen auf die §§ 280 ff. BGB vornimmt (z.B. § 437 BGB). Entsprechend der Gesetzessystematik ist das Skript von der Rechtsfolge her aufgebaut: Welche Art des Schadensersatzes verlangt der Gläubiger? Schwerpunkte bilden das Unmöglichkeitsrecht, der allgemeine Anspruch aus § 280 I BGB (auch vorvertragliche Haftung und Schuldnerverzug), die Ansprüche auf Schadensersatz statt der Leistung, Rücktritt und Störung der Geschäftsgrundlage.

0051 *14,80 €*

Schuldrecht II

Die Klassiker im Examen! Kauf- und Werkvertrag in allen prüfungsrelevanten Varianten. Dies gilt insbesondere beim Kauf, dessen spezielles Gewährleistungsrecht abgeschafft und stattdessen auf die §§ 280 ff. BGB Bezug genommen wurde. Das Skript setzt sich mit den kaufspezifischen Fragestellungen wie Sachmangelbegriff, Nacherfüllung, Rücktritt, Minderung und Schadensersatz, Versendungs- und Verbrauchsgüterkauf auseinander. Ferner wird das - dem Kauf nun weitgehend gleichgeschaltete - Werkvertragsrecht behandelt.

0052 *14,80 €*

Schuldrecht III

Umfassend werden die klausurrelevanten Probleme der Miete, Pacht, Leihe, des neuen Darlehensrechts (samt Verbraucherwiderruf nach §§ 491 ff. BGB), des Leasing- und Factoringrechts abgehandelt. Die äußerst wichtigen Fragestellungen aus dem Bereich Bürgschaft („Wer bürgt, wird erwürgt"), Reise- und Maklervertrag kommen ebenfalls nicht zu kurz.

0053 *14,80 €*

Bereicherungsrecht

Die §§ 812 ff. sind regelmäßig die Folge unwirksamer Verträge. Abgrenzungsprobleme gibt es dabei u.a. zum Wegfall der Geschäftsgrundlage (z.B. Rückabwicklung bei der nichtehelichen Lebensgemeinschaft) und §§ 987 ff. Die hemmer-Methode versteht sich als Gebrauchsanweisung für die erfolgreiche Bewältigung des anspruchsvollen Rechtsgebiets Bereicherungsrecht. Ohne Verständnis für dieses Rechtsgebiet bleibt der Zusammenhang im Zivilrecht im Dunkeln.

0008 *14,80 €*

Verbraucherschutzrecht

Das Verbraucherschutzrecht erlangt im Gesamtgefüge des BGB eine immer stärkere Bedeutung. Kaum ein Bereich, in dem die Besonderheiten des Verbraucherschutzrechtes nicht zu abweichenden Ergebnissen führen, so z.B. bei den §§ 474 ff. BGB, oder bei der Widerrufsproblematik der §§ 355 ff. BGB. Insbesondere die umständliche Verweisungstechnik der §§ 499 ff. BGB stellt den Bearbeiter von Klausuren vor immer neue Herausforderungen. Das Skript liefert eine systematische Einordnung in den Gesamtzusammenhang. Wer den Verbraucher richtig einordnet, schreibt die gute Klausur.

0007 *14,80 €*

Deliktsrecht I

Eine umfassende Einführung in das deliktische Haftungssystem. Da die deliktische Haftung gegenüber jedermann besteht, können die §§ 823 ff BGB. in jede Klausur problemlos eingebaut werden. Neben einer umfassenden Übersicht über die Haftungstatbestände werden sämtliche klausurrelevanten Problemfelder der §§ 823 ff BGB. umfassend behandelt (z.B. Probleme der haftungsbegründenden und -ausfüllenden Kausalität). § 823 I BGB ist als elementarer, strafrechtsähnlicher Grundtatbestand leicht erlernbar. Auch § 823 II und §§ 824 - 826 BGB sollten nicht vernachlässigt werden. Neben § 831 BGB (Vorsicht beim Entlastungsbeweis!), der Haftung für Verrichtungsgehilfen, befasst sich der erste Band auch mit der Mittäterschaft, Teilnahme und Beteiligung gem. § 830 BGB.

0009 *14,80 €*

Deliktsrecht II

Deliktsrecht II vervollständigt das deliktische Haftungssystem mit besonderem Schwerpunkt auf der Gefährdungshaftung und der Haftung für vermutetes Verschulden. Zum einen erfolgt eine ausführliche Erörterung der im BGB integrierten Haftungsnormen. Zum anderen vermittelt das Skript ein umfassendes Wissen in den klausurrelevanten Spezialgesetzen wie dem StVG, dem ProdHaftG und dem UmweltHaftG. Abgerundet werden die Darstellungen durch den wichtigen Beseitigungs- und Unterlassungsanspruch des § 1004 BGB.

0010 *14,80 €*

Sachenrecht I-III:

Sachenrecht ist durch immer wiederkehrende examenstypische Problemfelder gut ausrechenbar. Anders als das Schuldrecht ist es ein klar strukturiertes Rechtsgebiet. In der Regel besteht deswegen eine feste Vorstellung, wie der Fall zu lösen ist. Deshalb gilt es gerade hier, mit der hemmer-Methode den Ersteller der Klausur als imaginären Gegner zu erfassen. Es gilt, Begriffe wie z.B. Widerspruch und Vormerkung in ihrer rechtlichen Wirkung zu begreifen und in den Kontext der Klausur einzuordnen.

Sachenrecht I

Zu Beginn werden die allgemeinen Lehren des Sachenrechts (Abstraktionsprinzip, Publizität, numerus clausus etc.) behandelt, die für den Einstieg und ein grundlegendes Verständnis der Materie unabdingbar sind. Im Vordergrund stehen dann das Besitzrecht und das Eigentümer-Besitzer-Verhältnis. Gerade das EBV ist klausurrelevant. Hier dürfen Sie keinesfalls auf Lücke lernen. Schließlich geht es auch um den immer wichtiger werdenden (verschuldensunabhängigen) Beseitigungs- bzw. Unterlassungsanspruch aus § 1004 BGB.

0011 *14,80 €*

Sachenrecht II

Sachenrecht II behandelt den Erwerb dinglicher Rechte an beweglichen Sachen. Neben dem Erwerb kraft Gesetzes ist Schwerpunkt hier natürlich der rechtsgeschäftliche Erwerb des Eigentums. Bei dem Erwerb vom Berechtigten und den §§ 932 ff. BGB müssen Sie sicher sein, insbesondere, wenn wie im Examensfall regelmäßig Dritte (Besitzdiener, Besitzmittler, Geheißpersonen) in den Übereignungstatbestand eingeschaltet werden. Daneben geht es um die klausurrelevanten Probleme beim Pfandrecht, bei der Sicherungsübereignung und beim Anwartschaftsrecht des Vorbehaltsverkäufers.

0012 *14,80 €*

Sachenrecht III

Gegenstand des Skripts Sachenrecht III ist das Immobiliarsachenrecht, wobei die Übertragung des Eigentums an Grundstücken im Vordergrund steht. Weitere Schwerpunkte bilden u.a. Erst- und Zweiterwerb der Vormerkung, die Hypothek und Grundschuld -Gemeinsamkeiten und Unterschiede-, Übertragung sowie der Wegerwerb von Einwendungen und Einreden bei diesen.

0012A *14,80 €*

Kreditsicherungsrecht

Der Clou! Wettlauf der Sicherungsgeber, Verhältnis Hypothek zur Grundschuld, Verlängerter Eigentumsvorbehalt und Globalzession/Factoring sind häufig Prüfungsgegenstand. Lernen Sie das, was zusammen gehört, als zusammengehörend zu betrachten. Alle examenstypischen Sicherungsmittel im Überblick: Wie sichere ich neben dem bestehenden Rückzahlungsanspruch einen Kredit? Unterschieden werden Personalsicherheiten (z.B. Bürgschaft, Schuldbeitritt), Mobiliarsicherheiten (z.B. Sicherungsübereignung, Sicherungsabtretung, Eigentumsvorbehalt und Pfandrecht) sowie Immobiliarsicherheiten (Grundschuld und Hypothek). Wer die Unterscheidung zwischen akzessorischen und nichtakzessorischen Sicherungsmitteln wirklich verstanden hat, geht unbesorgt in die Prüfung.

0013 *14,80 €*

Nebengebiete

Familienrecht

Das Familienrecht wird häufig in Verbindung mit anderen Rechtsgebieten geprüft. So sind z.B. §§ 1357, 1365, 1369 BGB Schnittstelle zum BGB-AT und nur in diesem Kontext verständlich. Die sog. Ehestörungsklage hat ihre Bedeutung bei §§ 823 und 1004 BGB. Da nur der geschädigte Ehegatte einen eigenen Schadensersatzanspruch gegen den Schädiger hat, stellen sich Probleme der Vorteilsanrechnung (vgl. § 843 IV BGB) und Fragen beim Regress. Von Bedeutung sind bei der Nichtehelichen Lebensgemeinschaft Bereicherungsrecht und, wie bei Eheleuten auch, familienrechtliche Bestimmungen sowie das Recht der BGB-Gesellschaft. Die typischen Problemkreise des Familienrechts sind berechenbar und leicht erlernbar.

0014 *14,80 €*

Erbrecht

„Erben werden geboren, nicht gekoren." oder „Erben werden gezeugt, nicht geschrieben." deuten auf germanischen Einfluß mit seinem Sippengedanken. Das Prinzip der Universalsukzession und die Testamentidee sind römisch-rechtliche Tradition. Die Spannung zwischen individualistischem (der Erbe steht im Vordergrund) und kollektivistischem Ansatz (die Sippe ist privilegiert) ist auch für die Klausur von großer praktischer Relevanz, z.B. gewillkürte oder gesetzliche Erbfolge, Formwirksamkeit des Testaments (auch gemeinschaftliches Testament und Erbvertrag), Widerruf und Anfechtung, Bestimmung durch Dritte, Vor- und Nach- sowie Ersatzerbschaft, Vermächtnis, Pflichtteilsrecht, Erbschaftsbesitz, Miterben, Erbschein. Auch die dingliche Surrogation, z.B. bei § 2019 BGB, und das Verhältnis des Erbrechts zum Gesellschaftsrecht sollte als prüfungsrelevant bekannt sein.

0015 *14,80 €*

Zivilprozessrecht I

Versäumnisurteil, Erledigung, Streitverkündung, Berufung (ZPO I, sog. Erkenntnisverfahren) sind mit der hemmer-Methode leicht verständlich für die Klausuranwendung aufbereitet. Von den vielen Bestimmungen der ZPO sind insbesondere diejenigen, die mit materiellrechtlichen Problemen verknüpft werden können, klausurrelevant. ZPO-Probleme werden nur dann richtig erfasst und damit auch für die Klausur handhabbar, wenn man den praktischen Hintergrund verstanden hat. Dies erleichtert Ihnen die hemmer-Methode. Die klausurrelevanten Neuerungen der ZPO-Reform sind selbstverständlich eingearbeitet.

0016 *14,80 €*

Zivilprozessrecht II

Zwangsvollstreckungsrecht - mit diesem Skript halb so wild: Grundzüge, allgemeine und besondere Vollstreckungsvoraussetzungen, sowie die klausurrelevanten Rechtsbehelfe wie §§ 771 BGB (und die Abgrenzung zu § 805), 766 und 767 BGB werden wie gewohnt übersichtlich und gut verständlich für die Anwendung in der Klausur aufbereitet. Dann werden auch gefürchtete Zwangsvollstreckungsklausuren leicht.

0017 *14,80 €*

Arbeitsrecht

Arbeitsrecht ist stark von Richterrecht geprägt und hat sich auch, wie z.B. im Streikrecht, praeter legem entwickelt. Entsprechend häufig sind die Neuerungen. Gleichwohl ist die Arbeitsrechtsklausur im Regelfall standardisiert: Kündigungsschutz (Feststellungsklage) und Lohnzahlung (Leistungsklage) bilden häufig das Grundgerüst. Eingestreut sind regelmäßig Probleme wie z.B. Gratifikationen, Urlaubsabgeltungsanspruch, faktische Bindung und Anwendbarkeit der Grundrechte. Verständnis entsteht. So macht Arbeitsrecht Spaß. Das Standardwerk! Ausgehend von einem großen Fall wird das gesamte Arbeitsrecht knapp und prägnant erklärt.

0018 *16,80 €*

Handelsrecht

Handelsrecht verschärft wegen der Sonderstellung der Kaufleute viele Bestimmungen des BGB (z.B. §§ 362, 377 HGB). Auch Vertretungsrecht wird modifiziert (z.B. § 15 HGB, Prokura), ebenso die Haftung (§§ 25 ff HGB). So kann eine Klausur ideal gestreckt werden. Deshalb sind Kenntnisse im Handelsrecht unerlässlich, alles in allem aber leicht erlernbar.

0019A *14,80 €*

Gesellschaftsrecht

Ein Problem mehr in der Klausur: die Gesellschaft, insbesondere BGB-Gesellschaft, OHG, KG und GmbH. Zu unterscheiden ist häufig zwischen Innen- und Außenverhältnis. Die Haftung von Gesellschaft und Gesellschaftern muss jeder kennen. In der examenstypischen Klausur sind immer mehrere Personen vorhanden (Notendifferenzierung!), so dass sich zwangsläufig die typischen Schwierigkeiten der Mehrpersonenverhältnisse stellen (Zurechnung, Gesamtschuld, Ausgleichsansprüche etc.).

0019B *14,80 €*

Rechtsfolgeskripten

Regelmäßig ist die sog. Herausgabeklausur („A verlangt von B Herausgabe. Zu Recht?") Prüfungsgegenstand. Der Rückgriff kann als Zusatzfrage jede Klausur abschließen. Klausurtypisch werden diese Problemkreise im Anspruchsgrundlagenaufbau dargestellt. So schreiben Sie die 18 Punkteklausur. Ein Muss für jeden Examenskandidaten!

Herausgabeansprüche

Der Band setzt das Rechtsfolgesystem bisheriger Skripten fort. Die Anspruchsgrundlagen, die in den verschiedenen Rechtsgebieten verstreut sind, werden in einem eigenen Skript klausurtypisch konzentriert behandelt, §§ 285, 346, 546, 604, 812, 861, 985, 1007 BGB. Die ideale Checkliste für die Herausgabeklausur. Wer konsequent von der Fallfrage aus geht, lernt richtig.

0031 *14,80 €*

Rückgriffsansprüche

Der Regreß ist examenstypisch. Dreiecksbeziehungen sind nicht nur im wirklichen Leben problematisch, sondern auch im Recht. Der Band gibt unsere Erfahrungen mit den verschiedenen Examenskonstellationen wieder. Beispielhaft ist die Begleichung einer Schuld durch einen Dritten und der Regreß beim Schuldner. In Betracht kommen häufig GoA, Gesamtschuld und Bereiche-rungsrecht.

0032 *14,80 €*

Strafrecht

Eine zweistellige Punktezahl ist im Strafrecht immer im Bereich des Möglichen. Gerade im Strafrecht ist es wichtig, die Klassiker genau zu kennen. Im Strafrecht/Strafprozessrecht wird Ihre Belastbarkeit getestet: innerhalb relativ kurzer Zeit müssen viele Problemkreise „abgehakt" werden.

Strafrecht AT I

Für das Verständnis im Strafrecht unabdingbar sind vertiefte Kenntnisse des Allgemeinen Teils. Der Aufbau eines vorsätzlichen Begehungsdelikts wird ebenso vermittelt wie der eines vorsätzlichen Unterlassungsdelikts bzw. eines Fahrlässigkeitsdelikts. Darin eingebettet werden die examenstypischen Probleme erläutert und anhand der hemmer-Methode Lernverständis geschaffen. Um die allgemeine Strafrechtssystematik besser zu verstehen, beinhaltet dieses Skript zudem Ausführungen zur Garantiefunktion des Strafrechts, zum Geltungsbereich des deutschen Strafrechts sowie einen Überblick über strafrechtliche Handlungslehren.

0020 *14,80 €*

Strafrecht AT II

Dieses Skript vermittelt Ihnen anwendungsorientiert die Problemkreise Versuch (insbesondere Rücktritt vom Versuch), Täterschaft und Teilnahme (z.B. Täter hinter dem Täter), die Irrtumslehre (z.B. aberratio ictus), sowie das Wichtigste zu den Konkurrenzen.
Grundbegriffe werden erläutert und zudem in den klausurtypischen Zusammenhang gebracht. Auch Sonderfälle wie die „actio libera in causa" werden in fallspezifischer Weise erklärt.

0021 *14,80 €*

Strafrecht BT I

Bei den Klassikern wie u.a. Diebstahl, Betrug einschließlich Computerbetrug, Raub, Erpressung, Hehlerei, Untreue (BT I) sollte man sich keine Fehltritte leisten. Mit der hemmer-Methode wird der verständnisvolle Umgang mit Fällen, die im Grenzbereich eines oder mehrerer Tatbestände liegen, eingeübt. Auf klausurtypische Fallkonstellationen wird hingewiesen.

0022 *14,80 €*

Intelligentes Lernen
mit der hemmer-Methode

Strafrecht BT II

Immer wieder in Hausarbeit und Klausur: Totschlag, Mord, Körperverletzungsdelikte, Aussagedelikte, Urkundsdelikte, Straßenverkehrsdelikte. In aller Regel werden diese Delikte mit Täterschaftsformen des Allgemeinen Teils kombiniert, und dadurch die Problematik klausurtypisch gestreckt.

0023 *14,80 €*

Strafprozessordnung

Strafprozessrecht hat auch im Ersten Juristischen Staatsexamen deutlich an Bedeutung gewonnen: In fast jedem Bundesland ist mittlerweile verstärkt mit StPO-Zusatzfragen im Examen zu rechnen. Begriffe wie z.B. Legalitätsprinzip, Opportunitätsprinzip und Akkusationsprinzip dürfen keine Fremdworte bleiben. Lernen Sie spielerisch die Abgrenzung von strafprozessualem und materiellem Tatbegriff. Auf alle klausurtypischen Probleme wird eingegangen.

0030 *14,80 €*

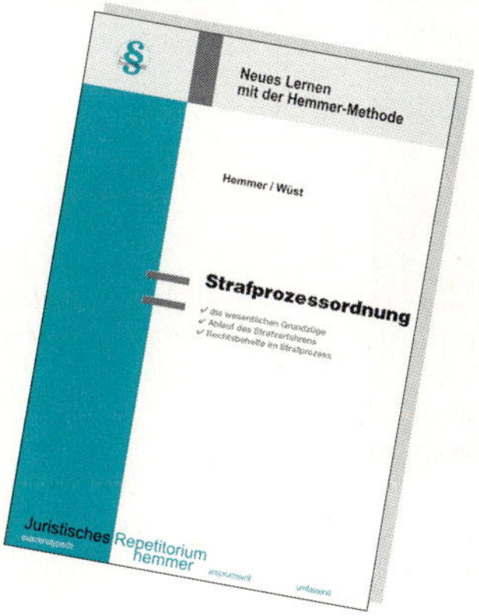

Verwaltungsrecht

Auch die Verwaltungsrechtsskripten sind klausur- und hausarbeitsorientiert und damit als großer Fall zu verstehen. Trainieren Sie Verwaltungsrecht mit uns klausurorientiert. Lernen Sie mit der hemmer-Methode die richtige Einordnung. Im Öffentlichen Recht gilt: wenig Dogmatik - viel Gesetz. Gehen Sie deshalb mit dem sicheren Gefühl in die Prüfung, die Dogmatik genau zu kennen und zu wissen, wo Sie was zu prüfen haben.

Verwaltungsrecht I

Wie in einem großen Fall sind im Verwaltungsrecht I die klausurtypischen Probleme der Anfechtungsklage als zentrale Klageart der VwGO dargestellt. Entsprechend der Reihenfolge in einer Klausur werden Fragen der Zulässigkeit, vom Vorliegen eines VA bis zum Vorverfahren, und der Begründetheit, von der Ermächtigungsgrundlage bis zum Widerruf und der Rücknahme von VAen, klausurorientiert aufbereitet.

0024 *14,80 €*

Verwaltungsrecht II

Die richtige Einordnung der Prüfungspunkte im Rahmen der Zulässigkeit und Begründetheit von Verpflichtungs-, Fortsetzungsfeststellungs-, Leistungs- und Feststellungsklage sowie Normenkontrolle unter gleichzeitiger Darstellung typischer Fragestellungen der Begründetheit sind Gegenstand dieses Skripts. Sie machen es zu einem unentbehrlichen Hilfsmittel zur Vorbereitung auf Zwischenprüfung und Examina.

0025 *14,80 €*

Verwaltungsrecht III

Profitieren Sie von unserer jahrelangen Erfahrung als Repetitoren und unserer Sachkenntnis von Prüfungsfällen. Widerspruchsverfahren, vorbeugender und vorläufiger Rechtsschutz, Rechtsmittel sowie Sonderprobleme aus dem Verwaltungsprozess- und allgemeinen Verwaltungsrechts sind anschließend für Sie keine Fremdwörter mehr.

0026 *14,80 €*

Staatsrecht

> Stoffauswahl und Schwerpunktbildung von Verfassungsrecht (Staatsrecht I) und Staatsorganisationsrecht (Staatsrecht II) orientieren sich am praktischen Bedürfnis von Klausur und Hausarbeit. Da in diesem Bereich häufig nach dem Prinzip „terra incognita" gelernt wurde, gilt es Lücken zu schließen. Wer Staatsrecht richtig gelernt hat, kann sich jedem Fall stellen. Es gilt der Wahlspruch der Aufklärung: „sapere aude" (Wage, Dich Deines Verstandes zu bedienen.), Kant, auf ihn Bezug nehmend Karl Popper (Beck'sche Reihe, „Große Denker").

Staatsrecht I

Die Grundrechte sind das Herzstück der Verfassung. Zulässigkeit und Begründetheit der Verfassungsbeschwerde geben jedem Klausurersteller die Möglichkeit, Grundrechtsverständnis abzuprüfen. Die einzelnen Grundrechte werden im Rahmen der Begründetheit der Verfassungsbeschwerde umfassend erklärt. Lernen Sie mit der hemmer-Methode den richtigen Fallaufbau, auf den gerade im Öffentlichen Recht besonders viel Wert gelegt wird.

0027 *14,80 €*

Staatsrecht II

Speziell hier gilt: Die wenigen Klassiker, die immer wieder in der Klausur eingebaut sind, muss man kennen.

Dies sind im Prozessrecht: Organstreitigkeiten, abstrakte und konkrete Normenkontrolle und föderale Streitigkeiten (Bund-/ Länderstreitigkeiten). Das materielle Recht beinhaltet Staatszielbestimmungen (Art. 20 GG), Finanzverfassung, daneben auch oberste Staatsorgane, Gesetzgebungskompetenz und -verfahren, Verwaltungsorganisation und das Recht der politischen Parteien. Mit diesen Problemkreisen sollten Sie sich im Rahmen einer sinnvollen Examensvorbereitung mit den jeweiligen landesrechtlichen Besonderheiten auseinandersetzen. Skripten, die die Problematik „verallgemeinernd" auf Bundesebene darstellen, helfen meist nicht weiter!

0028 *14,80 €*

Staatshaftungsrecht

Das Staatshaftungsrecht ist eine Querschnittsmaterie aus den Bereichen Verfassungsrecht, Allgemeines und Besonderes Verwaltungsrecht und dem Bürgerlichen Recht. Diese Besonderheit macht es einerseits kompliziert, andererseits interessant für Klausurersteller! In diesem Skript finden Sie alle klausurrelevanten Probleme des Staatshaftungsrechts examenstypisch aufgearbeitet.

0040 *14,80 €*

Europarecht

Immer auf dem neusten Stand! Unser Europarecht hat sich zum Klassiker entwickelt. In Zeiten unüberschaubarer Normenflut ermöglicht dieses Skript die zum Verständnis notwendige Orientierung und Vereinfachung. Anschaulich und klar strukturiert erspart es Zeit und dient dem Allgemeinverständnis für dieses in Zukunft immer wichtiger werdende Prüfungsgebiet. Zusammen mit der Fallsammlung Europarecht Garant für ein erfolgreiches Abschneiden in der Prüfung! Die hohe Nachfrage gibt dem Skriptum recht.

0029 *16,80 €*

Öffentliches Recht - landesspezifische Skripten

Wesentliche Bereiche des Öffentlichen Rechts- Kommunalrecht, Sicherheitsrecht, Bauord-nungsrecht - sind aufgrund der Kompetenzverteilung des Grundgesetzes Landesrecht. Hier müssen Sie sich im Rahmen einer sinnvollen Examensvorbereitung mit den jeweiligen landesrechtlichen Besonderheiten auseinandersetzen. Skripten, die die Problematik „verallgemeinernd" auf Bundesebene darstellen, helfen meist nicht weiter!

Baurecht/Bayern
Baurecht/Nordrhein-Westfalen
Baurecht/Baden Württemberg

Bauplanungs- und Bauordnungsrecht werden in klausurtypischer Aufarbeitung so dargestellt, dass selbst ein Anfänger innerhalb kürzester Zeit die Systematik des Baurechts erlernen kann. Vertieft werden darüber hinaus alle wichtigen Spezialprobleme des Baurechts wie gemeindliches Einvernehmen, Vorbescheid, Erlass von Bebauungsplänen etc. behandelt.

01.0033 BauR Bayern 14,80 €

02.0033 BauR NRW 14,80 €

vorraussichtlich erhältlich ab Frühjahr 2007

03.0033 BauR Baden Württ. 14,80 €

Polizei- und Sicherheitsrecht/ Bayern
Polizei- und Ordunungsrecht/ Nordrhein-Westfalen
Polizeirecht/Baden Württemberg

Gerade das Polizei- und/oder Sicherheitsrecht stellt sich von Bundesland zu Bundesland unterschiedlich dar: Hier kommt die Stärke der landesrechtlichen Skripten voll zur Geltung! Lernen Sie im jeweils regionalen Kontext die Begriffe Primär- und Sekundärmaßnahme, Konnexität, Anscheins- und Putativgefahr usw. Der Aufbau des Skripts orientiert sich an der typischen Systematik einer Polizeirechtsklausur.

01.0034 Polizei-/SR Bayern 14,80 €

02.0034 Polizei-/OR NRW 14,80 €

03.0034 PolizeiR/ Baden Württ. 14,80 €

Kommunalrecht/Bayern
Kommunalrecht/NRW
Kommunalrecht/Baden Württemberg

In vielen Bundesländern ist Kommunalrecht das Herz der verwaltungsrechtlichen Klausur, da es sich mit den meisten anderen Bereichen des Verwaltungsrecht-BT hervorragend kombinieren lässt: Begriffe wie eigener und übertragener Wirkungskreis, Kommunalaufsicht, Verbands- und Organkompetenz, Befangenheit von Gemeinderäten, Kommunale Verfassungsstreitigkeit, gemeindliche Geschäftsordnung und vieles mehr werden in gewohnt fallspezifischer Art dargestellt und erklärt.

01.0035 KomR. Bayern 14,80 €

02.0035 KomR. NRW 14,80 €

03.0035 KomR. Baden Württ. 14,80 €

Schwerpunktskripten

Auch im Bereich der Wahlfachgruppen können Sie auf die gewohnte und bewährte Qualität der Hemmer-Skripten zurückgreifen. Wir ermöglichen Ihnen, ihren Schwerpunktbereich effektiv und examenstypisch zu erschließen. Die Zusammenstellung der Skripten orientiert sich am examensrelevanten Stoff und den wichtigsten Problemkreisen.

Kriminologie

Das Skript Kriminologie umfasst sämtliche, für die Wahlfachgruppe relevanten Bereiche: Kriminologie, Jugendstrafrecht und Strafvollzug. Im Mittelpunkt stehen insbesondere die Erscheinungsformen und Ursachen von Kriminalität, der Täter, aber auch das Opfer und die Kontrolle und Behandlung des Straftäters.Durch die Behandlung vieler strafrechtlicher Grundbegriffe ist das Skriptum auch für den Studenten geeignet, der diese Wahlfachgruppe nicht gewählt hat.

0039 16,80 €

Völkerrecht

Die Probleme im Völkerrecht sind begrenzt. Erschließen Sie sich mit Hilfe dieses Skripts die Problemkreise der völkerrechtlichen Verträge, über die Personalhoheit bis hin zum Interventionsverbot.
Denken Sie daran: Seit das Europarecht Prüfstoff des Ersten und Zweiten Juristischen Staatsexamens geworden ist, hat die Attraktivität der Wahlfachgruppe Völker-/Europarecht stark zugenommen.

0036 16,80 €

Internationales Privatrecht

In der Praxis wird der Jurist von morgen nicht darum herumkommen, sich mit IPR zu beschäftigen. Internationale Verflechtungen gewinnen an Bedeutung und den nationalen Scheuklappen wird entgegen gewirkt. Das Skript ist fallorientiert und ermöglicht den leichten Einstieg. Die Anwendung des Internationalen Einheitsrechts, staatsvertraglicher Kollisionsnormen sowie des autonomen Kollisionsrechts werden hier erläutert. Auch werden die Rechte der natürlichen Person auf internationaler Ebene vom Vertragsrecht bis hin zum Sachenrecht behandelt.

0037 *16,80 €*

Kapitalgesellschaftsrecht

Im Skript Kapitalgesellschaftsrecht werden die Gründung der Kapitalgesellschaften und deren Organisationsverfassung dargestellt. Es beinhaltet daneben die Rechtsstellung der Gesellschafter, die Finanzordnung der Gesellschaften und die Stellung der Gesellschaften im Rechtsverkehr. Abschließend erfolgt ein Überblick über das Konzernrecht und Sonderformen der Kapitalgesellschaften.

0055 *16,80 €*

Rechtsgeschichte I

Gegenstand des Skripts ist die Rechtsgeschichte des frühen Mittelalters bis hin zur Rechtsgeschichte des 20. Jahrhunderts. Inhaltlich deckt es die Bereiche Verfassungsrechtsgeschichte, Privatrechtsgeschichte und Strafrechtsgeschichte ab. Hauptsächlich hilft das Skript bei der Vorbereitung auf die rechtsgeschichtlichen Klausuren. Gleichzeitig ist es auch für „kleine" Grundlagenklausuren und die „großen" Examensklausuren geeignet. Ideal auch zur Vorbereitung auf die mündliche Prüfung.

0058 *16,80 €*

Rechtsgeschichte II

Das Skript Rechtsgeschichte II befasst sich mit der Römischen Rechtsgeschichte und liefert im Zusammenhang mit dem Skript Rechtsgeschichte I (Deutsche Rechtsgeschichte) den Stoff für die Wahlfachgruppe. Darüber hinaus sollten Grundzüge der Rechtsgeschichte zum Wissen eines jeden Jurastudenten gehören. Mit diesem Skript werden Sie schnell in die Entwicklungen und Einflüsse der Römischen Rechtsgeschichte eingeführt.

0059 *16,80 €*

Wettbewerbs- und Markenrecht

Im Rahmen des Rechts des unlauteren Wettbewerbs werden die Grundzüge erklärt, die für das Verständnis dieser Materie unerlässlich sind. Aus dem Bereich des Immaterialgüterrechts wird das Markenrecht näher betrachtet, etwa Unterlassungs- und Schadensersatzansprüche wegen Markenverletzung.

0060 *16,80 €*

Rechts- und Staatsphilosophie sowie Rechtssoziologie

Ziel des Skriptes ist es, über die Vermittlung des für die Klausur erforderlichen Wissens hinaus den Leser zu befähigen, ein eigenständiges rechtsphilosophisches Denken zu entwickeln und die erforderliche Argumentation auszuprägen. Das Werk führt zunächst gezielt in die Grundlagen und Fragestellungen der Rechtsphilosophie und Rechtssoziologie ein. Dem folgt eine historisch wie thematisch orientierte Auswahl von Philosophen und Soziologen, wobei nach einem festen Gliederungsmuster deren Leben, Vorstellung von Recht und Gerechtigkeit, Gesellschaft und Staat vorgestellt wird. Die Ausführungen schließen mit aktuellen Bezügen zur jeweiligen Theorie als Denkanstoß ab.

0062 *16,80 €*

Insolvenzrecht

Das Skript umfasst sämtliche relevanten Bereiche: Insolvenzantragsverfahren, vorläufige Insolvenzverwaltung, Anfechtung, Aus- und Absonderung sowie alles rund um das Amt des Insolvenzverwalters. Ebenfalls besprochen werden die Besonderheiten von Arbeitsverhältnissen in der Insolvenz sowie die Besonderheiten des Verbraucherinsolvenzverfahrens. Mit einer Vielzahl von Beispielen aus der Praxis ist das Skriptum geeignet, sich einen groben Überblick über diesen sehr bedeutsamen Bereich zu verschaffen.

0063 *16,80 €*

Steuererklärung leicht gemacht

Das Skript gibt alle erforderlichen Anleitungen und geldwerte Tipps für die selbstständige Erstellung der Einkommensteuererklärung von Studenten und Referendaren. Zur Verdeutlichung sind Beispielfälle eingebaut, deren Lösungen als Grundlage für eigene Erklärungen dienen können.

0038 *14,80 €*

Abgabenordnung

Die Abgabenordnung als das Verfahrensrecht zum gesamten Steuerrecht hält viele Besonderheiten bereit, die Sie sowohl im Rahmen der Pflichtfachklausur im 2. Examen, wie auch in der Wahlfachklausur beherrschen müssen. Hierbei hilft zwar Systemverständnis im allgemeinen Verwaltungsrecht, das wir Ihnen mit unseren Skripten Verwaltungsrecht I - III vermitteln. Jedoch ist auch eine detaillierte Auseinandersetzung mit abgabenordnungsspezifischen Problemen unverzichtbar. Im Ersten und Zweiten Examen stellen verfahrensrechtliche Fragen regelmäßig zwischen 25 und 30 % des Prüfungsstoffes der Steuerrechtsklausur dar. Hier zeigt sich immer wieder, dass das Verfahrensrecht zu wenig beachtet wurde. Eine gute Klausur kann aber nur dann gelingen, wenn sowohl die einkommensteuerrechtliche als auch die verfahrensrechtliche Problematik erfasst wurde.

0042 *16,80 €*

Einkommensteuerrecht

Der umfassende Überblick über das Einkommenssteuerrecht! Der gesamte examensrelevante Stoff sowohl für die Wahlfachgruppe als auch für die Pflichtklausur im 2. Examen: Angefangen bei den einkommensteuerlichen Grundfragen der subjektiven Steuerpflicht und den Besteuerungstatbeständen der sieben Einkommensarten, über die verschiedenen Gewinnermittlungsmethoden, bis hin zur Berechnung des zu versteuernden Einkommens orientiert sich das Skript streng am Klausuraufbau und stellt so absolut notwendiges Handwerkszeug dar. Das Skript eignet sich sowohl für den Einstieg, als auch für die intensive Auseinandersetzung mit dem Einkommensteuerrecht. Auch für jeden „Steuerzahler" empfehlenswert! Schwerpunkt bleiben die examensrelevanten Problemkreise.

0043 *21,80 €*

Die Musterklausuren für das Examen

Fahrlässig handelt, wer sich diese Fälle entgehen lässt! Aus unserem langjährigen Klausurenkursprogramm die besten Fälle, die besonders häufig Gegenstand von Prüfungen waren und sicher wieder sein werden. Lernen Sie den Horizont von Klausurenerstellern und -korrektoren anhand von exemplarischen Fällen kennen .

Musterklausuren Examen Zivilrecht

Das Repetitorium hemmer ist für seine Trefferquote bekannt. Das zeigt sich auch in den Musterklausuren: Teilweise wurden die ausgewählten Fälle später zu nahezu identischen Originalexamensfällen. Die Themenkreise sind weiter hochaktuell. Examensklausuren haben eine eigene Struktur. Der Ersteller konstruiert Sachverhalt und Lösung nach bestimmten Regeln, die es zu erfassen gilt. Objektiv muss die Klausur wegen der Notendifferenzierung anspruchsvoll, aber lösbar sein, eine Vielzahl von Problemen beinhalten und bei der Lösung ein einheitliches Ganzes ergeben. Subjektives Merkmal ist, wie der Ersteller die objektiven Merkmale gewichtet hat. Hier zeigt sich sein Ideengebäude, welches zu erfassen die wesentliche Aufgabe bei der Klausurbewältigung ist.

16.01 *14,80 €*

Musterklausuren Examen Strafrecht

Wenig Gesetz, viel Dogmatik. Gerade im Strafrecht gilt: „Streit erkannt, Gefahr gebannt!" Strafrecht ist regelmäßig ein Belastungstest: Strafrechtliche Klausuren bestehen aus einer Vielzahl von Problemen aus dem Allgemeinen Teil, dem Besonderen Teil, bzw. aus beiden. Routine beim „Abhaken" der Problemkreise zahlt sich aus. Frühzeitiges Klausurentraining schafft Sicherheit im Examen.

16.02 *14,80 €*

Musterklausuren Examen Steuerrecht

Steuerrechtliche Klausuren zeichnen sich durch immer wiederkehrende Einzelkonstellationen aus, die zu einem großen Fall zusammengebastelt sind. Es ist leicht eine gute Note zu schreiben, wenn man die Materie kennt. Auf der Grundlage von original Examensklausuren aus den letzten Jahren werden die klassischen Problemfelder aus dem materiellen Recht wie aus dem Verfahrensrecht examenstypisch aufbereitet und vermittelt.

16.03 *14,80 €*

Musterklausur Examen Europarecht

Europarecht ist ohne Fälle nicht fassbar. Erleichtern Sie sich das Verständnis für Europarecht, indem Sie anwendungsspezifisch und fallorientiert lernen. Nachdem das Europarecht auch als Pflichtfach immer größere Bedeutung erlangt, stellt diese Fallsammlung als Erweiterung des Lernmaterials zum Europarecht eine unerlässliche Hilfe bei der Examensvorbereitung dar.

16.04 *14,80 €*

Die Karteikartensätze

Lernen Sie intelligent
mit der 5-Schritt-Methode.

Weniger ist mehr. Das schnelle Frage- und Antwortspiel sich auf dem Markt durchgesetzt. Mit der hemmer-Methode wird der Gesamtzusammenhang leichter verständlich, das Wesentliche vom Unwesentlichen unterschieden. Ideal für die AG und Ihre Lerngruppe: wiederholen Sie die Karteikarten und dem hemmer-Spiel „Jurapolis“. Lernen Sie so im Hinblick auf die mündliche Prüfung frühzeitig auf Fragen knapp und präzise zu antworten. Wissenschaftlich ist erwiesen, dass von dem Gelernten in der Regel innerhalb von 24 Stunden bis zu 70% wieder vergessen wird. Daher ist es wichtig, das Gelernte am nächsten Tag zu wiederholen, bevor Sie sich neue Karteikarten vornehmen.
Mit den Karteikarten können Sie leicht kontrollieren, wie viel Sie behalten haben.
Karteikarten bieten die Möglichkeit, knapp, präzise und zweckrational zu lernen. Im Hinblick auf das Examen werden die wichtigsten examenstypischen Problemfelder vermittelt. Das Kartei-kartensystem entspricht modernen Lernkon-zepten und führt zum „learning just in time“ (Lernen nach Bedarf). Da sie kurz und klar strukturiert sind, kann mit ihnen in kürzester Zeit der Lernstoff erarbeitet und vertieft werden.

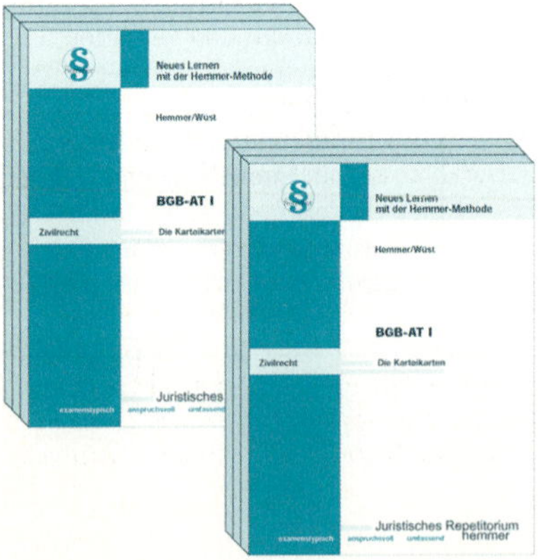

Basics - Zivilrecht

Das absolut notwendige Grundwissen vom Vertragsabschluß bis zum EBV. Alles was Sie im Zivilrecht wissen müssen. Die Grundlagen müssen sitzen.

20.01 *12,80 €*

Basics - Strafrecht

Karteikarten Basics-Strafrecht bieten einen Überblick über die wichtigsten Straftatbestände wie z.B.: Straftaten gegen Leib und Leben sowie Eigentumsdelikte und Straßenverkehrsdelikte, sowie verschiedene Deliktstypen, wichtige Probleme aus dem allgemeinen Teil, z.B. Versuch, Beteiligung Mehrerer, usw.

20.02 *12,80 €*

Basics - Öffentliches Recht

Anhand der Karten Basics-Öffentliches Recht erhalten Sie einen breitgefächerten Überblick über Staatsrecht, Verwaltungs-, und Staatshaftungsrecht. So lassen sich die verschiedenen Rechtsbehelfe optimal in ihrer Zulässigkeits- und Begründetheitsstation auf die Grundlagen hin erlernen.

20.03 *12,80 €*

BGB-AT I

Die BGB-AT I Karteikarten beinhalten das, was zum Wirksamwerden eines Vertrages beiträgt (Wirksamwerden der WE, Geschäftsfähigkeit, Rechtsbindungswille, usw.) bzw. der Wirksamkeit hindernd entgegensteht (Willensvorbehalte, §§ 116 ff., Sittenwidrigkeit, u.v.m.). Die Problemfelder der Geschäftsfähigkeit, insbesondere das Recht des Minderjährigen, dürfen bei dieser Möglichkeit zu lernen nicht fehlen.

22.01 *14,80 €*

BGB-AT II

Die BGB-AT II Karteikarten stellen in bekannt knapper und präziser Weise dar, was auf dem umfangreichen Gebiet der Stellvertretung von Ihnen erwartet wird. Die unerlässlichen Kenntnisse der Probleme der Anfechtung, der AGB-Bestimmungen und des Rechts der Einwendungen und Einreden können hiermit zur Examensvorbereitung wiederholt bzw. vertieft werden.

22.02 *14,80 €*

Schuldrecht AT I

Im bekannten Format werden hier die Grundbegriffe des Schuldrechts dargestellt. Dazu gehören der Inhalt und das Erlöschen des Schuldverhältnisses (z.B. durch Erfüllung, Aufrechnung oder auch Rücktritt). Insbesondere die verschiedenen Probleme in Zusammenhang mit der Haftung im vorvertraglichen Schuldverhältnis nach §§ 280 I, 311 II, 241 II BGB (c.i.c.), das Verhältnis des allgemeinen Leistungsstörungsrechts zu anderen Vorschriften und die Formen und Wirkungen der Unmöglichkeit werden behandelt.

22.031 *14,80 €*

Schuldrecht AT II

Klassiker wie Verzug, Abtretung, Schuldübernahme, Vertrag zugunsten oder mit Schutzwirkung zugunsten Dritter und Drittschadensliquidation gehören hier genauso zum Stoff der Karteikarten wie die Gesamtschuldnerschaft und das Schadensrecht (§§ 249 ff. BGB), das umfassend von Schadenszurechnung bis hin zu Art, Inhalt und Umfang der Ersatzpflicht dargestellt wird.

22.032 *14,80 €*

Schuldrecht BT I

Bei diesen Karteikarten steht das Kaufrecht als examensrelevante Materie im Vordergrund. Die Schwerpunkte bilden aber auch Sachmängelrecht und die Probleme rund um den Werkvertrag.

22.40 *14,80 €*

Schuldrecht BT II

Die Karteikarten Schuldrecht BT II behandeln nach Kaufrecht im Karteikartensatz Schuldrecht BT I, die restlichen Vertragstypen. Dazu gehören vor allem das Mietrecht, der Dienstvertrag, die Bürgschaft und die GoA. Auch Gebiete wie z.B. Schenkung, Leasing, Schuldanerkenntnis und Auftrag kommen nicht zu kurz.

22.41 *14,80 €*

Bereicherungsrecht

Die §§ 812 ff. BGB sind regelmäßig die Folge unwirksamer Verträge. Abgrenzungsprobleme gibt es u.a. zum Wegfall der Geschäftsgrundlage (z.B. Rückabwicklung bei der nichtehelichen Lebensgemeinschaft) und §§ 987 ff. BGB. Der Karteikartensatz versteht sich als Gebrauchsanweisung für die erfolgreiche Bewältigung des anspruchsvollen Rechtsgebiets Bereicherungsrecht. Ohne Verständnis für dieses Rechtsgebiet bleibt der Zusammenhang im Zivilrecht im Dunkeln.

22.08 *14,80 €*

Deliktsrecht

Thematisiert werden im Rahmen dieser Karteikarten schwerpunktmäßig die §§ 823 I und 823 II BGB. Verständlich und präzise wird auch auf die Probleme der §§ 830 ff. eingegangen, wobei besonders auf den Verrichtungsgehilfen und die Gefährdungshaftung geachtet wird. Neben einem Einblick in das Staatshaftungsrecht wird auch die Haftung aus dem StVG, ProdHaftG und die negatorische/ quasinegatorische Haftung behandelt.

22.09 *14,80 €*

Sachenrecht I

Mit den Karteikarten zum Sachenrecht können Sie ein so komplexes Gebiet wie dieses optimal wiederholen und Ihr Wissen trainieren.
Das Sachenrecht mit EBV, Anwartschaftsrecht und Pfandrechten ist für jeden Examenskandidaten ein Muss.

22.11 *14,80 €*

Sachenrecht II

Auch auf einem so schwierigen Gebiet wie dem Grundstücksrecht und den damit verbundenen Pfand- und Sicherungsrechten geben die Karteikarten nicht nur eine zügige Wissensvermittlung, sondern reduzieren die Komplexität des Immobiliarsachenrechts auf das Wesentliche und erleichtern somit die eigene Systematik, z.B. des Hypothek- und Grundschuldrechts, zu verstehen. Begriffe wie die Vormerkung und das dingliche Vorkaufsrecht müssen im Examen beherrscht werden.

22.12 *14,80 €*

Kreditsicherungsrecht

Die Karteikarten als Ergänzung zum Skript Kreditsicherungsrecht ermöglichen Ihnen, spielerisch mit den einzelnen Sicherungsmitteln umzugehen, und die Unterschiede zwischen akzessorischen und nichtakzessorischen Sicherungsmitteln genauso wie ihre Besonderheiten zu beherrschen.

22.13 *14,80 €*

Arbeitsrecht

Arbeitsrecht ist stark von Richterrecht geprägt und hat sich auch, wie z.B. im Streikrecht, praeter legem entwickelt. Entsprechend häufig sind die Neuerungen. Gleichwohl ist die Arbeitsrechtsklausur im Regelfall standardisiert: Kündigungsschutz (Feststellungsklage) und Lohnzahlung (Leistungsklage) bilden häufig das Grundgerüst. Eingestreut sind regelmäßig Probleme wie z.B. Gratifikationen, Urlaubsabgeltungsanspruch, faktische Bindung und Anwendbarkeit der Grundrechte.
Verständnis entsteht, so macht Arbeitsrecht Spaß.

22.18 *14,80 €*

Familienrecht

Die wichtigsten Problematiken dieses Gebietes werden hier im Überblick dargestellt und erleichtern Ihnen den Umgang mit Ehe, Sorgerecht, Vormundschaft, aber auch dem Familienprozessrecht.

22.14 *14,80 €*

Erbrecht

Die Grundzüge des Erbrechts mit den einzelnen Problematiken der gewillkürten und gesetzlichen Erbfolge, des Pflichtteilrechts und der Erbenhaftung gehören ebenso zum Examensstoff wie die Annahme und Ausschlagung der Erbschaft und die Problematik mit dem Erbschein. Die Grundlagen zu beherrschen ist wichtiger als einzelne Sonderprobleme.

22.15 *14,80 €*

ZPO I

ZPO taucht zunehmend in den Examensklausuren auf und darf nicht vernachlässigt werden. Nutzen Sie die Möglichkeit, sich durch die knappe und präzise Aufbereitung in den Karteikarten mit dem Prozessrecht vertraut zu machen, um im Examen eine ZPO-Klausur in Ruhe angehen zu können.

22.16 *14,80 €*

ZPO II

Die Karteikarten ZPO II führen Sie quer durch das Recht der Zwangsvollstreckung bis hin zu den verschiedenen Rechtsbehelfen in der Zwangsvollstreckung. Dabei können Rechtsbehelfe wie die Vollstreckungsgegenklage oder die Drittwiderspruchsklage den Einstieg in eine BGB-Klausur bilden.

22.17 *14,80 €*

Handelsrecht

Im Handelsrecht kehren oft bekannte Probleme wieder, die mittels der Karteikarten optimal wiederholt werden können. Auch für das umfassende Schuld- und Sachenrecht des Handels, in dem auch viele Verknüpfungen zum BGB bestehen, bieten die Karteikarten einen guten Überblick.

22.191 *14,80 €*

Gesellschaftsrecht

Die Personengesellschaften, Körperschaften und Vereine haben viele Unterschiede, weisen aber auch Gemeinsamkeiten auf. Um diese mit allen wichtigen Problemen optimal vergleichen zu können, eignen sich besonders die Karteikarten im Überblicksformat.

22.192 *14,80 €*

Strafrecht-AT I

Das vorsätzliche Begehungsdelikt mit all seinen Problemen der Kausalität, der Irrtumslehre bis hin zur Rechtfertigungsproblematik und Schuldfrage ist hier umfassend, aber in bekannt kurzer und übersichtlicher Weise dargestellt.

22.20 *14,80 €*

Strafrecht-AT II

Die Karteikarten Strafrecht AT II decken die restlichen Problemkreise Versuch (insbesondere Rücktritt vom Versuch), Täterschaft und Teilnahme, das Fahrlässigkeitsdelikt und die oft vernachlässigten Konkurrenzen ab.

22.21 *14,80 €*

Strafrecht-BT I

Ergänzend zum Skript werden Ihnen hier die Vermögensdelikte in knapper und übersichtlicher Weise veranschaulicht. Besonders im Strafrecht BT, wo es oft zu Abgrenzungsproblematiken kommt (z.B. Abgrenzung zwischen Raub und räuberischer Erpressung) ist eine Darstellung auf Karteikarten sehr hilfreich.

22.22 *14,80 €*

Strafrecht-BT II

Die Strafrecht BT II - Karten befassen sich mit den Nichtvermögensdelikten. Besonderes Augenmerk wird hierbei auf die Körperverletzungsdelikte sowie die Urkundendelikte und die Brandstiftungsdelikte gelegt.

22.23 *14,80 €*

StPO

In fast jeder StPO-Klausur werden Zusatzfragen auf dem Gebiet des Strafprozessrechts gestellt. Es handelt sich hierbei meist um Standardfragen, aber gerade diese sollten Sie sicher beherrschen. Die Karteikarten decken alle Standardprobleme ab, von Prozessmaximen bis hin zu den einzelnen Verfahrensstufen.

22.30 *14,80 €*

Verwaltungsrecht I

Ob allgemeines oder besonderes Verwaltungsrecht - die einzelnen Probleme der Eröffnung des Verwaltungsrechtsweges werden Ihnen immer wieder begegnen. Wiederholen Sie hier auch Ihr Wissen rund um die Anfechtungsklage, welche die zentrale Klageart in der VwGO darstellt.

22.24 *14,80 €*

Verwaltungsrecht II

Von der Verpflichtungsklage über die Leistungsklage bis hin zum Normenkontrollantrag sowie weitere Bereiche, mit deren jeweiligen Sonderproblemen werden alle verwaltungsrechtlichen Klagearten dargestellt.

22.25 *14,80 €*

Verwaltungsrecht III

Mittels Karteikarten können die Spezifika der jeweiligen Rechtsgebiete umfassend aufbereitet und verständlich erklärt werden. Thematisiert werden im Rahmen dieser Karten das Widerspruchsverfahren, der vorläufige sowie der vorbeugende Rechtsschutz und das Erheben von Rechtsmitteln.

22.26 *14,80 €*

Staatsrecht

Karteikarten eignen sich besonders gut, die einzelnen Grundrechte, Verfassungsrechtsbehelfe und Staatszielbestimmungen darzustellen, da gerade die einschlägigen Rechtsbehelfe zum Bundesverfassungsgericht sehr klaren und eindeutigen Strukturen folgen, innerhalb derer eine saubere Subsumtion notwendig ist. Das Gesetzgebungsverfahren und die Aufgaben der obersten Staatsorgane können hierbei gut wiederholt werden. Auch wird ein kurzer Einblick in die auswärtigen Beziehungen und die Finanzverfassung gegeben.

22.27 *14,80 €*

Europarecht

Nutzen Sie die Europarechtskarteikarten, um im weitläufigen Gebiet des Europarechts den Überblick zu behalten. Vom Wesen und den Grundprinzipien des Gemeinschaftsrechts über das Verhältnis von Gemeinschaftsrecht zum mitgliedstaatlichen Recht bis hin zu den Institutionen wird hier übersichtlich alles dargestellt, was Sie als Grundlagenwissen benötigen. Hinzu kommen die klausurrelevanten Bereiche des Rechtsschutzes und der Grundfreiheiten.

22.29 *14,80 €*

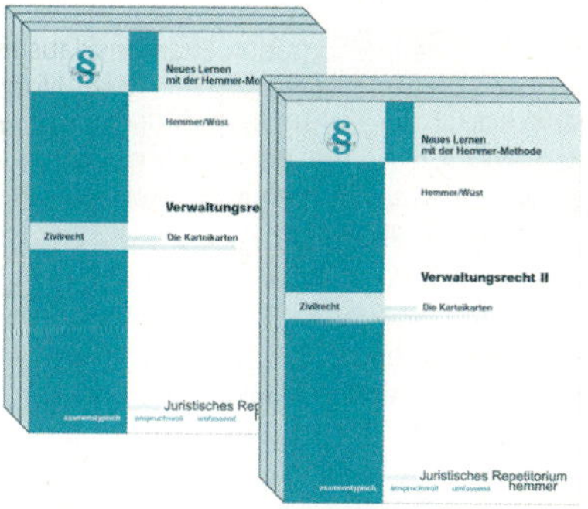

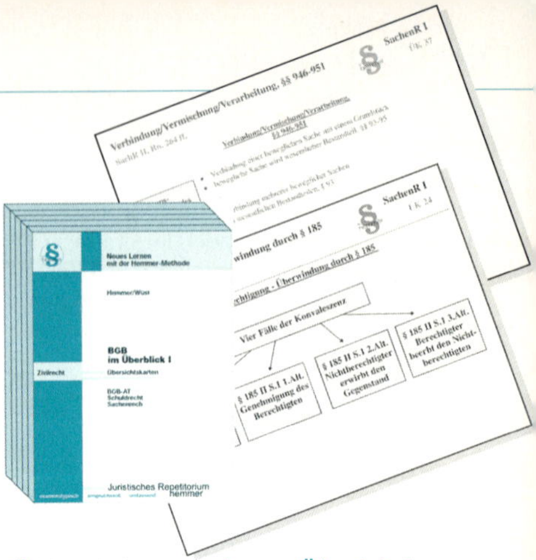

Übersichtskarteikarten

Ihr Begleiter vom 1. Semester bis zum 2. Staatsexamen! Die wichtigsten Problemfelder im Zivil-, Straf- und Öffentlichen Recht sind knapp, präzise und übersichtlich dargestellt. Sie erfassen effektiv auf einen Blick das Wesentliche. Die grafische Aufbereitung auf der Vorderseite erleichtert den schnellen Zugriff. Die Kommentierung mit der hemmer-Methode auf der Rückseite schafft die Einordnung für die Klausur. Nutzen Sie die Übersichtskarten auch als Checkliste zur Kontrolle.

BGB im Überblick I

Mit den Übersichtskarteikarten verschaffen Sie sich einen schnellen und effizienten Überblick über die wichtigsten zivilrechtlichen Problemkreise des BGB-AT, Schuldrecht AT und BT sowie des Sachenrecht AT und BT.
Knapp und teilweise graphisch aufbereitet vermitteln Ihnen die Übersichtskarten das Wesentliche. Aufbauschemata helfen Ihnen bei der Subsumtion. Für den Examenskandidaten sind die Übersichtskarten eine „Checkliste", für den Anfänger eine Möglichkeit zum ersten Einblick.

25.01 *30,00 €*

BGB im Überblick II

Diese Karteikarten bieten einen Überblick der Gebiete Erbrecht, Familienrecht, Handelsrecht, Arbeitsrecht und ZPO.
Für den Examenskandidaten sind die Übersichtskarteikarten eine „Checkliste", für den Anfänger eine Möglichkeit zum ersten Einblick.

25.011 *30,00 €*

Strafrecht im Überblick

Die Übersichtskarten leisten eine Einordnung in den strafrechtlichen Kontext. Im Hinblick auf das Examen werden so die wichtigsten examenstypischen Problemfelder vermittelt. Behandelt werden die Bereiche Strafrecht AT I und II wie auch BT I und II und StPO. Im Strafrecht BT ist bekanntlich fundiertes Wissen der Tatbestandsmerkmale mit ihren Definitionen gefragt, was sich durch Lernen mit den Übersichtskarten gezielt und schnell wiederholen lässt.

25.02 *30,00 €*

Öffentliches Recht im Überblick

Verschaffen Sie sich knapp einen Überblick über das Wesentliche der Gebiete Staatsrecht und Verwaltungsrecht. Die verwaltungs- und staatsrechtlichen Klagearten, Staatszielbestimmungen und die wichtigsten Vorschriften des Grundgesetzes werden mit den wichtigsten examenstypischen Problemfeldern verknüpft und vermindern in der gezielten Knappheit die Datenflut.

25.03 *16,80 €*

ÖRecht im Überblick / Bayern
ÖRecht im Überblick / NRW

Mit dem zweiten Satz der Übersichtskarteikarten im Öffentlichen Recht können Sie Ihr Wissen nun auch auf den Gebiete Polizei- und Sicherheitsrecht überprüfen und auffrischen. Die wichtigsten Probleme auf den Gebieten Baurecht und Kommunalrecht werden im klausurspezifischen Kontext dargestellt, z.B. die Besonderheiten von Kommunalverfassungsstreitigkeiten im Kommunalrecht oder Fortsetzungsfeststellungsklagen im Polizeirecht.

25.031 ÖRecht im Überb. / Bayern *16,80 €*

25.032 ÖRecht im Überb. / NRW *16,80 €*

Europarecht/Völkerrecht im Überblick

Die Übersichtskarten zum Europarecht dienen der schnellen Wiederholung. Gerade in diesem Rechtsgebiet ist es wichtig, einen schnellen Überblick über Institutionen, Klagearten usw. zu bekommen. Klassiker wie Grundfreiheiten und Verknüpfungen zum deutschen Recht werden ebenfalls dargestellt. Komplettiert wird der Satz durch eine Darstellung der Grundzüge des Völkerrechts.

25.04 *16,80 €*

Skripten Assessor-Basics

Trainieren Sie mit uns genau das, was Sie im 2. Staatsexamen erwartet. Die Themenbereiche der Assessor-Basics sind alle examensrelevant. So günstig erhalten Sie nie wieder eine kleine Bibliothek über das im 2. Staatsexamen relevante Wissen. Die Skripten dienen als Nachschlagewerk, sowie als Anleitung zum Lösen von Examensklausuren.

Theoriebände

Die Zivilrechtliche Anwaltsklausur/Teil 1:
410.0004 *18,60 €*

Das Zivilurteil
410.0007 *18,60 €*

Die Strafrechtsklausur im Assessorexamen
410.0008 *18,60 €*

Die Assessorklausur Öffentliches Recht
410.0009 *18,60 €*

Klausurentraining (Fallsammlung)

Zivilurteile (früher. Zivilprozess)
410.0001 *18,60 €*

Arbeitsrecht
410.0003 *18,60 €*

Strafprozess
410.0002 *18,60 €*

Zivilrechtliche Anwaltsklausuren/Teil 2:
410.0005 *18,60 €*

Öffentlichrechtl. u. strafrechtl. Anwaltsklausuren
410.0006 *18,60 €*

in Vorbereitung: Skript FGG-Verfahren

Karteikarten Assessor-Basics

Zivilprozessrecht im Überblick
41.10 *19,80 €*

Strafrecht im Überblick
41.20 *19,80 €*

Öffentliches Recht im Überblick
41.30 *19,80 €*

Familien- und Erbrecht im Überblick
41.40 *19,80 €*

Skripten für BWL'er, WiWi und Steuerberater

Profitieren Sie von unserem know-how.
Seit 1976 besteht das ,in Würzburg gegründete, Repetitorium hemmer und bildet mit Erfolg aus. Grundwissen im Recht ist auch im Wirtschaftsleben heute eine Selbstverständlichkeit. Die prüfungstypischen Standards, die so oder in ähnlicher Weise immer wiederkehren, üben wir anhand unserer Skripten mit Ihnen ein. Durch unsere jahrelange Erfahrung wissen wir, mit welchen Anforderungen zu rechnen sind und welche Aspekte der Ersteller einer juristischen Prüfungsklausur der Falllösung zu Grunde legt. Das prüfungs- und praxisrelevante Wissen wird umfassend und gleichzeitig in der bestmöglichen Kürze dargestellt. Der Zugang zur „Fremdsprache Recht" wird damit erleichtert. Unsere Erfahrung - Ihr Profit. Die richtige Investition in eine gute Ausbildung garantiert den Erfolg.

Privatrecht für BWL´er, WiWi & Steuerberater
18.01 *14,80 €*

Ö-Recht für BWL´er, WiWi & Steuerberater
18.02 *14,80 €*

Musterklausuren für´s Vordiplom/PrivatR
18.03 *14,80 €*

Musterklausuren für´s Vordiplom/ÖRecht
18.04 *14,80 €*

Die wichtigsten Fälle:
BGB-AT, Schuldrecht AT/BT für BWL´er
118.01 *14,80 €*

Die wichtigsten Fälle:
GesR, GoA, BerR für BWL´er
118.02 *14,80 €*

Garantiert erfolgreich lernen

Wie Sie Ihre Lese- und Lernfähigkeit steigern

Das Leben ist ein ständiger Lernprozess. Ob für Prüfungen, Examina, berufliche und private Weiterbildung: Niemand kommt daran vorbei, sich ständig neues Wissen anzueignen. Wie zeigen Ihnen wie Sie effektiver lernen.

75.03 *16,80 €*

Coach dich!

Rationales Effektivitäts-Training zur Überwindung emotionaler Blockaden

70.05 *19,80 €*

Lebendiges Reden (inkl. CD)

Wie man Redeangst überwindet und die Geheimnisse der Redekunst erlernt.

70.06 *21,80 €*

Die praktische Lern-Karteikartenbox

- Maße der Lernbox mit Deckel: je 160 mm x 65 mm x 120 mm
- für alle Karteikarten, auch für die Übersichtskarteikarten
- inclusive Lernreiter als Sortierhilfe: In 5 Schritten zum Langzeitgedächtnis

28.01 *1,99 €*

Der Referendar

24 Monate zwischen Genie und Wahnsinn

Das gesamte nicht-examensrelevante Wissen über Trinkversuche, Referendarsstationen, Vorstellungsgespräch... von Autor und Jurist Jörg Steinleitner. Humorvoll und sprachlich spritzig!

250 Seiten im Taschenbuchformat

70.01 *8,90 €*

Der Rechtsanwalt

Meine größten (Rein-) Fälle

Die im vorliegenden Band vereinigten Kolumnen erschienen in der Zeitschrift Life&LAW unter dem Titel: „Voll, der Jurist". Steinleitner hat sie für die Buchausgabe überarbeitet und ergänzt.

250 Seiten im Taschenbuchformat

70.02 *9,90 €*

Die Gesetzesbox

- stabile Box aus geprägtem Kunstleder mit Magnetverschluss
- für Ihre Gesetzestexte (Schönfelder und Sartorius)
- innen und außen gepolstert

28.05 *24,80 €*

Orig. Klausurenblock

DinA 4, 80 Blatt, Super praktisch

- Wie in der Prüfung wissenschaftlicher Korrekturrand, 1/3 von links
- glattes Papier zum schnellen Schreiben
- Klausur schreiben, rausreißen, fertig

KL 1		*2,49 €*
S 805	*DinA 4, 80 Blatt, 5er Pack*	*11,80 €*
S 810	*DinA 4, 80 Blatt, 10er Pack*	*22,80 €*

Intelligentes Lernen Wiederholungsmappe

Kaum etwas ist frustrierender, als sich in mühseliger Arbeit Wissen anzueignen, nur um wenige Zeit später festzustellen, dass das Meiste wieder vergessen wurde. Mit dieser Wiederholungsmappe möchten wir diesem Problem beim Lernen entgegentreten. Mit einem effektiven Wiederholungsmanagement werden Sie Ihr Wissen beständig auf einem hohen Niveau halten.

Wiederholungsmappe inklusive Übungsbuch und Mindmapps

75.01 *9,90 €*

Jurapolis - das hemmer-Spiel

Mit Jurapolis lernen Sie Jura spielerisch.

Die mündliche Prüfungssituation wird spielerisch trainiert. Sie trainieren im Spiel Ihre für die mündliche Prüfung so wichtige rhetorische Fähigkeiten. Vergessen Sie nicht, auch im Mündlichen wird entscheidend gepunktet.

Inklusive Karteikartensatz (ohne Übersichtskarteikarten und Shorties) nach Wahl, bitte bei Bestellung angeben!

Lässt sich auch mit eigenen Karteikarten spielen!

40.01 *30,00 €*

Bestellschein

bitte abtrennen oder kopieren

Intelligentes Lernen
mit der hemmer-Methode

Bestellen Sie:
per Fax: 09 31/79 78 240
per e-Shop: www.hemmer-shop.de
per Post: hemmer/wüst Verlagsgesellschaft
Mergentheimer Str. 44, 97082 Würzburg

D

Kundennummer (falls bekannt)

Absender:

Name: Vorname:

Straße: Hausnummer:

PLZ: Ort:

Telefon: E-Mail-Adresse:

Bestell-Nr.:	Titel:	Anzahl:	Einzelpreis:	Gesamtpreis:

+ Versandkostenanteil: 3,30 €
ab 30.- € versandkostenfrei!

Gesamtsumme

Prüfen Sie in Ruhe zuhause!
Alle Produkte dürfen innerhalb von 14 Tagen an den Verlag (Originalzustand) zurückgeschickt werden. Es wird ein uneingeschränktes gesetzliches Rückgaberecht gewährt. Hinweis: Der Besteller trägt bei einem Bestellwert bis 40 € die Kosten der Rücksendung. Über 40 € Bestellwert trägt er ebenfalls die Kosten, wenn zum Zeitpunkt der Rückgabe noch keine (An-) Zahlung geleistet wurde.
Ich weiß, dass meine Bestellung nur erledigt wird, wenn ich in Höhe meiner Bestellungs-Gesamtsumme zzgl. des Versandkostenanteils zum Einzug ermächtige. Bestellungen auf Rechnung können leider nicht erledigt werden. Bei fehlerhaften Angaben oder einer Rücklastschrift wird eine Unkostenpauschale in Höhe von 8 € fällig. Die Lieferung erfolgt unter Eigentumsvorbehalt.

Buchen Sie die Endsumme von meinem Konto ab:

Kontonummer:

BLZ:

Bank:

☐ **Schicken Sie mir bitte unverbindlich und kostenlos Informationsmaterial über hemmer-Hauptkurse in** ____________________

Ort, Datum: **Unterschrift:**

7/2004
Life&LAW
Mit hemmer.card magazin